本书列入

2017年国家社会科学基金重大委托项目
"十三五"国家重点图书出版规划项目

中华传统文化百部经典

吕氏春秋（节选）

张双棣 解读

国家图书馆出版社

图书在版编目（CIP）数据

吕氏春秋：节选／张双棣解读．—— 北京：国家图
书馆出版社，2018.12（2025.8重印）
（中华传统文化百部经典／袁行霈主编）
ISBN 978−7−5013−6622−4

Ⅰ．①吕… Ⅱ．①张… Ⅲ．①杂家 ②《吕氏春
秋》−注释 Ⅳ．① B229.21

中国版本图书馆 CIP 数据核字 (2018) 第 270781 号

国家图书馆出版社官方微信

书　　名　吕氏春秋（节选）
著　　者　张双棣 解读
责任编辑　于春媚
重印编辑　潘肖蔷
特约编辑　吴麒麟
封面设计　敬人设计工作室

出版发行　国家图书馆出版社（北京市西城区文津街 7 号　　100034）
　　　　　010−66114536　63802249　nlcpress@nlc.cn（邮购）
网　　址　http://www.nlcpress.com
印　　装　北京科信印刷有限公司
版次印次　2018 年 12 月第 1 版　2025 年 8 月第 3 次印刷

开　　本　710×1000　1/16
印　　张　22.5
字　　数　240 千字
书　　号　ISBN 978−7−5013−6622−4
定　　价　66.00 元（精装）

编纂缘起

文化是民族的血脉，是人民的精神家园。党的十八大以来，围绕传承发展中华优秀传统文化，习近平总书记发表了一系列重要讲话，深刻揭示出中华优秀传统文化的地位和作用，梳理概括了中华优秀传统文化的历史源流、思想精神和鲜明特质，集中阐明了我们党对待传统文化的立场态度，这是中华民族继往开来、实现伟大复兴的重要文化方略。2017年初，中共中央办公厅、国务院办公厅印发《关于实施中华优秀传统文化传承发展工程的意见》，从国家战略层面对中华优秀传统文化传承发展工作作出部署。

我国古代留下浩如烟海的典籍，其中的精华是培育民族精神和时代精神的文化基础。激活经典，熔古铸今，是增强文化自觉和文化自信的重要途径。多年来，学术界潜心研究，钩沉发覆、辨伪存真、提炼精华，做了许多有益工作。编纂《中华传统文化百部经典》，就是在汲取已有成果基础上，力求编出一套兼具思想性、学术性和大众性的读本，使之成为广泛认同、传之久远的范本。《百部经典》所选图书上起先秦，下至辛亥革命，包括哲学、文学、历史、艺术、科技等领域的重要典籍。萃取其精华，加以解读，旨在搭建传统典籍与大众之间的桥梁，激活中华优秀传统文化的价值，用优秀传统文化滋养当代中国人的精神世界，提振当代中国人的文化自信。

这套书采取导读、原典、注释、点评相结合的编纂体例，寻求优秀传统文化与社会主义核心价值观之间的深度契合点。以当代眼光审视和解读古代典籍，启发读者从中汲取古人的智慧和历史的经验，借以育人、资政，更好地为今人所取、为今人所用。力求深入浅出、明白晓畅地介绍古代经典，让优秀传统文化贴近现实生活，融入课堂教育，走进人们心中，最大限度地发挥以文化人的作用。

《百部经典》是一项重大文化工程。在中宣部等部门的指导和大力支持下，国家图书馆做了大量组织工作，得到学术界的积极响应和参与。由专家组成的编纂委员会，职责是作出总体规划，选定书目，制订体例，掌握进度；并延请德高望重的大家耆宿担当顾问，聘请对各书有深入研究的学者承担注释和解读，邀请相关领域的知名专家负责审订。先后约有 500 多位专家参与工作。在此，向他们表示由衷的谢意。

书中疏漏不当之处，诚请读者批评指正。

2017 年 9 月 21 日

凡　例

一、《中华传统文化百部经典》的选书范围，上起先秦，下迄辛亥革命。选择在哲学、文学、历史、艺术、科技等各个领域具有重大思想价值、社会价值、历史价值和学术价值的一百部经典著作。

二、对于入选典籍，视具体情况确定节选或全录，并慎重选择底本。

三、对每部典籍，均设"导读""注释""点评"三个栏目加以诠释。导读居一书之首，主要介绍作者生平、成书过程、主要内容、历史地位、时代价值等，行文力求准确平实。注释部分解释字词、注明难字读音，串讲句子大意，务求简明扼要。点评包括篇末评和旁批两种形式。篇末评撮述原典要旨，标以"点评"，旁批萃取思想精华，印于书页一侧，力求要言不烦，雅俗共赏。

四、原文中的古今字、假借字一般不做改动，唯对异体字根据现行标准做适当转换。

五、每书附入相关善本书影，以期展现典籍的历史形态。

既刊版乃俾元祐為之序御史公海岱山人諱克
誠字居敬累贈至禮部尚書嘉興公名上真
□字庭幹由嘉興擢授海道都漕運萬戸云
遂昌鄭元祐序

嘉興路儒學教授陳存全正

吳興謝虎之刊

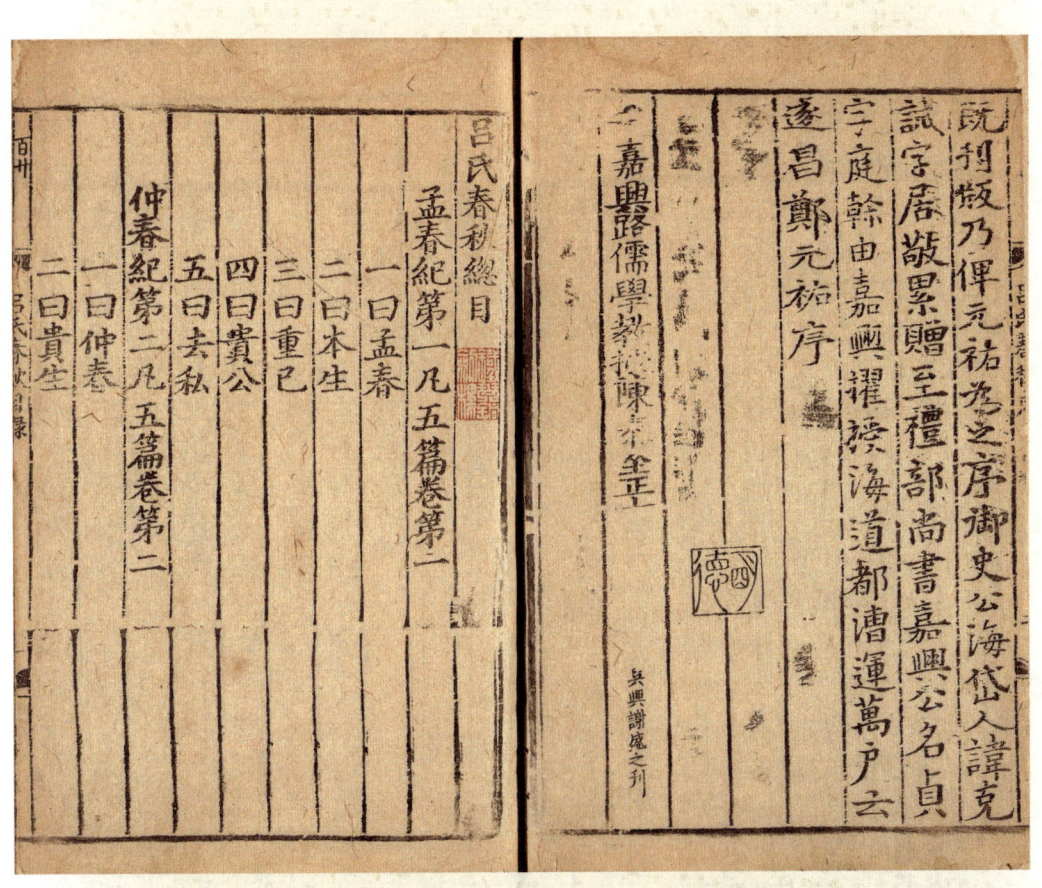

吕氏春秋二十六卷 （汉）高诱训解 元至正嘉兴路儒学刻本 国家图书馆藏

無爲爲綱紀以忠義爲品式以公方爲檢格與
孟軻孫卿淮南楊雄相表裏也是以著在錄略
誘正孟子章句作淮南孝經解畢訖家有此書
尋繹案省大出諸子之右旣有脫誤小儒又以
私意改定猶慮傳義失其本真火能詳之故復
依先師舊訓輒乃爲之解焉以述古儒之旨凡
十七萬三千五十四言若有紕繆不經後之君
子斷而裁之比其義焉

呂氏春秋卷第一

孟春紀第一

本生　重己　貴公　去私

呂氏春秋訓解

高氏

一曰孟春之月日在營室也孟長
春時夏之正月營室北方宿衛之
分野此是宿昏旦時晉之分野
日躔參中旦尾中參西方宿燕之分野
其日甲乙其帝太皞甲乙木伏羲氏也
其神句芒之神句芒少皥氏之裔子曰重
其蟲鱗其音角太陰少陽氣爲物鱗去
其音角其數八太簇陽也木第三動竹
律中太簇其數八木簇陽氣發萬物第三
佐木德之神龍爲之長
祀於東方爲木官也
以木德王天下之號死以木德之帝死神之帝
是月昏旦時於南方爲木德之帝
日躔參中旦尾中其帝太皥之神
鱗魚也佐木德龍爲之長
管音與太簇聲和故曰律中太簇五
牛羊犠牲而出故

本书凡例

1.《吕氏春秋》原文以清乾隆五十三年毕沅《吕氏春秋新校正》为底本，校以元刻本及诸多明刻本，择善而从。

2.本书为《吕氏春秋》的选读本。《吕氏春秋》全书一百六十篇，本书选入四十篇。

3.本书正文包括导读、原典、注释、点评。

4.本书一律采用简化汉字。

5.注释力求准确、简洁，难解语句，酌情作串讲。

6.注释中吸收前人成果，或注"依某某说"。

7.人名、地名不作详细考辨；不详者，注中指出，付诸阙如。

目　录

导　读

　　《吕氏春秋》是战国末期秦国相国吕不韦召集众宾客集体完成的一部大书。这部书是先秦时期的一部重要典籍，有着十分丰富的内容。它的哲学思想、政治思想以及它所保留的科学文化方面的历史资料，是中华民族的一份珍贵遗产，我们应该给予充分的重视，进行深入的研究。这对我们了解战国末期的思想政治文化状况，对如何汲取传统文化的滋养为现代生活服务，具有重要的意义。

一、吕不韦其人和《吕氏春秋》的成书

（一）吕不韦其人

1. 吕不韦所处的时代

　　吕不韦所处的时代为战国后期。战国时期是我国历史上大动荡、大变革、大发展的时期，经过前期错综复杂的诸侯国之间的战争，逐渐形

成以齐、楚、魏、赵、韩、秦、燕等国为主的七雄争霸的局面。这七国或凭借原有的强势，或进行政治、经济的变革，使国力逐渐强盛起来。

战国时期各国科学技术的发展，促进了生产力的发展；而各国的政治变革，又促进了国力的提升。这一时期，随着冶铁技术的进步，出现了铁制兵器，这比起以前的铜制兵器要锋利很多；同时，弩之类远射武器也出现了，可以从较远的地方攻击敌人；又有攻城的云梯、舟战的钩拒等产生，使战争的杀伤力大大增强。这一时期，各国军队的人员也大幅度扩充，达到数十万甚至上百万的规模。

七雄形成后，战争并没有结束，而是更加激烈，更加残酷，规模更大了。各国都为扩充土地，增加人口，而不断发动战争。七国之间，或合纵，合众弱以攻一强；或连横，事一强以攻众弱。秦国本偏于一隅，秦孝公任用商鞅变法，励耕战，抑工商，重刑法，国力渐强。其后，秦惠王、秦昭王不断向外扩张，占领了巴蜀，秦国国力在七雄之中，可算最强大的了，因此表现出吞并六国、一统天下的欲望。

战国时期，思想空前活跃，文化空前发展。各个学派纷纷建立自己的思想体系，儒家、墨家、道家、法家、阴阳家等大力宣扬自家的主张，形成百家争鸣的局面。到了战国后期，显露出各家相互影响，甚至有所吸收的苗头，荀子就以儒家为本，同时吸收了其他各家的某些思想。但秦国思想文化相对落后，而君主专制意识较为强烈，所以荀子曾感叹："其殆无儒邪！"

吕不韦就生活在这样的时代里。

2. 吕不韦的身世

吕不韦的情况主要见于《史记·吕不韦列传》《战国策·秦策》及高诱《吕氏春秋序》，其他史书中还有些零星的记载。

《史记·吕不韦列传》说："吕不韦者，阳翟大贾人也，往来贩贱卖贵，家累千金。"《战国策·秦策五》说吕不韦为濮阳人，与《史记》不甚相合。《史记》司马贞"索隐"说："班固虽云太史公采《战国策》，然为此传当别有所闻见，故不全依彼说。或者刘向定《战国策》时，以己异闻改彼书，遂令不与《史记》合也。"高诱《吕氏春秋序》调和了二者，他说："吕不韦者，濮阳人也，为阳翟之富贾，家累千金。"依高诱之说，矛盾似乎可以解决了。

吕不韦曾在赵国的首都邯郸经商。当时秦国安国君的庶子异人正在邯郸作人质。异人是安国君二十几个儿子中的一个，母亲夏氏，不被安国君宠爱。安国君宠爱的是华阳夫人，而华阳夫人无子。秦昭王四十年（前267），太子死，四十二年，立次子安国君为太子。秦国质子异人在秦国的地位低下，秦国不顾质子的安危，多次攻打赵国，因此赵国对质子异人很不礼貌，他的处境十分窘迫。吕不韦看到这种情况，认为时机到了，他说："此奇货也，不可失。"（高诱《吕氏春秋序》）吕不韦回家对他父亲说："耕田之利几倍？"其父说："十倍。"吕不韦说："珠玉之赢几倍？"其父说："百倍。"吕不韦说："立主定国之赢几倍？"其父说："无数。"吕不韦说："今力田疾作，不得煖衣饱食；今定国立君，泽可遗后世。愿往事之。"吕不韦游说异人说："吾能大子之门。"异人说："且自大君之门，而乃大吾门。"吕不韦说："吾门待子门而大。"异人知其意，与之深谈。吕不韦将他的计划和盘托出。异人十分感激，说"必如君策，请得分秦国与君共之"。于是，吕不韦为异人四处奔波。他首先拿出千金，一半为异人结交天下宾客，赢得好的声誉；一半打通秦国的关系，赢得华阳夫人及安国君的信任。为赢得华阳夫人的信任，异人改名子楚（华阳夫人是楚国人）。《史记·吕不韦列传》记载此事说：

　　吕不韦乃以五百金与子楚，为进用，结宾客；而复以五百金买奇物玩好，自奉而西游秦，求见华阳夫人姊，而皆以其物献华阳夫人。因言子楚贤智，结诸侯宾客遍天下，常曰："楚也以夫人为天，日夜泣思太子及夫人。"夫人大喜。不韦因使其姊说夫人曰："吾闻之,以色事人者,色衰而爱弛。今夫人事太子,甚爱而无子,不以此时蚤自结于诸子中贤孝者,举立以为适而子之,夫在则重尊,夫百岁之后,所子者为王,终不失势,此所谓一言而万世之利也。不以繁华时树本,即色衰爱弛后,虽欲开一语,尚可得乎? 今子楚贤,而自知中男也,次不得为适,其母又不得幸,自附夫人,夫人诚以此时拔以为适,夫人则竟世有宠于秦矣。"华阳夫人以为然,承太子间,从容言子楚质于赵者绝贤,来往者皆称誉之。乃因涕泣曰:"妾幸得充后宫,不幸无子,愿得子楚立以为适嗣,以托妾身。"安国君许之,乃与夫人刻玉符,约以为适嗣。安国君及夫人因厚馈遗子楚,而请吕不韦傅之,子楚以此名誉益盛于诸侯。

《战国策》的记载与《史记》有异。《战国策》认为,吕不韦是通过华阳夫人之弟阳泉君说服华阳夫人的,似较《史记》更为合理。

秦昭王五十六年,昭王薨,太子安国君立为王,华阳夫人为王后,子楚为太子。赵亦奉子楚夫人及子政归秦。安国君继承王位不到一年便去世,子楚顺利成为秦国的国君,即庄襄王。庄襄王即位后,拜吕不韦为丞相,封文信侯,食河南洛阳十万户(《战国策》谓食蓝田十二县)。吕不韦一跃成为秦国最有权势的人。

3. 吕不韦对秦国的贡献

吕不韦在庄襄王、秦王政时期,为相十三年。庄襄王在位三年而死,秦王政即位时年仅十三岁,尊吕不韦为相国,称仲父。此时秦国的大政方针主要由吕不韦决定。他的权力超过了昭襄王的相国应侯范雎,《战国策》说:"应侯之用秦也,孰与文信侯专? 曰:应侯不如文信侯专。"吕不韦主理秦国国政,为完成统一大业做出了积极的贡献。

在内政方面,吕不韦积极发展经济,兴修水利,发展农业。秦王政元年，开凿郑国渠，使关中成沃野。《史记·河渠书》云："秦以为然，卒使就渠。渠就，用注填阏之水，溉泽卤之地四万余顷，收皆亩一钟。于是关中为沃野，无凶年，秦以富强，卒并诸侯，因命曰郑国渠。"在主张"上农"的同时，吕不韦也鼓励工商，《吕氏春秋·上农》说："凡民自七尺以上，属诸三官：农攻粟，工攻器，贾攻货。"《史记·货殖列传》记载，秦始皇命大畜牧主乌氏倮"比封君，以时与列臣朝请"；并为靠开掘丹砂致富的寡妇清筑女怀清台。这些事都发生在吕不韦执政时期，"鄙人牧长""穷乡寡妇"如此豪富，能够"礼抗万乘，名显天下"，无疑是吕不韦鼓励工商的经济政策的结果。由此也可以看出秦国经济发展之一斑。秦国经济的全面发展，为它消灭六国统一天下准备了丰厚的物质基础。

　　吕不韦主张并致力于对六国的战争。典籍中明确记载吕不韦用兵的有两处：一处是《史记·秦本纪》："庄襄王元年，……东周君与诸侯谋秦，秦使相国吕不韦诛之，尽入其国。秦不绝其祀，以阳人地赐周君，奉其祭祀。"吕不韦亲自率兵消灭东周，使作为号召力的形式上的周天子不复存在，这是对东方诸侯的一次沉重打击。另一处是《战国策·秦策五》："文信侯欲攻赵，以广河间，使刚成君蔡泽事燕，三年，而燕太子质于秦。……赵王立割五城以广河间，归燕太子。赵攻燕，得上谷三十六县，与秦什一。"吕不韦当政时期，秦国对六国发动了一连串的战争。《史记·秦本纪》记载："庄襄王元年，……使蒙骜伐韩，韩献成皋、巩。秦界至大梁，初置三川郡。二年，使蒙骜攻赵，定太原。三年，蒙骜攻魏高都、汲，拔之。攻赵榆次、新城、狼孟，取三十七城。四月日食。王龁攻上党。初置太原郡。"这一系列战争都取得了重大胜利，大大扩展了秦国的疆土，为秦国最终消灭六国统一天下奠定了基础。

　　文化方面，吕不韦也一反秦国独尊法家的政策，他广收天下之士，尤其是引进了大批儒士。他使宾客人人著所闻，而成"备天地万物古今之事"（司马迁语）的巨著《吕氏春秋》。这除了政治意义之外，在文化上也是一个壮举。

4. 吕不韦与秦王政的矛盾

吕不韦与秦王政的矛盾，史书如《战国策》《史记》都没有明确的记载，但从侧面，尤其是一部《吕氏春秋》所体现的主张和做法，可以看出他们之间的尖锐对立。

吕不韦在秦王政亲政前一年，以相国与仲父的身份公布《吕氏春秋》，似乎已经看出他与秦王政在治国政策上的分歧，所以他想要用《吕氏春秋》警示秦王政。秦王政见到这本《吕氏春秋》一定很恼火，这可能正是他随后找借口惩治吕不韦的真正原因。

吕不韦主张虚君实臣，这与秦王政的一人独尊，是完全对立的。吕不韦认为，古之清世，皆法天地。君法天，臣法地，天虚而地实，因此要君虚、臣实。君主的主要职责是选人用人，而具体事务则要由臣下去做。秦王政秉承秦国的传统，君主一人大权独揽，怎能容得吕不韦如此剥夺他的权力。君权之争，是秦王政与吕不韦矛盾的焦点，二者形成根本的对立。吕不韦甚至推崇古代的禅让，《圜道》说："尧、舜，贤主也，皆以贤者为后，不肯与其子孙，犹若立官必使之方。"又《去私》说："尧有子十人，不与其子而授舜；舜有子九人，不与其子而授禹，至公也。"并且直接批评当时的君主，《圜道》说："今世之人主，皆欲世勿失矣，而与其子孙。"这些，对于想传于万世而为君的秦王政，更是绝对无法接受的。

吕不韦主张民本德治，这与秦王政的严刑苛法，是完全对立的。吕不韦认为治国当以民为本，施政当以德为先，赏罚只能是一种辅助手段。但秦国的传统是处处严刑苛法，秦王政完全继承这套传统。民本德治的做法，基本上是儒家的思想。吕不韦引进大量的儒生作为他的宾客，是有意吸取儒家思想中对他有用的部分。荀子西入秦的感叹"其殆无儒邪"，"粹而王，驳而霸，无一焉而亡"。荀子是在昭王时入秦的，那时他已经预感到秦国的严刑苛法必会招致灭亡的结果。

吕不韦主张以义兵统一天下，要诛暴君而振苦民，这与秦王政的暴力征伐、滥杀降卒是完全对立的。秦国自商鞅鼓励斩首立功、封官进爵之后，武力杀伐已成为秦国的国策。昭王在位之际，与敌国交战而胜，斩首敌军共九十四万六千。仅昭王十四年，左更白起攻魏，斩首二十四万；四十七年，武安君白起坑杀赵降卒四十余万。因斩首立功，很多人得以封官进爵，白起即由左更进封武安君。吕不韦看到这些，欲以义兵取代之，攻无道而伐不义，只诛其所当诛。无疑，吕不韦的政策与秦王政所秉承的秦国传统格格不入。

秦王政与吕不韦有如此多的对立，其后秦王政除掉吕不韦也就是顺理成章的事了。

5. 吕不韦之死

秦王政九年，即其亲政之年，以嫪毐与太后淫乱事觉，诛嫪毐三族，且谓事连吕不韦，欲治其罪，因其奉先王功大，及宾客辩士为游说者众，王不忍致法。然十年，突然罢吕不韦相，逐回河南封地。

吕不韦被罢相之后，回到河南封邑。一年多后，即秦王政十二年，诸侯宾客使者纷纷拜访吕不韦，大有迎请其出山之势。秦王政见此情景，十分恐慌，生怕吕不韦去往他国，对自己构成极大威胁，于是急忙致书吕不韦，气急败坏地痛斥："君何功于秦？秦封君河南，食十万户。君何亲于秦？号称仲父。其与家属徙处蜀！"这与前"为其奉先王功大"之说，大相径庭。如此矛盾，原因何在？无非是政治斗争的需要。秦王政亲政以后，要大权独揽，何能容下吕不韦在他面前为相、为仲父？从这里可以看出，秦王政欲置吕不韦于死地而后快。吕不韦在秦为相十余载，门下宾客数千人。嫪毐事败后，秦王政欲诛相国，立即有众多宾客辩士为其奔走说情，可见吕不韦在秦国有很大影响。秦王政把这些看在眼里，怕在心里。当"诸侯宾客使者相望于道,请文信侯"(《史记·吕不韦列传》)的时候,秦王政的恐惧自然加剧,所以才有上述颠倒黑白的逼命书信。吕不韦回到河南封地后,或许还存有一丝侥幸,希望有朝一日重返咸阳,效忠国家。但这封书信,彻底打碎了他的幻想,于是他便饮鸩而死。

吕不韦为秦国建立了卓著的功绩,对秦国竭忠尽智,一心一意辅佐庄襄王及年幼的秦王政,即使在遭受冤屈被逐出京城时,也没有背离秦国的意念。"诸侯宾客使者相望于道,请文信侯"之时,他也丝毫没有动心。在秦王政迫其迁蜀时,他只好以死明志。

《史记》谓吕不韦牵连嫪毐事而被废黜,实则不然,这只是一个借口而已。吕不韦与嫪毐什么关系?《史记·吕不韦列传》说是吕不韦举荐嫪毐给太后,供其淫乱的。按《战国策》记载,吕不韦与嫪毐分别为不同的利益集团,二者存在很大的矛盾。《战国策·魏策四》记载:秦国攻打魏国,有人向魏王献策,让魏王利用嫪毐与吕不韦的矛盾,强化嫪毐,打压吕不韦,使天下弃吕氏而从嫪氏,得报吕氏攻魏之怨。由此可以看出,吕不韦跟嫪毐并非一路[1]。即如《史记·秦始皇本纪》所言,"事无小大皆决于毐",《史记·吕不韦列传》亦云:"事皆决于嫪毐。"吕不韦当政,而事皆决于嫪毐,这不正是与相国争权吗?嫪毐事败主要是因为其作乱谋反。《史记·秦始皇本纪》说:"长信侯毐作乱而觉,矫王御玺及太后玺以发县卒及卫卒、官骑、戎翟君公、舍人,将欲攻蕲年宫为乱。王知之,令相国昌平君、昌文君发卒攻毐。……毐等败走。即令国中:有生得毐,赐钱百万;杀之,五十万。尽得毐等。"《史记·吕不韦列传》谓"有告嫪毐实非宦者,常与太后私乱","秦王下吏治,具得情实,事连相国吕不韦。九月,夷嫪毐三族","诸嫪毐舍人皆没其家而迁之蜀"。太后与人淫乱之事,在秦国并非仅见,宣太后与戎王淫乱,死后还想要男嬖魏丑夫殉葬。秦王政恐并非看重嫪毐与太后之淫,因找不到吕不韦与嫪毐谋反有牵连的蛛丝马迹,只能以此为借口除掉吕不韦。

吕不韦死后，其舍人窃葬之。《史记·秦始皇本纪》说："十二年，文信侯不韦死，窃葬。"司马贞"索隐"："其宾客数千人窃共葬于洛阳北芒山。"可见，吕不韦在当时还有相当大的势力。秦王政对这种力量十分惧怕，继续对其宾客舍人进行打压。"其舍人临者，晋人也逐出之；秦人六百石以上夺爵，迁；五百石以下不临，迁，勿夺爵。"三晋人逐出秦国，秦国人迁移至偏远之房陵。以此削除吕不韦在秦国的影响。

（二）《吕氏春秋》的成书

《吕氏春秋》是秦相吕不韦召集门客集体编纂的一部著作，吕不韦作为主持人，这部著作基本体现了他的思想。

1.《吕氏春秋》成书的背景和目的

吕不韦在秦王政八年（前239），召集天下名士，共同编纂了《吕氏春秋》。吕不韦为什么在这个时候编这样一部书呢？《史记·吕不韦列传》载："当是时，魏有信陵君，楚有春申君，赵有平原君，齐有孟尝君，皆下士喜宾客以相倾。吕不韦以秦之强，羞不如，亦招致士，厚遇之，至食客三千人。是时诸侯多辩士，如荀卿之徒，著书布天下。吕不韦乃使其客人人著所闻，集论以为八览、六论、十二纪，二十余万言。以为备天地万物古今之事，号曰《吕氏春秋》②。"司马迁所说的理由，只是一个方面，而且是次要方面。

要弄清这个问题，还是要从当时的政治形势入手来分析。当时，秦国统一天下的大势已定，六国诸侯已无力阻挡这一历史潮流。吕不韦清楚地认识到这一形势，并且凭着他政治家的敏感，感到秦国统一天下已经不是很困难的事了，而保住天下才是真正困难的事。他说："胜非其难者也，持之其难者也。"（《吕氏春秋·慎大》）作为相国的吕不韦，他必须考虑统一后的秦国如何治理，实行什么政策才能使秦国长治久安。吕不韦不同意用自秦孝公以来几乎处于独尊地位的法家思想作为治国的基本国策，他已经看到在这个问题上与秦王政存在严重的分歧，甚至对立。他必须提出自己的理论，作为统一的秦帝国的治国纲领，并以此影响秦王政。这部《吕氏春秋》就是他为秦帝国维持长治久安而提出的治国方略。他曾公开宣示自己的主张，将《吕氏春秋》"布咸阳市门，悬千金其上，延诸侯游士宾客有能增损一字者予千金"（《史记·吕不韦列传》）。吕不韦企图以相国之位、仲父之尊，迫使秦王政完全依照自己的主张行事，使自己的主张定于一尊，从而维持秦国的长治久安，也维持他自己的权势地位。如果说战国时期百家并起是与诸侯纷争的政治形势相适应的，那么，《吕氏春秋》的出现，也正是为了适应秦国统一天下的需要。

2.《吕氏春秋》成书的时间

《吕氏春秋》成书于秦王政八年，即公元前 239 年。《序意》说："维秦八年，岁在涒滩，秋甲子朔。朔之日，良人请问十二纪。文信侯曰……"高诱注："八年，秦始皇即位八年也。岁在申名涒滩。"这里对《吕氏春秋》的成书时间，已经说得很明白了。但对于"维秦八年，岁在涒滩"的理解，则一直意见不一。首先"秦八年"是以什么纪年？高诱以为"秦八年"即"秦始皇即位八年"；也有人认为，"秦八年"是以庄襄王灭东周的次年为始的第八年，也就是秦王政即位的第六年。清人孙星衍即持此论，他认为是秦灭东周之八年，秦灭东周在癸丑，八年则是庚申（即秦王政六年）。此说恐难成立，古代纪年，皆以君主即位时开始，未见以所谓立国纪年者，尽管有各种解释，然皆似是而非，以推测谋合己意。王念孙认为，"八"当是"六"字残坏，秦王政即位六年是为申年，与"岁在涒滩"合。王与孙说一致，皆认为即秦王政即位六年，公元前 241 年。他们之所以认为是秦王政六年，主要是因为这一年是申年，与"岁在涒滩"相合。秦王政六年为庚申，是后人推算的结果，是否与实际相符？郭沫若说得很清楚，他说："古人太岁纪年乃依实际天象而得，与后世甲子并不一贯。"实际天象又是什么呢？据清人钱大昕、钱塘考察，岁星运行一段时间后会有一定的误差，即所谓"超辰"。钱大昕说："予谓吕不韦以秦相国纪秦年，所用即秦历也，而以今法上推，有两辰之差者。古术太岁与岁星皆百四十四年而超一辰，自周迄秦汉皆然。"现代研究天文学史的学者也证明此种说法正确。《序意》还说："秋甲子朔。"据考察，秦王政八年秋七月朔日为甲子，正与此合。《吕氏春秋》成书于秦王政八年，即公元前239年应该是没有什么问题的。

与《吕氏春秋》成书年代相牵涉的，还有一个问题，即《吕氏春秋》是一次完成，还是两次或多次完成？这个问题本来是不成问题的，主要是后人误解了司马迁在《报任少卿书》中的一句话而引起的。司马迁说："不韦迁蜀，世传《吕览》。"有人误解为吕不韦迁蜀以后才完成《吕览》。实际上，吕不韦没去蜀地就饮鸩而死；即使他的门客，此时也没有了写作《吕览》的条件。再者，司马迁"不韦迁蜀，世传《吕览》"只是整段话中的一句，其整段是："盖文王拘而演《周易》；仲尼厄而作《春秋》；屈原放逐，乃赋《离骚》；左丘失明，厥有《国语》；孙子膑脚，《兵法》修列；不韦迁蜀，世传《吕览》；韩非囚秦，《说难》《孤愤》；《诗》三百篇，大底圣贤发愤之所为作也。此人皆意有郁结，不得通其道，故述往事、思来者。"司马迁说此话是要表达，世间的重要文献著作，都是圣贤处于逆境时发愤而为，并不是说《吕览》一定是吕不韦迁蜀之后所作。还有人用《安死》的一句话证明《吕氏春秋》是在秦灭六国后才最终完成的。《安死》说："以耳目所闻见，齐、荆、燕尝亡矣，宋、中山已亡矣，赵、魏、韩皆亡矣，其皆故国矣。"这些人认为，三晋是在吕不韦死后才灭亡的，这里说"皆亡矣"，可证明《吕氏春秋》完成于吕不韦死之后。这里主要是对"亡国"的理解出现了错误。陈奇猷认为，"赵、魏、韩皆亡矣"之"亡"，"乃国势乱弱，大权旁落，人主不能行制之谓"。并以《韩非子·有度》等篇及本书《慎大》"齐荆吴越，皆尝胜矣，而卒取亡"为证。陈氏的理解应该是正确的、可取的。也有人专门写过文章阐述战国时期

"亡"的含义，对理解《安死》的文义很有帮助，值得一读③。

对于《吕氏春秋》的成书，司马迁在《史记·吕不韦列传》中说得再明白不过了。他说："吕不韦乃使其客人人著所闻，集论以为八览、六论、十二纪，二十余万言。以为备天地万物古今之事，号曰《吕氏春秋》。布咸阳市门，悬千金其上，延诸侯游士宾客有能增损一字者予千金。"吕不韦悬于咸阳市门的是包括"八览、六论、十二纪，二十余万言"的整部《吕氏春秋》，不存在吕氏死后成书的问题。《吕氏春秋》在秦王政八年一次完成，恐怕是没有疑问的。

二、《吕氏春秋》的结构体系和思想内容

（一）《吕氏春秋》的结构体系

《吕氏春秋》是一部结构体系十分完备的著作，这在先秦著作中是绝无仅有的。冯友兰说它"此在当时，盖为创举"④。

1.《吕氏春秋》的总体结构

《吕氏春秋》的结构体系是经过精心安排、精心设计的，自成一个系统。全书分为三个部分：纪、览、论。纪按春夏秋冬十二个月分为十二纪，如春分三纪，孟春、仲春、季春。每纪包括五篇文章，总共六十篇。览按照内容分为八览，每览八篇，共六十四篇（第一览《有始览》缺一篇，现存六十三篇）。每览的名称即此览首篇之名，如《有始览》首篇为《有始》。论也是按内容分为六论，每论六篇，共三十六篇。每论的名称亦即此论首篇的名称，如《开春论》首篇为《开春》。十二纪后有《序意》一篇，总计一百六十篇，约十万余言⑤。纪、览、论又各成系统，十二纪是全书思想的主旨和纲领；八览是进一步阐述吕氏的思想，而且着重于君道和治术方面；六论则有点像杂篇的性质了，主要是补充纪、览的主旨思想。

《序意》是全书的序言，在古代应该放在全书的最后。现在放在十二纪之后，很可能是因为残缺，只有讨论十二纪的内容，而被后人移到十二纪之后。《序意》所言皆事关全书要旨，它阐明了《吕氏春秋》编著的时间、宗旨及主要思想依据：

"爰有大圜在上，大矩在下，汝能法之，为民父母。"盖闻古之清世，是法天地。凡十二纪者，所以纪治乱存亡也，所以知寿夭吉凶也。上揆之天，下验之地，中审之人，若此则是非可不可无所遁矣。

天曰顺，顺维生；地曰固，固维宁；人曰信，信维听。三者咸当，无为而行。

吕不韦编纂《吕氏春秋》的宗旨，就是要君主能效法天地，作人民的父母。他特别强调，古代的清平盛世，都是"法天地"。要君主"上揆之天，下验之地，中审之人"，这样就不会有所过失。天、地、人三者都处理得当，就可以无为而治了。

胡适《读吕氏春秋》认为，"天曰顺，顺维生；地曰固，固维宁；人曰信，信维听"是《吕氏春秋》的三大纲，《吕氏春秋》的总体结构就是按此顺序安排的。

2.《吕氏春秋》十二纪的结构和内容

十二纪是全书的纲领。它按一年十二个月分为十二纪，每纪除纪首为月令之外，各辖四篇文章，共四十八篇。十二纪首在汉代被集为一篇，入于《礼记》为《月令》。《淮南子》亦单独成篇，名曰《时则》⑥。

十二月纪分春夏秋冬四时，每时再按孟、仲、季划分，春分为孟春、仲春、季春，夏分为孟夏、仲夏、季夏，秋分为孟秋、仲秋、季秋，冬分为孟冬、仲冬、季冬。十二月纪依阴阳五行说，分述每月天文、历象、物候等自然现象，说明天子每个月在衣食住行等方面所应遵守的规定，以及为顺应时气在郊庙祭祀、礼乐征伐、农事活动等方面所应发布的政令。要求天子"无变天之道，无绝地之理，无乱人之纪"。天子做什么，实行什么政令，要与天时、物候相适应，如果违背了天时，将会出现各种灾祸。

每一月纪下各辖四篇文章，文章的内容基本是按春生、夏长、秋收、冬藏的规律安排的。孟春所辖四篇为《本生》《重己》《贵公》《去私》，仲春所辖四篇为《贵生》《情欲》《当染》《功名》，季春所辖四篇为《尽数》《先己》《论人》《圜道》。可以很清楚地看出，每一月纪下的前两篇都是讲以生为本，重视生命，而后两篇都是从这一主题延伸出来的，与之有着紧密的联系。孟夏所辖四篇为《劝学》《尊师》《诬徒》《用众》，仲夏所辖四篇为《大乐》《侈乐》《适音》《古乐》，季夏所辖四篇为《音律》《音初》《制乐》《明理》。夏为长养的季节，所辖内容为教育、音乐，古人认为这些是生长所必需的，其他各篇也是由教育之类生发出来的。孟秋所辖四篇为《荡兵》《振乱》《禁塞》《怀宠》，仲秋所辖四篇为《论威》《简选》《决胜》《爱士》，季秋所辖四篇为《顺民》《知士》《审己》《精通》。秋是收杀之季，所辖十二篇，几乎都是与战争相关的内容。孟冬所辖四篇为《节丧》《安死》《异宝》《异用》，仲冬所辖四篇为《至忠》《忠廉》《当务》《长见》，季冬所辖四篇为《士节》《介立》《诚廉》《不侵》。冬为敛藏之季，所辖多与葬死相关，士的气节、耿介、忠廉等品质，亦是视死如归的表现，所以置于冬三月之中。由此可以看出，十二纪的结构安排是经过精心设计的，十分严整。

3.《吕氏春秋》八览的结构和内容

八览是《吕氏春秋》的第二部分，览是观览的意思。《有始》说："天斟万物，圣人览焉，以观其类。"正是此"览"的意思。八览的名称是:《有始览》《孝行览》《慎大览》《先识览》《审分览》《审应览》《离俗览》《恃君览》。八览各篇所阐述的都是治国之道，是君主为君与御臣的方法。

《有始览》居首,是因为《吕氏春秋》以"法天地"为宗旨,治国需以天地运行的自然法则为依据。有意思的是此览的七篇文章末尾都有"解在乎"之类的字样。如《有始》说:"解在乎天地之所以形,雷电之所以生,阴阳材物之精,人民禽兽之所安平。"《应同》说:"解在乎史墨来而辍不袭卫,赵简子可谓知动静矣。"等等。这些"解在乎"的事例皆在以下几览的篇章之中,这正好说明《有始览》是八览之纲,统辖以下各览。

《孝行览》围绕治国修身要务本的思想展开,从不同角度进行论述。《孝行》阐述孝道为治国之本。《本味》强调治国必须务本,文章从知贤、礼贤进而得贤的角度阐发务本的思想。《首时》强调时机对于成就功名的意义,所谓"时"就是客观形势和条件。《义赏》指出赏罚是君主役使臣民的手段,要以义为准绳。《长攻》《慎人》二篇认为功名的建立在于天,而谋事在于人。《遇合》旨在说明君主各有所好,故而士人遇合无常。《必己》接续前文"遇合无常""慎人"等思想,阐述"外物不可必""君子必在己者"的见解。

《慎大览》集中论述治国要谨慎戒惧、因人用贤、顺事而为的思想。《慎大》告诫君主在强大之时、胜利面前要谨慎戒惧,要"于安思危"。《权勋》论述君主要权衡忠与利的小大,要舍小取大。《下贤》强调君主礼贤下士的重要意义。《报更》紧接上文,说明君主礼贤定会得到贤者的回报。《顺说》论述臣子劝说君主的方法,一定要"顺","因其来而与来,因其往而与往"。《不广》讲述时势不可必成,然而人为的努力不可旷废。《贵因》强调君主应该借助外物、顺应时势,只有这样才能无敌,才能成功。《察今》讲述君主制定法律,要与时俱进,因时变法。

《先识览》主要论述辨察事物的道理和方法,从知贤、任贤的角度阐发为君之道。《先识》阐述贤者有先见之明,君主必须要得贤、任贤。《观世》与上篇衔接,仍是阐述君主求贤、礼贤的重要。《知接》《悔过》

二篇从君主智力有所不接的角度，说明知贤、任贤的道理。《乐成》以贬低民众的作用来突出用贤的意义。《察微》要求智士贤人要察微知著。《去宥》阐述要正确认识事物，必须去掉主观偏见。《正名》说明名实的关系，君主要按其实而审其名。

《审分览》也是论述为君之道，特别强调虚君思想；同时论述了御臣之术，吸纳了法术势的主张。《审分》紧接上篇，继续强调君主须正名审分，"名正则人主不忧劳矣"。《君守》旨在论述君主应执守根本，即清静无为，充分体现了"虚君"的思想。《任数》是讲君主驾驭臣下的方法。《勿躬》进一步强调"虚君"，君主不要亲躬人臣之事。《知度》要求君主应该懂得用术之道，知人善用。《慎势》强调君主应重视和利用权势。《不二》着重阐述集中统一的必要性和意义。《执一》即执守根本，为国之本，在于为身，要全国完身，唯知长短赢绌之化。

《审应览》主旨在于规劝君主应该谨言慎行，反对淫辞辩说。《审应》论述君主应当详察自己的应对举止，"人主出声应容，不可不审"。《重言》要求君主说话要谨慎，"人主之言，不可不慎"。《精谕》是说人的思想可以通过精神表现出来，所谓"至言去言"。《离谓》承接上文，说明言以谕意，指出"言意相离"的危害。《淫辞》明确反对淫辞诡辩。《不屈》进一步阐释淫辞诡辩的危害。《应言》劝告君主要分析情势，察辨臣下的虚言浮辞。《具备》论述建立功名，必有其备，然后可成。

《离俗览》主要论述君主役使人民的方法，即以德义为主，以赏罚为辅。《离俗》宣扬以理义为本、超世脱俗的高节厉行。《高义》《上德》二篇，认为君主的行为要以德、义为准则，"以德以义，不赏而民劝，不罚而邪止"。《用民》承上篇，强调用民要"太上以义，其次以赏罚"。《适威》论述君主要树立威严，但必须适度，"威不可无有，而不足专恃"。《为欲》阐述利用人民的欲望，役使人民的方法。《贵信》讲君主要至诚守信，才能得到民众的拥戴。《举难》要求君主选用人才不能求全责备。

《恃君览》还是论述如何为君，要求君主从长利出发，善于观察事物表征，排壅纳谏，杜绝骄恣。《恃君》从君主的产生，论述君道的必要与合理。《长利》《知分》要求贤士要虑天下之长利，要明辨死生之分。《召类》与《应同》类似，可看作对《应同》的补充。《达郁》要君主排除壅塞，使主道畅通，进而论述君主应重视贤臣。《行论》论述君主在处于逆境时应该如何行事。《骄恣》劝诫君主必须防止骄傲恣肆。《观表》阐述君主要善于观察表象以看到实质。

八览中每览所辖篇章的内容，有些互有交错，但总体不出为君治国之道。八览的结构也是很严整的。

4.《吕氏春秋》六论的结构和内容

六论是《吕氏春秋》的第三部分，他们的名称是《开春论》《慎行论》《贵直论》《不苟论》《似顺论》《士容论》。每论所包含的论题不甚集中，较为松散，是补充说明纪、览论述的内容，有些像余论的样子。

《开春论》中，《开春》主要阐明成功的关键在于言论要符合节用爱人、明德慎罚的道理。《察贤》《期贤》阐述人主得贤的重要意义。《审为》是说要审视自己的行为，所言重生，多针对君主而言，与君主无为相关。《爱类》阐述要适时为百姓谋利。《贵卒》讲战争中反应敏捷、随机应变的意义。

《慎行论》中，《慎行》强调言行要以义为准则。《无义》与上篇相承，主要批判小人的见利忘义。《疑似》强调辨察相似之物的重要性。《壹行》强调言行要诚信专一，要摒弃"不可知"。《求人》阐述君主求贤的重要性，以及君主求贤所应秉持的正确态度。《察传》论述"得言不可以不察"，要根据情理定其是非。

《贵直论》中，《贵直》论述君主要尊崇直言敢谏之士，听取其逆耳之言。《直谏》与上篇立意相同，从君臣不同的角度讨论纳谏与进言的原则。《知化》意在说明君主贵在"知化"，即洞察事物的发展趋势。君主要知化，听言纳谏十分重要。《过理》告诫君主，行为不合礼义则会招致亡国。《壅塞》与《贵直》《直谏》相承，说明君主不听言纳谏就会造成"壅塞"，乃至亡国。《原乱》是推究祸乱的原因，并告诫君主要慎重持国。此论内容比较集中。

《不苟论》中，《不苟》论述臣下应谨持理义，治事不逾职分。《赞能》意在鼓励臣下进献贤能，为国建功。《自知》规劝君主要自知，要了解自己的过失，因此必须要有直言之士。《当赏》要求君主赏罚得当，不以自己之好恶施行赏罚，只有这样才能治乱安危。《博志》"博"为"抟"之误。抟志即专一其志，做事必专心致志，方可成功。《贵当》意谓举措贵在得当，也就是"为之必繇其道"。

《似顺论》中，《似顺》论述事物的现象与本质之间存在矛盾，应该透过现象认清本质。《别类》重点阐述"类固不必"的思想，不能对事物进行主观的类推。《有度》强调"贤主有度而听，故不过"，即君主按一定准则行事，就不会产生过错。《分职》要求君臣各守其职，特别强调君主要"用非其有，如己有之"。《处方》主要论述臣民各处其分，方即臣道。《慎小》旨在告诫君主要慎于小事，防微杜渐。

《士容论》中，《士容》赞美士人仪容，其意仍在于举贤任能。《务大》与《谕大》义同，要求人臣要致力于大事。《上农》《任地》《辩土》《审时》四篇讲农业思想和农业技术。此论各篇主旨并不相同，唯言农者集中于此。

对于《吕氏春秋》的结构以及纪、览、论三部分的篇数是否具有含义，不少人发表过看法，特别是近年来有些年轻学者在他们的著作中有较为详细的讨论，有他们独到的见解，见参考文献中所列吕艺、庞慧的著作。

（二）《吕氏春秋》的哲学思想与政治思想

《吕氏春秋》的思想博大精深，它囊括天地万物，古往今来，人世

间的方方面面。它的主旨是法天地，即人的行为要效法天地，要与天地
和谐，与天地融为一体。

1.《吕氏春秋》的哲学思想

《吕氏春秋》的哲学思想具有朴素的唯物主义和朴素的辩证法的性
质。它明显地受到道家思想的影响，而又对道家思想进行了较大的改造，
摒弃了道家思想中某些唯心的成分。

（1）《吕氏春秋》的宇宙观和天道观

关于宇宙本原的认识，是战国时期各家学派争论的焦点。老子提出
宇宙的本原是"道"，他说："道生一，一生二，二生三，三生万物。"（《老
子·第四十二章》）又说："天下万物生于有，有生于无。"（《老子·第
四十章》）后一句是对前一句很好的说明，他的"道"就是"无"，就是
没有任何物质属性的"无"。《吕氏春秋》接受了老子"道"是宇宙本原
的思想，但作了根本性的改造。《大乐》说："太一出两仪，两仪出阴阳。
阴阳变化，一上一下，合而成章。浑浑沌沌，离则复合，合则复离，是
谓天常。"又说："道也者，视之不见，听之不闻，不可为状。""道也者，
至精也，不可为形，不可为名，强为之，谓之太一。"这是认为，道是
看不见，听不到，没有形状，没有名称的最精微的物质，勉强给它取名，
可以称作"太一"。太一产生天地，天地产生阴阳，阴阳的合和与分离产
生形态各异的万物。这与老子"道生一，一生二，二生三，三生万物"是
截然相反的，老子的"道"是"无"，道生一即无生有。《吕氏春秋》的
"道"或"太一"是物质，是"有"。《吕氏春秋》接受了《管子·内业》
提出的"道"是物质的"精气"的说法。《内业》说："凡物之精，此则
为生，下生五谷，上为列星。"《吕氏春秋》继承并发挥了唯物主义的精
气说，认为宇宙本原的"道"或"太一"是一种极其精微的物质即精气，
这种物质，"其大无外，其小无内"（《下贤》），它的运动和结合产生了
千姿百态、性质迥异的天地万物。《尽数》说："精气之集也，必有入也。

集于羽鸟，与为飞扬；集于走兽，与为流行；集于珠玉，与为精朗；集于树木，与为茂长；集于圣人，与为夐明。精气之来也，因轻而扬之，因走而行之，因美而良之，因长而养之，因智而明之。"这是认为天地万物及其独有的性质都是精气聚集而产生的结果。当然，《吕氏春秋》的这些论述还显得有些肤浅。但在两千多年前，能够认识到宇宙万物是由物质的精气构成，已经十分难能可贵了。

由于《吕氏春秋》对宇宙本原的认识，它对天道的认识也具有唯物的性质。它认为天是由精气构成的自然的天。《有始》说："天地有始，天微以成，地塞以形。天地合和，生之大经也。"它认为，精气中轻扬者上升而成为天，重浊者下沉而成为地，天地的和合与分离是产生万物的根本，天并不是什么有意志的万物的主宰。《吕氏春秋》讲天，经常是与地对言，天有日月星辰，地有草木禽兽，都是物质的自然界。这些日月星辰、草木禽兽，都不是神造的，而是由天地二气的结合及分离等自身矛盾运动而形成的。人们要认识"天"，就要根据这些自然现象。《吕氏春秋》的天道观，在很大程度上受了荀子"天道自然"的影响，认识到天是实实在在的由物质构成的自然界。

《吕氏春秋》不认为天是有意识的万物的主宰，因此不承认天命，不承认鬼神的存在。书中说："凡生于天地之间，其必有死，所不免也。"（《节丧》）认为人的生死不是什么命中注定，而是一种客观的必然性。《吕氏春秋》对"命"作过明确的解释，《知分》说："命也者，不知所以然而然者也。人事智巧以举错者，不得与焉。故命也者，就之未得，去之未失。"《吕氏春秋》所谓"命"就是客观事物不以人的意志为转移的必然性。同样它也不承认鬼神的存在。《博志》中对于所听说的"孔丘、墨翟，昼日讽诵习业，夜亲见文王、周公旦而问焉"这件事，只强调他们"用志如此其精"。此篇还进一步对人们给这件事的结论"精而熟之，鬼将告之"提出了驳议，认为不是"鬼将告之"，只是"精而熟之"。《尽

数》中说："今世上卜筮祷祠，故疾病愈来。"这里对于世人崇尚卜筮祷
祠求助天帝免除疾病的做法也提出了异议，认为人体疾病是精气郁结而
成，依靠卜筮祷祠求助上天，不但无补于疾病的痊愈，只能使疾病更加
严重。从这里我们可以清楚地看出，《吕氏春秋》是否认鬼神存在的。它
还认为自然界中同类事物之间都有一种客观的联系。《精通》说："身在
乎秦，所亲爱在于齐，死而志气不安，精或往来也。"人的心志靠精气
相通而互相联系。天地万物同类之间互相应合，也是一种物质上的联系，
而不是超物质的意识或主宰在起作用。《吕氏春秋》企图用物质的精气
说来解释自然界中同类事物的某种联系，表现了它在天道观上的唯物主
义色彩。

（2）《吕氏春秋》的认识论

《吕氏春秋》认为客观世界是可以认知的自然存在，而人是可以通
过耳目等感官去认识客观世界的。《执一》说："目不失其明，而见白黑
之殊；耳不失其听，而闻清浊之声。"这是说，眼睛不失明，能感受黑白
的区别；耳朵不失聪，能辨别清浊的声音。物的颜色、声音都是靠人的
感官认识的。《当赏》说："民无道知天，民以四时寒暑日月星辰之行知
天。"人是可以通过对寒暑的感知及对日月星辰运行的观察来了解"天"
的。它认为人的感性认识是第一性的，是基础，即使是圣人，也要向有
经验的人求教。《疑似》说："舜为御，尧为左，禹为右，入于泽而问牧童，
入于水而问渔师，奚故也？其知之审也。"感性认识是理性认识的基础。
《贵因》说："夫审天者，察列星而知四时，因也；推历者，视月行而知
晦朔，因也。"审天推历都要以观察日月星辰的运行为基础。《吕氏春秋》
还特别强调人的认识不是先天具有的，而是后天得来的，即使是圣人也
是如此。《劝学》说："不知理义，生于不学。"又说："圣人生于疾学。"
这对于"生而知之"的先验论者是一种批判。它指出圣人之所以能先于
一般人认识事物，是因为圣人善于"观表"，即善于发现事物初始阶段

的隐微现象。《观表》说："圣人之所以过人以先知，先知必审征表。无征表而欲先知，尧、舜与众人同等。"圣人之所以能够预见未来，是因为他们能审视事物的征兆，从而深入了解事物的本质与规律，并不是他们先觉先知，或有什么神助。

《吕氏春秋》认为，人们的认识具有一定的局限性。《别类》说："目固有不见也，智固有不知也，数固有不及也。"这种局限性一方面来自客观外物，由于客观事物的多样性，又由于它们千变万化，很容易让人产生错误的认识，作出错误的判断。因此要求人们"别类"。"物多类然而不然"，不能凭借人主观的想象去推测，否则会闹出乱子。《别类》中讲述了一个鲁国人想用加倍治偏枯的药起死回生，就是这种错误的典型。偏枯与死人绝不是半和全的量上的差别，而是性质完全不同。认识不到这种质的差别，而只是从量上着眼，采用机械类推的方法，是十分有害的。另外，人的主观偏见也是妨碍认识的重要方面。《吕氏春秋》将这种主观偏见称作"宥"。《去宥》说："夫人有所宥者，固以昼为昏，以白为黑，以尧为桀。"认为产生这种"宥"有多方面的原因，《去尤》说："所以尤者多故，其要必因人所喜，与因人所恶。东面望者不见西墙，南乡视者不睹北方，意有所在也。"因此要求人们"去宥"。它认为人们可以通过学习，去认识自己所不知的事物。《谨听》说："不知则问，不能则学。"在识人上，它提出了"八观六验"的方法，《论人》说："凡论人，通则观其所礼，贵则观其所进，富则观其所养，听则观其所行，止则观其所好，习则观其所言，穷则观其所不受，贱则观其所不为。喜之以验其守，乐之以验其僻，怒之以验其节，惧之以验其特，哀之以验其人，苦之以验其志。"这样就可以去掉主观的局限性，正确地认识人了。当然，《吕氏春秋》在"去宥"的问题上，有时也流露出一些消极的说法，比如《去尤》中说："老聃则得之矣。若植木而立乎独，必不合于俗，则何可扩矣。"

（3）《吕氏春秋》的辩证法

《吕氏春秋》哲学思想中有浓厚的辩证法色彩。该书认为宇宙万物都具有两面性，《本生》说："万物章章，以害一生，生无不伤；以便一生，生无不长。"天下万物可以伤害生命，也可以养育生命。《决胜》说："夫众之为福也大，其为祸也亦大。譬之若渔深渊，其得鱼也大，其为害也亦大。"人多也有两面性，如造福大，其为害也大。就像在深渊捕鱼一样。同时，《吕氏春秋》认为万物都是不断运动的，任何事物都在发展变化中，而且它们之间是互相依存的，《喻大》说："小之定也必恃大，大之安也必恃小，小大贵贱，交相为恃。"小与大、贵与贱都互相依存。而且相互对立、相互依存的事物之间可以互相转化，《似顺》说："至长反短，至短反长，天之道也。"事物到达极点就会转到其反面，这是自然的规律。《别类》又说："夫草有莘有藟，独食之则杀人，合而食之则益寿。"莘、藟这些草，单独食之，有毒，可以使人致死，但配合起来使用就能使人长寿，从一个方面可以转到相反的方面。不但自然物可以转化，人也可以转化。《尊师》说："子张，鲁之鄙家也；颜涿聚，梁父之大盗也，学于孔子。段干木，晋国之大驵也，学于子夏。高何、县子石，齐国之暴者也，指于乡曲，学于子墨子。索卢参，东方之钜狡也，学于禽滑黎。此六人者，刑戮死辱之人也。今非徒免于刑戮死辱也，由此为天下名士显人，以终其寿，王公大人从而礼之。此得之于学也。"这些所谓"刑戮死辱之人"，可以转变为"名士显人"。这种转化是在一定条件下发生的，其条件就是向贤者学习。《知度》说："绝江者托于船，致远者托于骥，霸王者托于贤。"船、骥、贤就是绝江、致远和称王称霸的条件。没有适当的条件，转化就无法产生。《吕氏春秋》对事物互相依存、在一定条件下互相转化的认识，是其辩证思想的流露，这在当时是很可贵的。当然，《吕氏春秋》也还存在某些循环论及形而上学的思想，这是时代的局限，不必苛求于古人。

《吕氏春秋》的哲学思想具有朴素的唯物性质，也有一定的辩证色彩，值得深入研究，并赋予它恰当的历史地位。

2.《吕氏春秋》的政治思想

《吕氏春秋》作为治国纲领，提出了一整套政治主张。其政治主张的基础是"法天地"。它认为只有顺应天地自然的本性，才能达到清平盛世。因此，虚君实臣、民本德治成为《吕氏春秋》政治思想的核心。

（1）虚君实臣

《吕氏春秋》主张君道虚，臣道实。《序意》说："盖闻古之清世，是法天地。"《圜道》说："天道圜，地道方。圣王法之，所以立上下。"又说："主执圜，臣处方，方圜不易，其国乃昌。"它认为古代的清平盛世都是按照天地的关系来建立君臣关系的，只有摆正君臣之间的关系，君臣各行其道，互不干扰，国家才能昌盛。

君如天，君道亦如天，因此要做到虚。天无形而成万物，君主就要同天一样，没有具体的形象，空灵无为，从而达到无为而治。所谓"无为而治"，就是君主处虚服素，不做具体之事，而要充分发挥臣下的才智，让臣下各司其职，去做各自该做的事情。

　　昊天无形，而万物以成；至精无象，而万物以化；大圣无事，而千官尽能。（《君守》）

　　先王用非其有如己有之，通乎君道者也。夫君也者，处虚服素而无智，故能使众智也。智反无能，故能使众能也。能执无为，故能使众为也。无智无能无为，此君之所执也。（《分职》）

　　大桡作甲子，黔如作虏首，容成作历，羲和作占日，尚仪作占月，后益作占岁，胡曹作衣，夷羿作弓，祝融作市，仪狄作酒，高元作室，虞姁作舟，伯益作井，赤冀作臼，乘雅作驾，寒哀作御，王冰作服牛，史皇作图，巫彭作医，巫咸作筮。此二十官者，圣人之所以治天下也。圣王不能二十官之事，然而使二十官尽其巧，毕其能，圣王在上故也。圣王之所不能也，所以能之也；所不知也，所以知之也。(《勿躬》)

　　君主若有所为，去做本该臣下要做的事，一定多所不及。《审分》说："人主好治人官之事，则是与骥俱走也，必多所不及矣。"《君守》说："故善为君者无识，其次无事。有识则有不备矣，有事则有不恢矣。"君主若为人臣之事，是最大的自我蒙蔽。《勿躬》说："其臣蔽之，人时禁之；君自蔽，则莫之敢禁。夫自为人官，自蔽之精者也。"君主若有所为，臣下就会阿主之为，臣下有了过错，君主也无法追究他们的责任，从而使君主受损，臣下得志。《君守》说："人主好以己为，则守职者舍职而阿主之为矣。阿主之为，有过则主无以责之，则人主日侵，而人臣日得。"所以《任数》说："古之王者，其所为少，其所因多。因者，君术也；为者，臣道也。""君道无知无为，而贤于有知有为。"君主的无为就是有为，就是无不为。

　　君主无为，如何才能做到？人主不为人官，如何才能做到？《吕氏春秋》认为最主要的是君主养性保真，加强自身的修养，治其身，反诸己。治身是治天下的根本。书中说："成其身而天下成，治其身而天下治。"(《先己》)"为国之本，在于为身。"(《执一》)君主治其身在于顺应自然、修养心性，做到至公而无私欲。只有君主做到公，天下才能治理好。《贵公》说："昔先圣王之治天下也，必先公。公则天下平矣。"本篇引用周公的话"利而勿利"，意思是施利于民而不谋私利。"利而勿利"是《吕氏春秋》对"公"下的基本定义，只有做到"利而勿利"，才能达到天下大治。

　　君主要做到无为而天下治，还必须求贤、礼贤、用贤。书中说："古之善为君者，劳于论人而佚于官事，得其经也。"(《当染》)又说："得贤人，国无不安，名无不荣。"（《求人》）天下贤明的君主用不着自己劳形伤神，只要掌握为君治国的关键就可以了，这个关键就是得贤。君主为了得贤，什么办法都可以采用。"先王之索贤人，无不以也。"（《求人》）"贤主之求有道之士，无不以也。"（《本味》）汤欲得伊尹，向有侁氏请取妇为婚，有侁氏随以伊尹为媵，汤因此得到伊尹。对贤者，要以礼相待。尧不以帝王的身份见善绻，面向北恭敬地向他请教。魏文侯见段干木，立倦而不敢息。都是以礼对待贤者的范例。"虽有贤者，而无礼以接之，贤奚由尽忠？"（《本味》）只有以礼对待贤者，贤者才会竭忠尽智为君主做事。君主要信任贤臣，放手让他们施展才能，"因者，君术也；为者，臣道也"。《任数》有一段齐桓公谈论为君难易的话，充分说明齐桓公对臣下之贤者的信任：

> 有司请事于齐桓公，桓公曰："以告仲父。"有司又请，公曰："告仲父。"若是三。习者曰："一则仲父，二则仲父，易哉为君！"桓公曰："吾未得仲父则难，已得仲父之后，曷为其不易也？"

正是由于齐桓公的信任，管仲才能做到九合诸侯，一匡天下，成就齐桓公的霸业。

君主要做到无为而治，必须要正名审分，立官必使之方。君主设立百官，使百官各司其职，尽其力。君主设立百官，还要能驾驭百官，要"控其辔"。这个辔就是正名审分，"按其实而审其名，以求其情；听其言而察其类，无使放悖"（《审分》）。正名审分是使百官各尽其能，达到天下大治的关键，"至治之务，在于正名。名正则人主不忧劳矣"（《审分》）。名分确定以后，就要使百官各"使之方"，"为者，臣道也"（《任数》）。"当与得不在于君，而在于臣。"（《君守》）人臣不能"以不争持位，以听从取容"（《任数》），而要"毕力竭智"（《勿躬》）。做到了这一点，"百官各处其职、治其事以待主，主无不安矣；以此治国，国无不利矣；以此备患，患无由至矣"（《圜道》）。

虚君实臣，是一个问题的两个方面，而其中起主导作用的是虚君，只有"主执圜"，才有可能使"臣处方"。反之，如果臣下不能处方，不能尽其职守，君主又怎能做到无为而无不为呢？所以还是那句话，"主执圜，臣处方，方圜不易，其国乃昌"。二者不可偏废。

（2）民本德治

《吕氏春秋》除了提出虚君实臣的思想外，还提出了一整套以民本思想为基础、以仁政德治为核心的治国方略。

民本思想是儒家思想尤其是孟子思想中的重要组成部分。孟子说："民为贵，社稷次之，君为轻。"这种看重民众的思想是时代的产物，较之独裁专制思想是一种进步。《吕氏春秋》吸收了儒家这种思想的精华，使之成为自己政治理论的重要方面。《务本》说："主之本在于宗庙，宗庙之本在于民。"认为民众是国家存亡安危的关键，"人主有能以民为务者，则天下归之矣"（《爱类》）。

在民本思想的基础上，《吕氏春秋》提出了以德治为主、以赏罚为辅的治国方略。首先，《吕氏春秋》强调德治。它认为，德义是治国的根本。用德义治国，就会通达无阻，无往而不胜。《上德》说："为天下及国，莫如以德，莫如行义。以德以义，不赏而民劝，不罚而邪止。此神农、黄帝之政也。以德以义，则四海之大，江河之水，不能亢矣；太华之高，会稽之险，不能障矣；阖庐之教，孙、吴之兵，不能当矣。"用德政治国，不用赏赐，人民自然努力，不用刑罚，邪恶自会停止。所以说："德也者，万民之宰也。"它认为用德政治国，首先是顺民心，得民心。《顺民》说："先王先顺民心，故功名成。夫以德得民心以立大功名者，上世多有之矣。失民心而立功名者，未之曾有也。"又说："故凡举事，必先审民心，然后可举。"要得民心，就要切实地为民众消除灾祸，创造福祉。书中说：

"古之君民者，仁义以治之，爱利以安之，忠信以导之，务除其灾，思致其福。"（《适威》）君主顺民心，民众就会亲近其上，就会为君主效死力。"行德爱人，则民亲其上；民亲其上，则皆乐为其君死矣。"（《爱士》）

同时，《吕氏春秋》认为在施行德政的前提下，赏罚可以作为一种辅助手段，"凡用民，太上以义，其次以赏罚"（《用民》）。赏罚的标准应该是义，而不应该是君主的爱恶，"凡赏非以爱之也，罚非以恶之也，用观归也。所归善，虽恶之，赏；所归不善，虽爱之，罚"（《当赏》）。赏罚只是一种辅助手段，不可无有，也不可专恃。《用民》说："不得其道，而徒多其威，威愈多，民愈不用。""故威不可无有，而不足专恃。"它反对以赏罚替代德政，认为过度的赏罚是衰世的表现。书中说："严罚厚赏，此衰世之政也。"（《上德》）

在《吕氏春秋》的德政思想中，教育和音乐占有特别突出的地位。"三夏纪"中集中阐述了教育和音乐对治国的重要作用。《吕氏春秋》有《劝学》篇，鼓励人们加强学习。它认为学习可以使人们知晓理义，做到忠孝。它说："不知理义，生于不学。"同时有《尊师》篇，专门论述老师的重要作用以及为师的原则与方法。《吕氏春秋》也十分重视音乐，认为音乐有潜移默化、移风易俗的功效。它说："凡音乐通乎政，而移风平俗者也。"（《适音》）又说："治世之音安以乐，其政平也；乱世之音怨以怒，其政乖也；亡国之音悲以哀，其政险也。"（《适音》）正因为音乐对政治有这么大的作用，所以在《吕氏春秋》的德治中，音乐占有十分突出的位置。

（3）义兵统一

《吕氏春秋》首次提出义兵的理论。它主张顺应民心的义兵，诛暴君以振苦民。这种思想是与秦国要用战争平定六国统一天下相一致的。

《吕氏春秋》反对偃兵，反对救守。《荡兵》说："古圣王有义兵而无有偃兵。"《禁塞》说："夫救守之心，未有不守无道而救不义也。守无道而救不义，则祸莫大焉，为天下之民害莫深焉。"认为在当时的形势下，偃兵之说不可行。而救守则是救不义、守无道，是天下之民最大的祸害。《吕氏春秋》提倡"义兵"说，这是考察了历史与现实的军事斗争形势而提出来的，应该说，是符合当时历史发展趋势的正确思想。当时正值七雄争夺天下，而秦国的实力是七国中最强大的，最有可能战胜六国、统一天下。统一已经成为大势所趋，不可阻挡了。用什么办法统一？是用孟子所谓"王道"，还是用"义兵"，成为吕不韦必须作出的选择。吕不韦选择了后者，因为"王道"说已经被证明是行不通的，不能再走这条老路。他认为当时六国的人民正处于水深火热之中，必须用义兵除暴君以振苦民。书中说："民之说也，若孝子之见慈亲也，若饥者之见美食也；民之号呼而走之，若强弩之射于深溪也，若积大水而失其雍堤也。"（《荡兵》）人民欢迎义兵，就像孝子见到慈亲，就像饥者见到美食；人民呼喊着奔向义兵，就像强弩射向深溪，就像蓄积的大水冲垮堤坝。顺应民心，正是兴义兵的基础。顺应民心，才能成就统一天下的大业。

　　总之，《吕氏春秋》的政治思想是以儒家思想为主导，以经过改造的道家思想为基础，兼采各家有用的成分融合而成的吕氏独特的政治思想。这种思想的产生适应了时代发展的需要。

（三）《吕氏春秋》保存的史料和科学文化资料

　　《吕氏春秋》的价值，除了它的哲学思想和政治思想之外，还在于它保存了大量的先秦史料和科学文化方面的珍贵资料。

　　1.《吕氏春秋》保存的先秦史料

　　《吕氏春秋》的初衷是一部史书，自然保存了大量先秦特别是六国史料。冯友兰说："以此书为史，则其所纪先哲遗说、古史旧闻，虽片言只字，亦可珍贵。故此书虽非子部之要籍，而实乃史家之宝库也。"《吕氏春秋》所保存的先秦史料，是研究春秋战国史的宝贵资料，后世研究春秋战国史的著作已多所利用，如杨宽的《战国史》即大量引用《吕氏春秋》所保留的珍贵史料，我们不复例举。

2.《吕氏春秋》保存的天文历法资料

《吕氏春秋》还保存有天文历法方面的资料。它记载了关于盖天说的早期思想，如"天道圜，地道方"（《圜道》）。"冬至日行远道""夏至日行近道""极星与天俱游，而天枢不移"（《有始》）。它还完整地记载了九野和二十八宿的名称。《有始》说："何谓九野？中央曰钧天，其星角、亢、氐；东方曰苍天，其星房、心、尾；东北曰变天，其星箕、斗、牵牛；北方曰玄天，其星婺女、虚、危、营室；西北曰幽天，其星东壁、奎、娄；西方曰颢天，其星胃、昴、毕；西南曰朱天，其星觜嶲、参、东井；南方曰炎天，其星舆鬼、柳、七星；东南曰阳天，其星张、翼、轸。"这说明二十八宿的体系在战国时期已经形成。它还记录了很多云气与星的名称，以及一些奇怪的天象。这些对研究古代天文学都有重要的参考价值。另外，它在十二月纪中按月记载了每月太阳、月亮所在的位次，以及与之相应的自然界的物候特征；还记录了人们根据物候与生产制定节气的原始形态，如"蛰虫始振""始雨水""小暑""溽暑""白露""霜始降"等等。这些对研究古代的气候以及生产与气候的关系也是很有用处的。

3.《吕氏春秋》保存的卫生养生资料

《吕氏春秋》保存了很多古代卫生医学方面的知识。此书的主旨思想是法天地，不仅是治国家、理天下要法天地，养生保健也要贯彻这一思想，也要法天地。人的生命是自然赋予的，《本生》说："始生之者，天也。"因此，人要生存，就要顺应自然的法则和自然界变化的规律。

从对待生命的理论认识上，《吕氏春秋》首先强调要把生命看作是人生的根本，故专门设立《本生》一篇。《贵生》中说："圣人深虑天下，莫贵于生。"又说："道之真，以持身。"这就是说，生命是第一重要的。而人的生命是有定数的，人要尽力达到这个定数，即人们所谓的长寿。所谓长寿，不是去增加寿命，而是达到人生的定数。《尽数》说："长也者，非短而续之也，毕其数也。""毕其数"，不能过早夭折，首先要去害，去害就是养生。它认为人的生命体有"三百六十节，九窍五藏六府"，各个器官都有各自的生理要求，肌肤要求致密，血脉要求畅通，筋骨要求强固，心志要求和顺，精气要求流行，能够满足它们的生理要求，疾病就不会发生了。《达郁》说："凡人三百六十节，九窍五藏六府。肌肤，欲其比也；血脉，欲其通也；筋骨，欲其固也；心志，欲其和也；精气，欲其行也。若此则病无所居，而恶无由生矣。病之留、恶之生也，精气郁也。"因此要求人们在饮食、情欲、运动方面都要多加注意。在饮食方面，要食能按时，要不饥不饱，这样才能保养五脏，身必无灾。不要吃厚味烈酒，"味众珍则胃充，胃充则中大鞔，中大鞔而气不达"（《重己》），这就是疾病的开始。所以说："肥肉厚酒，务以自强，'命之曰烂肠之食'。"（《本生》）在情欲方面，必须有所节制，它说："耳目鼻口，不得擅行，必有所制。"（《贵生》）又说："圣人修节以止欲，故不过行其情也。"（《情欲》）如果失之放纵，就会"身尽府种，筋骨沈滞，血脉壅塞，九窍寥寥"（《情欲》）。它认为一味以"靡曼皓齿，郑卫之音"为乐，就叫做"伐性之斧"（《本生》）。对于声色滋味，"利于性则取之，害于性则舍之"，才是"全性之道"（《本生》）。在运动方面，强调精气流通，身体若不活动，精气就会郁结而生病。它认为"出则以车，入则以辇"，一味追求安逸舒适，就叫作"招蹷之机"（《本生》）。总之，《吕氏春秋》认为："大甘、大酸、大苦、大辛、大咸，五者充形则生害矣。大喜、大怒、大忧、大恐、大哀，五者接神则生害矣。大寒、大热、大燥、大湿、大风、大霖、大雾，七者动精则生害矣。"（《尽数》）因此人们要想长寿、尽天年，必须避免这些危害，这是养生之本，只靠就医服药的办法来除治疾病是古人所轻视的下策。《吕氏春秋》所保存的这些卫生医学思想，符合现代卫生学和预防医学的观点，是有很大参考价值的。

4.《吕氏春秋》保存的音乐资料

《吕氏春秋》对音乐起源、原始音乐的记叙，是研究音乐史的可贵资料。它保存有音乐、舞蹈的产生，是为人们调节阴阳之气，建立适宜的生存环境的传说。如朱襄氏时，阳气畜积、果实不成，所以士达创制五弦瑟，以来阴气；阴康氏时，阴气繁盛，沉积凝滞，阳气阻塞不通，民气抑郁，筋骨不舒，所以制作舞蹈来加以宣导。它保存有音乐起源于人类对自然声音模仿的传说，比如颛顼帝喜欢风的声音，就命令飞龙作音乐效仿八风之音；尧帝命质作乐，质于是效仿山林溪谷之音而作成歌曲；黄帝还曾命伶伦作律，伶伦则根据凤凰的鸣叫，制定十二律音高标准。这些虽然是古老的传说，但从中可以看出古人对音乐起源的认识。它还保存有原始音乐内容的传说，比如葛天氏时期操牛尾投足而歌八阕，反映了原始人畜牧和农耕的生活；大禹带领人民战胜洪水，于是制作乐舞，歌颂治水的英雄。这些传说也反映了原始音乐与生活的关系。所有这些，对研究音乐史都是不可多得的宝贵资料。另外，《吕氏春秋》还第一次比较全面地记载了我国乐律计算的三分损益法，《音律》说："黄钟生林钟，林钟生太蔟，太蔟生南吕，南吕生姑洗，姑洗生应钟，应钟生蕤宾，蕤宾生大吕，大吕生夷则，夷则生夹钟，夹钟生无射，无射生仲吕。三分所生，益之一分以上生；三分所生，去其一分以下生。"有人说《管子·地员》关于三分损益的记载先于《吕氏春秋》。《管子》一书的成书年代一直是个争论不休的话题，《管子》一书不成于管子之手，而为后代人所纂辑，恐怕是可靠的，这样就很难确定二者的先后。况且《管子》书中记载的也不完整。总之，《吕氏春秋》中三分损益法的记叙对研究古代音乐史是很有意义的。

5.《吕氏春秋》保存的农业技术资料

《吕氏春秋》还保存了战国时期的重农思想和农业生产技术。《上农》篇中提出重视农业的思想，这与当时的生产力水平是相适应的。

在《任地》《辩土》《审时》三篇中，集中地讲述了农业生产技术，其中包括对不同的土地要选择不同的耕作时间、施用不同的耕作方法，对不同的土地要加以不同的利用，以使土地各尽其宜。比如《辩土》说："凡耕之道，必始于垆，为其寡泽而后枯；必厚其靹，为其唯厚而及；轮者菭之，坚者耕之，泽其靹而后之。"《任地》说："凡耕之大方：力者欲柔，柔者欲力；息者欲劳，劳者欲息；棘者欲肥，肥者欲棘；急者欲缓，缓者欲急；湿者欲燥，燥者欲湿。"这就是说，要分辨土地的情况，然后决定什么土地早耕，什么土地缓耕；对各种不同的土质要加以改良，使之适宜种植。关于耕种方法，《任地》说："上田弃亩，下田弃甽。五耕五耨，必审以尽。其深殖之度，阴土必得。大草不生，又无螟蜮。"这是说，播种时高的田地不要做高畦，低的田地不要做凹畦。播种前要反复耕锄，要适当深耕，这样就不会长杂草，也不会生害虫。《审时》说："人稼之容足，耨之容耨，据之容手。此之谓耕道。"这是说，耕作要不疏不密，要做到田里能下得去脚，锄地时能放得下耨，收摘时要插得进手。它还特别强调种植五谷一定要审察时节，只有这样才能使籽粒饱满，取得丰收。《审时》篇中分别详细记叙了禾、黍、稻、菽、麦等农作物适时种植就能长势好，籽粒饱满，吃起来有香味，同时讲到了不适时种植的危害。所以最后得出结论："得时之稼兴，失时之稼约。"《吕氏春秋》所讲的这些农业生产知识，对于研究战国时期农业发展的情况是不可多得的宝贵资料。

6.《吕氏春秋》体现的语言资料

《吕氏春秋》所运用的语言，是战国末期的通语。从《吕氏春秋》的语言，可以看出这个时期的汉语已经十分成熟。汉语的两大特色，一是虚词，一是语序，它已经具备。周祖谟先生认为，从《吕氏春秋》的语言看，历代文言文的基础已经成形了。《吕氏春秋》的语言为研究先秦汉语提供了非常珍贵的资料。

三、《吕氏春秋》的版本流传

《吕氏春秋》自问世以来，在正史之中皆有著录。《汉书·艺文志》将其归入杂家，云："《吕氏春秋》二十六篇。秦相吕不韦辑智略士作。"《隋书·经籍志》云："《吕氏春秋》二十六卷。秦相吕不韦撰，高诱注。"《旧唐书·经籍志》云："《吕氏春秋》二十六卷。吕不韦撰。"《新唐书·艺文志》云："《吕氏春秋》二十六卷。吕不韦撰，高诱注。"《宋史·艺文志》云："吕不韦《吕氏春秋》二十六卷。高诱注。"然宋以前的版本，已无传世者。今所见最早的刻本是元刻本。

（一）元至正年间嘉兴路儒学刊本

《吕氏春秋》现在所能见到的最早版本，是元至正年间嘉兴路儒学刊本。此本有遂昌郑元祐序，及《镜湖遗老记》。镜湖遗老盖即庆湖遗老贺铸。《镜湖遗老记》中说："元祐壬申（1092），余卧疾京师，喜得此书，每药艾之间，手校之。自秋涉冬，朱黄始就，即为一客挟之而去。后三年见归，而颇有欲得色，余亦心许之。得官江夏，因募笔工录之竟，以手校本寄欲得者。"考贺铸生平，元祐三年（1088），贺铸任和州管界巡检，后不久因苏轼等推荐改任承事郎，为常侍。旋请任闲职，改监北岳庙。绍圣二年（1095）授江夏宝泉监。此与《镜湖遗老记》中所云正相合。据郑元祐序，贺铸所校本后为元初之刘节轩所得，又传其子刘贞，刘贞请郑元祐为之序，于至正六年刊刻于嘉兴路嘉禾学宫。

元至正年间嘉兴路儒学刊本今存两个版本，一个是嘉兴路儒学刊本，一个是嘉禾学宫刊明补修本，两本字迹多有漫漶不清之处，明补修本个别字对元本有所改正。

（二）明弘治李瀚刊本等明代诸本

明代出现了一批刻本，比较重要的有弘治十一年李瀚刻本，嘉靖七年许宗鲁刻本，万历己卯张登云校本，姜璧重刻本，万历年间宋邦乂等校本，宋启明刻本，万历丙申刘如宠刻本，乙巳汪一鸾刻本，庚申凌稚隆套印本等十余种。

李瀚本仿元本重刊，与元本差异不大。此本与元本皆半页十行，元本行二十字，此本间有行十八字者，且其注文有单行者，如《劝学》。此本字迹亦多有不清之处。此本二十六卷末有"弘治十一年秋河南开封府许州重刊"，序后有李瀚《吕氏春秋后序》，并有李瀚署名"弘治戊午冬十一月既望赐进士文林郎巡按河南监察御史沁水李瀚书"。《后序》中说"丁巳岁，予奉命来按河南，过钧州"，李瀚官至户部尚书，曾巡按河南等地，此本盖即此时刊刻。蒋维乔《吕氏春秋汇校》所见李瀚本，此序缺尾页，云"使不阙尾叶，《后序》之末，当有李瀚其名。毕氏所见当非此阙尾之本，必尝见李瀚之名，故径称李瀚本，而未见有所考论"。陈奇猷《吕氏春秋新校释》述及李瀚《后序》亦有缺页。《子藏》所收李瀚本《后序》亦缺页。国家图书馆所藏李瀚本《后序》完整无缺。

许宗鲁本，毕沅以此本多古字而认为源自宋本，与元至正本无直接关系。蒋维乔认为此本虽刻于李本之后，而精审过之。此本有《镜湖遗老记》而无郑元祐序，盖此径据宋本而非转从元本出也。此本前有嘉靖戊子许宗鲁序。《子藏》所收此本无许序，盖其漏佚？

张登云本，此本前有明万历己卯冬日沔阳陈文烛《刻吕氏春秋序》、姚江叶逢春《重梓吕氏春秋叙》、郑元祐序，及天台方逊志《读吕氏春秋》一文。总目后有《镜湖遗老记》。卷一下有"巡按直隶监察御史陈世宝订正、河南按察司金事朱东光参补、直隶凤阳府知府张登云翻校"。《读吕氏春秋》张登云后记云："爰觅善本校补之，顾许、楚二刻胥仿雍板而仍其阙者六，续得旧本，乃补其半，余尚虚木，俟好古者。甲戌秋日自傲庵识。"考书中所缺有后补者，如《贵生》篇末缺整页后补，《当染》篇中缺整页后补等等。书后有张登云《吕氏春秋跋》。

姜璧本，此本乃许本的翻刻本，书前有嘉靖七年关中许宗鲁《刻吕氏春秋序》，总目后有《镜湖遗老记》，并有重刊《吕氏春秋》姓名："明文安蒲汀姜璧重订、义乌绍东虞德烨重刊、临桂一轩左懋贞校正、江陵云谷樊大通同校"，又大字书"万历己卯孟夏梓于维扬资政左室"。该本缺十至十四卷，以弘治李瀚本补齐。

宋邦乂本，此本未著年月。前有王世贞为宋邦乂等写《重刻吕氏春秋叙》、方孝孺撰《读吕氏春秋》。每卷下书明宋邦乂、张邦莹、徐益孙、何玉畏、范廷启等校。此本缺十二卷至十四卷，据弘治李瀚本补齐。此本后由宋邦乂之子宋启明重刻，删去宋邦乂以下三人而著其名，故重刻本又称宋启明本。

其余明本不再一一介绍。

（三）清代毕沅新校正本

清乾隆年间，毕沅的《吕氏春秋新校正》是继高诱之后最集中的一次校理，纠正旧刻错误不少。它以元至正本为底本，用明李瀚本、许宗鲁本、宋启明本、刘如宠本、汪一鸾本等参校，聘请了清代校勘训诂大家卢文弨、谢墉、钱大昕、孙志祖、段玉裁、赵曦明、钱塘、孙星衍、洪亮吉、梁玉绳、梁履绳、臧镛等审正参订。毕校本成为此后《吕氏春秋》的必读本，也是学者继续整理研究《吕氏春秋》的基础。

（四）民国以后的各版本

近人许维遹的《吕氏春秋集释》于1935年出版。该书前有冯友兰、刘文典、孙人和的序和许维遹的自序，及引用诸书姓氏。全书后有《镜湖遗老记》、吕氏春秋附考。该书对毕校本有所是正，同时汇集了清代《吕氏春秋》研究的成果，并提出了自己的见解，贡献不可磨灭。《集释》以毕本为底本，而毕氏所见旧本不全，难免疏漏，许氏虽有是正，仍有讹错及手民之误。

二十世纪八十年代有陈奇猷的《吕氏春秋校释》出版。这部书在许书的基础上，对清代以及后来关于《吕氏春秋》的论述搜集得十分齐备，附录有关于《吕氏春秋》的佚文以及《吕氏春秋》考证的资料，为读者和研究者提供了不少方便。此后，作者对原作多有修改，又补入近百条考校，于 2002 年再版，更名为《吕氏春秋新校释》。书中虽不乏作者新的见解，但部分诠释带有臆测，对某些观点，有人还有不同意见。

今注今译本，民国时期有庄适的《吕氏春秋选注》，这是用新方法注释《吕氏春秋》的第一部著作，开了新注的先河。二十世纪八十年代张双棣、张万彬等的《吕氏春秋译注》（后有修订本）以乾隆五十三年刻毕校本为底本，参照元明刻本详加校订，全书皆有扼要题解，简明注释，白话译文，为初学者的入门书。

四、《吕氏春秋》的研究概况

（一）汉代的研究情况

《吕氏春秋》问世之后，受到广泛赞誉。首先是司马迁在《报任少卿书》中说："盖文王拘而演《周易》；仲尼厄而作《春秋》；屈原放逐，乃赋《离骚》；左丘失明，厥有《国语》；孙子膑脚，《兵法》修列；不韦迁蜀，世传《吕览》。"他把《吕氏春秋》与《周易》《春秋》这些古代经典相提并论，足以看出司马迁对于《吕氏春秋》的推崇。他在《史记·吕不韦列传》中称赞《吕氏春秋》"备天地万物古今之事"。东汉时期班固作《汉书》，在《艺文志》诸子类中，把《吕氏春秋》与《淮南子》并列，归入杂家，说它"兼儒墨，合名法，知国体之有此，见王治之无不贯"，这是对《吕氏春秋》杂家特质的具体说明。"兼儒墨，合名法"，说明《吕氏春秋》融合百家，兼收并蓄；"知国体之有此，见王治之无不贯"，说明《吕氏春秋》"兼儒墨，合名法"是适应国体和王治的需要而采取的作法。班固的话是对杂家的《吕氏春秋》的恰当评价。东汉末年涿郡卢植曾为《吕氏春秋》作训解，可惜不传。其弟子高诱遵循师训，作《吕氏春秋解》，全面为《吕氏春秋》作注释，成为后代研究《吕氏春秋》的重要依据。他在《吕氏春秋序》中对《吕氏春秋》作了很好的概括，给予了很高的赞誉。他说："此书所尚，以道德为标的，以无为为纲纪，以忠义为品式，以公方为检格，与孟轲、孙卿、淮南、扬雄相表里也。"又说："（此书）大出诸子之右。"

（二）魏晋至清代前期的研究情况

汉代以后，由于政治、思想、意识的变迁，《吕氏春秋》研究冷寂了相当长的一段时间。魏晋时期，玄学盛行，一般士人追求自由，狂放不羁，对构建具体社会理论的《吕氏春秋》失去兴趣，因此对此书的研究滑向低谷。隋唐时期，《隋书·经籍志》《旧唐书·经籍志》《新唐书·艺文志》对《吕氏春秋》都有著录。一部分政书，如《群书治要》等，采集其中有关治国理政的内容，编纂成书。颜师古、李贤、李善的《汉书注》《后汉书注》《文选注》，也常常引用《吕氏春秋》。这说明《吕氏春秋》的流传没有间断。宋代，贺铸的《评吕氏春秋》是最早的评点本，其所作的《镜湖遗老记》对宋代《吕氏春秋》版本流传进行了概括。此后的一段时间，人们或认为它杂取各家，没有新意；更多的则是因为吕不韦的商人背景，以及《史记》记载的他与秦始皇的复杂关系，而因人废言，几乎完全忽略了它的价值，很少进行深入的研究。宋人黄震在《黄氏日钞》中说："今其书不得与诸子争衡者，徒以不韦病也。"这种情况一直延续到清代，清人卢文弨《抱经堂文集》说："世儒以不韦故，几欲弃绝此书。"

（三）清乾嘉时期至清末的研究情况

清代乾嘉时期，古籍整理与文献考据之学极其昌盛，对《吕氏春秋》的研究也主要集中在文献考据上，对文本时代以及文字校勘取得了卓越成就。清代乾嘉学者如卢文弨、钱大昕、段玉裁、孙志祖、梁履绳等都对《吕氏春秋》的文字作过校读，毕沅的《吕氏春秋新校正》就融有他们的见解。王念孙的《吕氏春秋杂志》、陈昌齐的《吕氏春秋正误》、王绍兰的《吕氏春秋杂记》、李宝洤的《吕氏春秋高注补正》等，都对《吕氏春秋》研究做出了贡献。王仁俊的《吕氏春秋佚文》、姚东升的《吕氏春秋佚文》，对《吕氏春秋》佚文进行了广泛的搜集。江有诰的《吕氏春秋韵读》对《吕氏春秋》的用韵进行了梳理和归纳。

（四）二十世纪初至七十年代末的研究情况

民国时期，《吕氏春秋》的研究不但继承了乾嘉以来的学风，在文字校理上有新的成果，又受西学的影响，开始着手研究《吕氏春秋》的思想体系，对历史人物作出评价，开启了《吕氏春秋》研究的新风。在文字及版本校理方面，重要成果有蒋维乔、杨宽等合著的《吕氏春秋汇校》，许维遹的《吕氏春秋集释》。《吕氏春秋汇校》以毕沅本为底本，对元本及明李瀚本、许宗鲁本、张登云本、姜璧本、宋邦乂本、刘如宠本、汪一鸾本、凌稚隆本、朱梦龙本、黄之寀本、日版宋邦乂本等十余个版本进行对勘，比较其异同。同时，对类书、旧注中涉及《吕氏春秋》的内容也加以利用。很多地方都加上按语，表明作者的意见。这部书开启了文字校理注重版本的风气，他们的汇校，对后世直至今日都有着重要的价值。《吕氏春秋集释》是毕沅《吕氏春秋新校正》之后，又一次对《吕氏春秋》进行全面梳理的著作。它的重要贡献是将清人的论述集于一炉，为读者提供了极大的方便；时有作者的新见解，平实而允正。这一时期，陶鸿庆的《读吕氏春秋札记》、孙锵鸣的《吕氏春秋高注补正》、吴承仕的《吕氏春秋旧注校理》、刘咸炘的《吕氏春秋发微》、刘文典的《吕氏春秋斠补》、孙人和的《吕氏春秋补正》、范耕研的《吕氏春秋补注》等等，都为《吕氏春秋》校读做出了很大贡献。

胡适的《读吕氏春秋》第一次运用西方现代思想，从哲学与政治角度审视《吕氏春秋》。他认为《吕氏春秋》的哲学是贵生主义，其政治思想则是在贵生的基础上形成的自然主义。他的观点不一定为人们所接受，但他开启了从新视角研究《吕氏春秋》的先河。用新方法研究《吕

氏春秋》，郭沫若《十批判书》中的《吕不韦与秦王政的批判》可算作
最杰出的一篇。它廓清了此前对吕不韦的误解或诬陷，还吕不韦以本来
面貌，承认吕不韦在历史上的突出地位。这篇文章对《吕氏春秋》作了
全面的剖析，从《吕氏春秋》的成书、体例到它的哲学思想、政治思想、
治国理念，以及吕不韦与秦王政的矛盾对立，都深入论述，发前人所未
发。这篇文章成为当今研究《吕氏春秋》的基石。

　　二十世纪四十年代末至七十年代末的一段时间，《吕氏春秋》研究没
有什么重要成果。主要成果在于对书中科技文化方面的内容进行校理分
析，如夏纬英的《〈吕氏春秋·上农〉等四篇校释》、吉联抗的《吕氏春
秋音乐文字译注》（后更名为《吕氏春秋中的音乐史料》）等。报纸杂志
上偶有一些文章，但分量都不重。值得一提的是杨宽的《战国史》，该
书大量引用《吕氏春秋》的材料，充实战国史的内容，使人们认识到《吕
氏春秋》的重要史料价值。这一时期，在台湾地区，有一些延续乾嘉遗
风和民国研究理念的著作和文章，如尹仲容的《吕氏春秋校释》、赵金
海的《吕氏春秋校诂》《读吕氏春秋札记》、潘光晟的《吕氏春秋高注补
正》等。也有一些关于思想内容方面的著作和文章，如贺凌虚的《吕氏
春秋政治理论》、李九瑞的《吕氏春秋思想理论》等。谢德三的《吕氏
春秋虚词用法诠释》是《吕氏春秋》语言研究的第一部著作。

　　（五）二十世纪七十年代末以后的研究情况

　　二十世纪八十年代以后，《吕氏春秋》研究出现了一个前所未有的
高潮，呈现出多方位的态势，对《吕氏春秋》思想研究占据了突出的位
置。王范之遗著《吕氏春秋研究》分为考征、学派、学说三篇，从多角
度对《吕氏春秋》进行剖析，有些为前人所未论及。刘元彦的《杂家帝
王学——吕氏春秋》（后更名为《〈吕氏春秋〉：兼收并蓄的杂家》），对
吕不韦及《吕氏春秋》都给予了很高的正面评价。洪家义的《吕不韦评
传》介绍了吕不韦的生平事迹及《吕氏春秋》的思想内容和历史地位。

有些学者开始将《吕氏春秋》与其他著作进行比较研究，牟钟鉴的《〈吕氏春秋〉与〈淮南子〉思想研究》是最重要的代表性著作。该书对《吕氏春秋》与《淮南子》思想内容进行了全方位的比较，认为二者一脉相承，都属于黄老道家一派。中国台湾学者傅武光的《吕氏春秋与先秦诸子之关系》，论述了《吕氏春秋》与先秦诸子的渊源。讨论《吕氏春秋》与道家、儒家、墨家、阴阳家、法家等关系的论文也相继涌现。特别值得一提的是，这一时期，有很多博士生、硕士生的学位论文选择《吕氏春秋》为研究课题，产生了不少有一定价值的论文，如吕艺的《吕氏春秋研究》，从多角度对《吕氏春秋》作了梳理分析，对《吕氏春秋》的结构体系提出了自己独特的看法。庞慧的《〈吕氏春秋〉对社会秩序的理解与构建》，对《吕氏春秋》的编纂、结构及思想作了全方位的深入论述，有独到的见解，是近期不可多得的有分量的论文。陈宏敬的《吕氏春秋哲学思想研究》，主要对《吕氏春秋》的哲学思想进行阐释，内容集中突出，等等。对《吕氏春秋》某一方面的内容进行专门研究的著作和论文也大量出现，如王毓瑚的《先秦农家言四篇别释》、刘冠生的《〈吕氏春秋〉之〈上农〉四篇的内容体系》、萧风的《吕氏春秋养生精要》等。《吕氏春秋》语言研究也引起了重视，张双棣的《〈吕氏春秋〉词汇研究》是国内专书词汇研究的第一部著作，成为研究《吕氏春秋》的重要参考。张双棣、殷国光、陈涛的《吕氏春秋词典》，从语音、语法、语义三方面对《吕氏春秋》的全部词汇进行了分析描写，开创了专书词典编写的新思路。殷国光的《〈吕氏春秋〉词类研究》《〈吕氏春秋〉句法研究》就《吕氏春秋》的虚词和句法结构进行了全面的梳理和阐释。这一时期，很多研究生选择语言方面的论题，如李铭娜的博士论文《〈吕氏春秋〉动词研究》、胡光庭的硕士论文《〈吕氏春秋〉疑问句考察》等等。学术的进步，不能只停留在学者的笔下，更应该使民众有所了解，而且要用学术研究的精审态度去作普及工作。这一时期，《吕氏春秋》今译今注的著作也相继出现，如王范之的《吕氏春秋选注》，张双棣、张万彬等四人的《吕氏春秋译注》，刘生良的《诸子现代版丛书·吕氏春秋》，对《吕氏春秋》的普及起了很好的作用。总结性整理《吕氏春秋》的著作——陈奇猷的《吕氏春秋校释》及后来的《新校释》，对《吕氏春秋》研究做出了突出的贡献，在介绍版本时已有述及，此处不再赘言。

特别需要提到的是，近年来，大型资料书《子藏》出版，其中的《吕氏春秋卷》收录自元至正本以后至 1949 年前的各种《吕氏春秋》版本，各种校勘、考据性著作，以及各种研究著作，为《吕氏春秋》研究者提供很大的方便，推动了《吕氏春秋》的研究工作。

五、《吕氏春秋》的贡献和影响及对后人的启示

（一）《吕氏春秋》的贡献和影响

战国时期是中国思想最活跃的时期，百家争鸣，百花齐放。战国末期产生的《吕氏春秋》对这一情况作出了总结，吸收或融合了各家的思想，而这种吸收或融合是自觉的、公开的、批判性的、有所扬弃的，是紧密结合当时政治、军事斗争现实的。

《吕氏春秋》吸纳道家的思想，并作为它的哲学基础。汉代高诱在《吕氏春秋序》中说："此书所尚，以道德为标的，以无为为纲纪。"《吕氏春秋》吸纳了道家的"道"，不过他认为道不是虚无，而是"一"，即"太一"，或"精气"，这种精气是构成天地万物的最基本物质。《吕氏春秋》也吸纳了老子的"无为"思想，并限定在君道方面，它提出君道无为、臣道有为的主张。君道无为是前提，只有君道无为，才能做到臣道有为。对于老子的某些思想，吕氏认为与时代发展不相适应的，则弃而不采。比如老子提倡小国寡民，这与当时秦国统一天下而形成的大帝国，完全不相适应。吕不韦是要为统一的大帝国制定治国方略，如何能采用

小国寡民的思想？所以他必然将其舍弃。吕不韦作为统一大帝国的宰相和管理者，他的态度是积极的、向前看的，因此对于道家的某些带有消极色彩的东西，他也只能弃而不取。

《吕氏春秋》大量吸纳了儒家的思想。儒家的核心思想是仁，《吕氏春秋》也讲到仁，《爱类》说："仁也者，仁乎其类者也。"儒家把孝悌看作仁德的根本，孔子说："孝弟也者，其为仁之本与。"（《论语·学而》）《吕氏春秋》也很重视孝道，《孝行》说："夫孝，三皇五帝之本务，而万事之纪也。"《吕氏春秋》受孟子民本思想的影响很深，它强调民众是国家安危存亡的根本和关键。它说："主之本在于宗庙，宗庙之本在于民。"（《务本》）又说："人主有能以民为务者，则天下归之矣。"（《爱类》）同时，《吕氏春秋》还吸纳了儒家关于教育、音乐教化等思想，在"三夏纪"中突出阐述了教育和音乐对治国的重要作用。

《吕氏春秋》也很重视法家思想，法家思想在秦国一直处于独尊的地位，吕不韦的门客中就有法家的代表人物李斯。但吕不韦对于法家思想多有改造或批判。法家强调法的重要性，强调耕战的意义，把它作为治国的根本，同时强调法、术、势综合运用。法家不重视德化，不重视贤人。《吕氏春秋》则强调德治为本，赏罚只是辅助手段，同时特别强调用贤，认为求贤、用贤是实现君道无为的重要条件。《吕氏春秋》也吸纳了法家法后王的思想，主张与时俱进，随时变法。

《吕氏春秋》吸收了墨家的节葬思想，主张薄葬，但否定了墨家的非攻思想，鲜明地提出义兵说。这是根据当时秦国政治、军事斗争需要而采取的做法。主张节葬，是为国家积累财富；反对偃兵是因为秦国正在以军事手段推进统一六国的战争。吕不韦认为，秦国统一六国的战争是拯救人民于水火之中，是义兵，是不能停止的。

总而言之，《吕氏春秋》大量地、全方位地吸纳百家思想中的有用成分，形成自己独特的思想体系，这是对当时以及后世的重要贡献。

　　《吕氏春秋》对后世的影响，特别是对汉代的影响是巨大的。首先，汉初秉持的所谓黄老思想，所实行的各项政策，都或多或少带有《吕氏春秋》的痕迹，或者说，就是《吕氏春秋》思想的实践。有人把《吕氏春秋》归入黄老道家，可能与此有关系。

　　汉初的思想家都受到《吕氏春秋》的影响，其中最突出的是淮南王刘安。刘安的《淮南子》从写作方式、写作目的到思想体系，都与《吕氏春秋》有密切关系。刘安也仿照吕不韦，召集门客集体撰写。与吕不韦不同的是，刘安极富文才，为汉赋开创性的人物。《淮南子》一书，较《吕氏春秋》语言的古朴之风，更富有文采，这可能是因为刘安亲为所致。刘安进献《淮南子》一书给汉武帝，是在汉武帝即位的第二年，即公元前139年，这与吕不韦将《吕氏春秋》悬之咸阳市门，在秦王政亲政前一年，有异曲同工之义。刘安写作《淮南子》并进献给汉武帝，其目的与吕不韦作《吕氏春秋》并悬之咸阳市门也大体是一致的，也是为了使汉武帝采用他的主张。《淮南子》全书没有一处提到《吕氏春秋》，但它的思想体系与《吕氏春秋》一脉相承，受到《吕氏春秋》深刻影响，是没有疑义的。《吕氏春秋》是先秦唯一一部事先规划好结构体例的著作，十二纪、八览、六论，十分严整。汉代的司马迁编纂《史记》，分十二本纪、十表、八书、三十世家、七十列传，显然是受了《吕氏春秋》的影响和启发。汉代的其他学者，如王充等也都受到《吕氏春秋》的影响，这是后代学者普遍认可的事实。

　　《吕氏春秋》以后的杂家著作，都遵循包容的、兼收并蓄的、服务于现实的传统。我们甚至看到，儒家独尊以后，中国思想文化的发展，也都或多或少地体现出这种杂家风格。

　　（二）《吕氏春秋》对后人的启示

　　《吕氏春秋》杂家思想的特征，对于后人以至今天仍有启发和借鉴作用。

　　我们现在讨论传统文化如何促进新文化的发展，应该充分借鉴杂家吸纳百家的做法，本着积极的、公开的、宽容的态度，对待古今中外的各种思想学说，择其善者而从之，其不善者而舍之。

　　第一，要彻底了解传统文化的内涵与真谛，厘清它们产生和发展的历史脉络，从而为新文化的建立奠定基础。正如吕不韦召集天下各国智略之士，其中自然包括各个学派的人士，集思广益，作为他完成《吕氏春秋》的第一步。

　　第二，要积极地研究当今世界各种思想文化，不管是西学还是东学，不能有畏缩感、自卑感，也不能有傲慢和轻视的态度，我们要建设的是强国思想文化的基础建筑，应该有这种不卑不亢的自信。正如吕不韦规划秦统一大帝国的治国方略，正是本着这种精神，去吸纳各国各家的思想，去采撷各家成熟的成果，而为己所用。

　　第三，要将传统与现代、外域与本土有机地融合，传统要为现代服务，外域要为本土服务。也就是说，要从传统与外域的思想文化中吸取营养和智慧，为当今社会的政治文化注入活力。正如吕不韦从前代和当代、从秦国和六国的思想文化中汲取可用的成分那样。

　　第四，要特别着眼于创新，不能墨守成规。时代是发展的，社会是进步的，我们的思想文化建设不能只停留在一个层面上，必须与时俱进，有所创新。创新，是思想文化建设的生命，也是学术进步的生命。《吕氏春秋》政治思想体系的建立，就是吕不韦创新思想的产物。

　　我们说新文化的建立要借鉴杂家的做法，并不是因袭杂家。新文化是多元的、独立发展的。在独立发展的过程中，可以借鉴杂家宽容的、兼收并蓄的做法。多元文化的发展应该是新文化的首要工作。在多元发展的基础上，会产生社会主义的新文化。

　　①　有人以为嫪毐为邯郸人，随赵姬而来秦国，不关吕不韦事。见马非百《秦

集史》"嫪毐"条。

　　②　此书名为《吕氏春秋》的原因，冯友兰说："此书不名曰《吕子》，而名曰《吕氏春秋》，盖文信侯本自以其书为史也。《史记》谓吕不韦以其书为备天地万物古今之事，号曰《吕氏春秋》，亦以为吕不韦以其书为史耳。《史记·十二诸侯年表叙》以《吕氏春秋》与《左氏春秋》《虞氏春秋》并列，是史公亦以此书为史也。"见冯友兰《〈吕氏春秋集释〉序》，民国二十四年（1935）清华大学出版事务所出版。

　　③　见刘晓东《战国中晚期子家著作中的"亡国"义训》，载《管子学刊》2005年第4期。

　　④　见冯友兰《〈吕氏春秋集释〉序》。

　　⑤　余早年作《吕氏春秋译注》和《吕氏春秋索引》，以毕沅校本为底本，校以元明诸本，得《吕氏春秋》原文十万二百十一字。高诱《吕氏春秋序》亦云"合十余万言"。《史记》所云"二十余万言"，或司马公误记，或传写讹误。

　　⑥　至于是《吕氏春秋》纪首在先，还是《礼记·月令》在先，古人也有不同意见。蔡邕、王肃认为《月令》为周公所作。郑玄认为《月令》集《吕氏春秋》纪首而成。他在《目录》中说："名曰《月令》者，以其记十二月政之所行也，本《吕氏春秋》十二月纪之首章也，以礼家好事抄合之，后人因题之名曰《礼记》。言周公所作，其中官名时事多不合周法。此于《别录》属《明堂阴阳记》。"孔颖达同意郑玄的意见。他在《月令》疏中说："吕不韦集诸儒士著为十二月纪，合十余万言，名为《吕氏春秋》，篇首皆有月令，与此文同，是一证也；又周无大尉，唯秦官有大尉，而此《月令》云'乃命大尉'，此是官名不合周法，二证也；又秦以十月建亥为岁首，而《月令》云'为来岁授朔日'，即是九月为岁终，十月为授朔，此是时不合周法，三证也；又周有六冕，郊天迎气则用大裘，乘玉辂，建大常日月之章，而《月令》服饰车旗并依时色，此是事不合周法，四证也。故郑云'其中官名时事多不合周法'。"《淮南子·时则》较《吕氏春秋》十二月纪又有所发展。

吕氏春秋

孟春纪

孟　春

一曰：

孟春之月[1]，日在营室[2]，昏参中，旦尾中[3]。其日甲乙[4]，其帝太皞[5]，其神句芒[6]，其虫鳞[7]，其音角[8]，律中太蔟[9]。其数八[10]，其味酸[11]，其臭膻[12]，其祀户[13]，祭先脾[14]。东风解冻，蛰虫始振[15]，鱼上冰[16]，獭祭鱼[17]，候雁北[18]。天子居青阳左个[19]，乘鸾辂[20]，驾苍龙[21]，载青旂[22]，衣青衣[23]，服青玉[24]，

以上按五行说。

高诱注："《周礼》：'马八尺以上为龙。'"

食麦与羊^[25]，其器疏以达^[26]。

[注释]

[1]孟春：夏历春季的第一个月，即夏历正月。孟，始。　[2]日在营室：指太阳运行的位置在营室宿。古人将天体黄道周边的二十八个星座称为二十八宿，营室是其中一个星宿。营室后来也简称室。　[3]昏参中，旦尾中：黄昏时参宿在正南方中天，天刚亮时尾宿在正南方中天。昏，黄昏时分。旦，清晨时分。参、尾，都是二十八宿的名称。　[4]其日甲乙：其，指孟春。甲乙，五行说把四时、十天干与五行相配，春季属木，甲乙也属木，所以说"其日甲乙"。下文"其帝太皞""其神句芒""其虫鳞""其音角""其味酸""其臭膻""其祀户"等，也都是把五帝、五神、五虫等与五行相配之后再配于四时。　[5]帝：天帝，这里指古代传说中的帝王。太皞（hào）：即伏羲氏，本书作为五帝之一。五行家认为他以木德称王天下，被尊为东方之帝、木德之君，与春相配。　[6]神：指辅佐天帝的神灵。句（gōu）芒：少皞氏之子，名重，辅佐木德之帝，被尊为木德之神。　[7]虫：古时对动物的总称。鳞：五虫之一，鱼龙之类，龙为其长。古人将动物分成五类，称五虫；这五类是鳞、羽、倮、毛、介。《大戴礼记·易本命》："有羽之虫三百六十，而凤皇为之长；有毛之虫三百六十，而麒麟为之长；有甲之虫三百六十，而神龟为之长；有鳞之虫三百六十，而蛟龙为之长；倮之虫三百六十，而圣人为之长。"甲虫即介虫。　[8]角：五音（宫、商、角、徵、羽）之一。五音是古代音乐的五个基本音阶。　[9]律：律管，即定音的竹管。中（zhòng）：应。太蔟（cù）：古代十二律之一。古人把十二个音律分成阳律和阴律，六个阳律称为六律，六个阴律称为六吕。六律的名称是：黄钟、太蔟、姑洗、蕤（ruí）宾、夷则、无射。六吕的名称是：

大吕、夹钟、中吕、林钟、南吕、应钟。据说古人将葭莩（jiā
fú）的灰塞在律管里，到了某月，与它相应的律管里的灰就飞动
起来，这叫做律中某某；孟春之月，太蔟管中的灰飞动起来，所
以叫“律中太蔟”。　[10]八：指木的成数。阴阳五行说认为天地
生成五行，一天生水，二地生火，三天生木，四地生金，五天生土；
因为阴阳不相配不能相成，所以又有六地生水，七天成火，八地
成木，九天成金，十地成土。天生木之数是三，天地相配成木之
数是八。　[11]酸：五味（酸、苦、甘、辛、咸）之一。　[12]臭
（xiù）：气味。膻：五臭（膻、焦、香、腥、朽）之一。　[13]祀：
祭祀。户：五祀（户、灶、中霤、门、行）之一。古人认为春天
阳气上升，蛰伏的动物开始活动，由户而出，所以春季要举行户
祀。　[14]祭先脾：祭祀时脾脏先用。先，动词，先用。脾，五
脏（脾、肺、心、肝、肾）之一。按，五脏与五行相配，古人不
尽相同，这里是根据《吕氏春秋》十二月纪。一般是木、火、土、
金、水配肝、心、脾、肺、肾五脏。　[15]蛰（zhé）虫：藏伏
的动物。蛰，藏。始振：开始苏醒活动。　[16]鱼上冰：鱼向上
游到冰层下。上，用作动词，指向上游。　[17]獭祭鱼：水獭将
捕杀的鱼陈列在水边，像祭祀一样，古人称之为“獭祭鱼”。祭，
杀。　[18]候雁北：春天到了，大雁开始向北飞。候雁，大雁是
候鸟，所以称为候雁。北，用作动词，指向北飞。　[19]青阳左
个：东向明堂的北侧室。古代帝王居住及宣布政令的明堂，按照
五行构筑，东向的叫青阳，南向的叫明堂，西向的叫总章，北向
的叫玄堂，中央的叫太庙。除太庙只有一个太室外，其余的在正
堂两侧各有一个侧室，叫“个”，左侧室叫左个，右侧室叫右个，
中间的正堂也叫太庙。天子按四时、五行的运行，每月换一个居
室。　[20]鸾辂：饰有鸾铃的车。鸾，青色凤鸟，这里指鸾铃。
辂，车。五色与五行相配，青属木，所以用青色的东西命名春天

用的器物，这里用鸾辂，是取鸾凤色青。下文苍龙、青旂、青衣、青玉等都是为顺应春天的青苍之色。　[21]苍龙：青苍色高大的马。　[22]旂（qí）：绘有龙纹的旗帜。　[23]衣青衣：穿着青色的衣服。前一个"衣"字是动词，穿。　[24]服：佩戴。　[25]食麦与羊：五谷（麦、菽、稷、麻、黍）、五畜（鸡、羊、牛、犬、豕）与五行相配，麦属木，羊属火，古人认为吃东西要顺应时气，安生养性，春气贵在调和，但还有冬季的余寒，所以吃与春同属木的谷物，并用属火的畜来御寒。　[26]其器疏以达：宗庙里用的器物镂刻的纹理空疏而通达。以，同"而"，连词。

是月也[1]，以立春。先立春三日，太史谒之天子曰[2]："某日立春，盛德在木[3]。"天子乃斋[4]。立春之日，天子亲率三公、九卿、诸侯、大夫以迎春于东郊[5]；还，乃赏公卿、诸侯、大夫于朝。命相布德和令[6]，行庆施惠[7]，下及兆民[8]。庆赐遂行，无有不当[9]。乃命太史，守典奉法[10]，司天日月星辰之行[11]，宿离不忒[12]，无失经纪[13]。以初为常[14]。

[注释]

[1]是：此。　[2]太史：官名，负责记载史事、观测天文、制定历法等。谒：禀告。　[3]盛德在木：依五行说，春属木，所以说大德在木。　[4]斋：祭祀之前，整洁身心为斋。　[5]三公：辅佐天子的最高官员，指太师、太傅、太保。九卿：指少师、少傅、

少保、冢宰、司徒、宗伯、司马、司寇、司空。东郊：邑东八里为东郊。依五行说，木与春季、东方相配，所以天子要率百官到东郊迎春天的到来。　[6]相（xiàng）：指三公。布德和令：发布德教，宣布禁令。和，通"宣"（依王引之说）。　[7]庆：赏，褒赏。　[8]兆民：天子所治之民，指普天下之民。　[9]"庆赐遂行"二句：意思是，褒奖、赏赐顺利施行，没有不当之处。遂，顺利，通达。　[10]典：指六典，即治典、教典、礼典、政典、刑典、事典。法：指八法，即官属、官职、官联、官常、官成、官法、官刑、官计。六典八法是治理邦国官府的法则制度。　[11]司：主管，掌管。　[12]宿离：太阳、月亮在运行时所经过的处所。忒（tè）：差错。　[13]经纪：指日月星辰进退疾迟的度数。　[14]初：指作为历法计算起点的冬至点，当时人们认为冬至点在牵牛初度（二十八宿在天体中各有不同的度数，牵牛宿初起的度数称牵牛初度）。常：法。"乃命太史"以下六句的意思是，于是命令太史遵奉六典八法，主管观测推算天体日月星辰的运行，以及日月星辰运行的度数和轨迹，要没有一点差错，制定历法要以冬至点在牵牛初度为准。

是月也，天子乃以元日祈谷于上帝[1]。乃择元辰[2]，天子亲载耒耜[3]，措之参于保介之御间[4]，率三公、九卿、诸侯、大夫，躬耕帝籍田[5]。天子三推[6]，三公五推，卿、诸侯、大夫九推。反[7]，执爵于太寝[8]，三公、九卿、诸侯、大夫皆御[9]，命曰"劳酒"[10]。

［注释］

[1]元日：吉日。祈：求。　[2]元辰：吉辰。日为天干，辰为地支，有事于天（祈谷）用日，有事于地（耕帝籍）用辰。　[3]耒耜：农具名，即犁。犁柄叫耒，铧叫耜。　[4]措：放置。参于：疑当作"参乘"（依许维通说）。保介：车右，即站在车上右侧保护君主的武士。之：前"之"字为名词，指耒耜；后"之"字为连词，与。御：指御者，驾车的人。车右和御者都是参乘。"天子亲载耒耜"二句的意思是，天子亲自装载着耒耜，把它放在同为参乘的车右和御者中间。　[5]躬：亲自。帝籍田：古时，天子有农田千亩，用民力耕作，来生产祭祀上帝的黍稷，这些田称作帝籍田，简称帝籍或籍田。高诱注："躬，亲也。天子籍田千亩，以供上帝之粢盛，故曰帝籍。"　[6]推：指用耒耜推土。这是天子在帝籍田举行的耕作仪式，表示天子与百官都亲自参与了耕作。　[7]反：同"返"，返回。　[8]爵：饮酒器。太寝：祖庙。　[9]御：指陪天子饮酒。　[10]劳酒：慰劳群臣的酒宴。

是月也，天气下降，地气上腾，天地和同，草木繁动[1]。王布农事[2]，命田舍东郊[3]，皆修封疆[4]，审端径术[5]。善相丘陵阪险原隰[6]，土地所宜，五谷所殖，以教道民，必躬亲之[7]。田事既饬[8]，先定准直[9]，农乃不惑。

［注释］

[1]和同：混同为一。繁动：萌生。　[2]布：宣布。　[3]田：指田畯，古代主管农业的官。舍：住。　[4]修：整治。封疆：疆

界，这里指田亩的界限。　[5] 审：周密，仔细。端：端正。径、术：都是小路，这里指田间的小路。　[6] 相（xiàng）：考察。阪（bǎn）：斜坡地。险：高低不平之地。原：广阔平坦之地。隰（xí）：低洼潮湿之地。　[7]"土地所宜"四句：意思是，什么土地适宜种什么谷物，什么谷物应该用什么方法种植，以此教育引导百姓，一定要亲自去做。殖，种植。道，同"导"，引导。　[8] 饬（chì）：通"敕"，告诫，上向下申明。　[9] 准直：标准价值。范耕研云："直、值，古今字。'准直'，谓标准价值官持谷价之平，不使有低昂也。"

是月也，命乐正入学习舞[1]。乃修祭典[2]，命祀山林川泽，牺牲无用牝[3]，禁止伐木；无覆巢，无杀孩虫、胎夭、飞鸟[4]，无麛无卵[5]；无聚大众，无置城郭[6]，掩骼霾髊[7]。

高诱注："白骨曰骼，有肉曰髊。"

[注释]

[1] 乐正：乐官之长。学：指太学。习舞：指教国子练习舞蹈。　[2] 祭典：祭祀的法则。　[3] 牺牲无用牝（pìn）：祭祀用的纯色整个牲畜，不能用母畜。牺牲，色纯的整畜。牝，雌性禽兽，这里指母畜。　[4] 孩虫：幼小的动物。胎夭：母腹中的小兽。飞鸟：刚学飞的小鸟。　[5] 无麛（mí）无卵：不要捕杀幼兽，不要捣毁鸟卵。麛，小鹿，这里泛指小兽。麛、卵都用作动词。　[6]"无聚大众"二句：不要聚集民众，不要设置城郭。这是为不夺民时。高诱注："置，立也。"　[7] 骼：枯骨。霾：同"埋"，埋葬。髊（cī）：带有腐肉的骨，泛指尸骸。孟春掩埋枯骨尸骸，表示顺应时气，崇尚仁恩。

是月也，不可以称兵[1]，称兵必有天殃。兵戎不起，不可以从我始[2]。

无变天之道，无绝地之理，无乱人之纪[3]。

[注释]

[1]称兵：举兵，兴兵。高诱注："称，举也。" [2]"兵戎不起"二句：意思是，不可以发动战争的时节，战争不能由我们发动。兵戎，指战事。 [3]"无变天之道"三句：意思是发布政令不要改变天、地、人三者的规律法则。绝，断绝。纪，纲纪。高诱注："绝，犹断也。"

《礼记·月令》"雪霜大挚"释文引蔡邕云："挚，伤折。"

发布不合时宜的政令，就会招致天灾人祸。

孟春行夏令[1]，则风雨不时[2]，草木早槁，国乃有恐[3]；行秋令，则民大疫，疾风暴雨数至[4]，藜莠蓬蒿并兴[5]；行冬令，则水潦为败[6]，霜雪大挚[7]，首种不入[8]。

[注释]

[1]令：指政令。 [2]不时：不合时令。 [3]古人认为，如果发布政令违背时令，就会出现各种灾害。依五行说，夏属火，孟春行夏令，火焚木，就会草木早槁，人民惶恐。 [4]疫：瘟疫。这里用作动词，发生瘟疫。数（shuò）：多次，屡次。 [5]藜：像蒿一样的野草。莠（yǒu）：像谷子但不结实的野草。兴：起，产生。古人依五行说认为，春属木，主仁恩；秋属金，主杀戮。孟春行秋令，人民就会遭受瘟疫；又金生水，所以风雨多至，荒

草蓬生。　[6]潦（lǎo）：雨水大的样子，这里指雨水。败：毁害。　[7]挚（zhì）：伤害。　[8]首种：指冬小麦。入：指收成（依蔡邕说）。古人依五行说认为，孟春阳气尚微，季冬寒气刚过，冬又属水，所以此时行冬令就会雨雪为害，庄稼不收。

［点评］

《十二纪》每《纪》第一篇都是所谓的明堂月令，按照一年十二个月，分别讲述每月的天文、历象、物候等自然现象，以及天子在衣食住行、郊庙祭祀、礼乐征伐、农事活动等方面应遵守的规定，要求天子行事要"无变天之道，无绝地之理，无乱人之纪"，要顺应时气，按照时节颁布相应的政令；如果发生错误，就会带来危害。十二月纪实际上就是作者构想的天子一年的施政纲领。

《十二纪》按春、夏、秋、冬四季排列，依照天地自然规律，春生、夏长、秋收、冬藏的变化，安排一年的事务。春天阳气渐盛，万物萌生，是生养的季节。因此，天子发布政令要以宽厚仁恩为主旨，禁止杀伐伤生。天子要勉农劝桑，躬耕帝籍；要抚恤幼孤，赈济贫困；要演乐习舞，亲往观看，以此来顺应时气。

特别应该提到的是，文章要求人们"牺牲无用牝，禁止伐木；无覆巢，无杀孩虫、胎夭、飞鸟，无麛无卵"，就是要顺应动植物的生长规律，保护动物、树木，这与我们今天保护环境、维护生态的思想是一致的。

《孟春》《仲春》《季春》三纪所统辖的十二篇文章，多与养生相关，这也是与春季生养的时令相适应的。

本　生

二曰：

始生之者，天也；养成之者，人也^[1]。能养天之所生而勿撄之谓天子^[2]。天子之动也，以全天为故者也^[3]。此官之所自立也^[4]。立官者，以全生也。今世之惑主，多官而反以害生，则失所为立之矣^[5]。譬之若修兵者^[6]，以备寇也^[7]；今修兵而反以自攻，则亦失所为修之矣。

君主立官的目的。

高诱《孟春》"皆修封疆"注："修，治也。"

《左传》文公七年："兵作于内为乱，于外为寇。"

[注释]

[1]"始生之者"四句：意思是，最初创造生命的是天，养育并使它成长的是人。天，上天，指自然。　[2]能养天之所生而勿撄（yīng）之谓天子：能够养育上天所创造的生命而不伤害它，这样的人叫做天子。撄，违逆，伤害。高诱注："撄，犹戾也。"

毕沅校本"谓"下有"之"字，今据其他各本删。　[3]"天子之动也"二句：意思是，天子的行动，是以保全上天所创造的生命为要务。故，事，指应该做的事情。　[4]此官之所自立也：这是设立官职的缘由。官，官职。自，从，由。立，设立。　[5]所为（wèi）立之：设立官职的本来意义。为，介词。　[6]修兵：训练军队。修，治理，训练。　[7]寇：敌寇。

夫水之性清，土者抇之^[1]，故不得清。人之性寿，物者抇之，故不得寿。物也者，所以养性也^[2]，非所以性养也^[3]。今世之人，惑者多以性养物，则不知轻重也^[4]。不知轻重，则重者为轻，轻者为重矣。若此，则每动无不败。以此为君，悖^[5]；以此为臣，乱；以此为子，狂。三者国有一焉，无幸必亡^[6]。

高诱注："抇，乱也。"

养护生命，不被外物所累，此乃至理名言。

[注释]

[1]者：语气词。抇（gǔ）：搅乱，搅浑。　[2]所以养性：用来养护生命。性，生命。　[3]所以性养：用生命供养外物。指损耗生命以追求外物。[4]轻：喻物。重：喻性，生命。[5]悖：乱，惑乱。　[6]无幸必亡：无可幸免，必定灭亡。

今有声于此，耳听之必慊已^[1]，听之则使人聋，必弗听。有色于此，目视之必慊已，视之则使人盲，必弗视。有味于此，口食之必慊已，食之则使人瘖^[2]，必弗食。是故圣人之于声色滋味也，利于性则取之，害于性则舍之，此全性之道也^[3]。世之贵富者，其于声色滋味也，多惑者。日夜求，幸而得之则遁焉^[4]。遁焉，性恶得不伤^[5]？

《说文》："瘖，不能言也。"

于声色滋味，取利舍害，此养生之道，今亦可用。

[注释]

[1]慊（qiè）：满足，惬意。已：句尾语气词。　[2]瘖（yīn）：哑，失音。　[3]"是故圣人之于声色滋味也"四句：意思是，圣人对待声色滋味的态度是，有利于生命的就采取它，有害于生命的舍弃它，这是保全生命的方法。　[4]遁：同"循"。高诱注："遁，流逸不能自禁也。"即放纵而不能自禁。　[5]性恶得不伤：生命怎能不受到伤害呢。恶（wū），疑问代词，何，怎么。

万人操弓^[1]，共射一招^[2]，招无不中。万物章章^[3]，以害一生，生无不伤；以便一生^[4]，生无不长。故圣人之制万物也，以全其天也^[5]。天全，则神和矣^[6]，目明矣，耳聪矣，鼻臭矣^[7]，口敏矣^[8]，三百六十节皆通利矣^[9]。若此人者，不言而信，不谋而当，不虑而得^[10]；精通乎天地，神覆乎宇宙；其于物无不受也^[11]，无不裹也^[12]，若天地然；上为天子而不骄，下为匹夫

《审时》"其气章"高诱注："章，盛也。"

此"节"乃指腧穴，非骨节，今人多有误解，本人此前即是。

而不惛[13]。此之谓全德之人[14]。

［注释］

[1]操：持，拿着。　[2]招：射的目标，箭靶。高诱注："招，埻的也。"　[3]章章：繁盛的样子。　[4]便：利。　[5]"故圣人之制万物也"二句：圣人制约万物，是为了保全上天赋予的生命。天，指上天赋予的生命。　[6]和：平和。　[7]臭（xiù）：指嗅觉灵敏。　[8]口敏：指言辞敏捷，口齿伶俐。　[9]三百六十节：古人认为人体周身有三百六十五处腧穴，与周天三百六十五度、周年三百六十五日相配，取天人相应之说。这里取其整数，指全身的腧穴。《素问·调经论》："人有精气津液，四支九窍，五藏十六部，三百六十五节。"王冰注："三百六十五节，非谓骨节，是神气出入之处也。"腧穴即经络神气输注于体表之处，俗称穴位。利：通畅。　[10]"若此人者"四句：意思是，像这种人，不说话就能得到信任，不谋划就能处事得当，不思考就能有所获得。　[11]受：承受。　[12]裹：包容，囊括。　[13]惛（mèn）：通"闷"，忧闷。　[14]全德之人：德行完整的人。

　　贵富而不知道[1]，适足以为患，不如贫贱。贫贱之致物也难[2]，虽欲过之，奚由[3]？出则以车，入则以辇[4]，务以自佚[5]，命之曰"招蹶之机[6]"。肥肉厚酒，务以自强[7]，命之曰"烂肠之食"。靡曼皓齿[8]，郑卫之音[9]，务以自乐，命之曰"伐性之斧"。三患者，贵富之所致也。

高诱注："惛，读'忧闷'之闷，义亦然也。"

高诱注："昔者殷纣使乐师作《朝歌》《北鄙》靡靡之乐，以为淫乱。武王伐纣，乐师抱其乐器自投濮水之中。暨卫灵公北朝于晋，宿于濮上，夜闻水中有琴瑟之音，乃使师涓以琴写其音。灵公至晋国，晋平公作乐，公曰：'寡人得新声，请以乐君。'遂使涓作之，平公大说。师旷止之曰：'此亡国之音也。纣之太师以此音自投于濮水，得此声必于濮水之上。'地在卫，因曰'郑、卫之音'。以其淫辟灭亡，故曰'伐性之斧'者也。"

富贵所致"三患"，于今养生亦有警示作用。

故古之人有不肯贵富者矣，由重生故也；非夸以名也，为其实也 [10]。则此论之不可不察也。

[注释]

[1] 道：这里指养生之道。　[2] 致物：得到物。致，使到来。　[3] 奚由：从哪里。奚，何。由，从，自。　[4] "出则以车"二句：出，指庭院之外。入，指院之内。车，马驾的车。辇，人推的车。　[5] 务以自佚：致力于安逸、快乐。务，致力。佚，通"逸"，安逸，逸乐。　[6] 招蹶之机：招致痿蹶的器械。蹶，本义为僵，跌倒；引申为行走不便。这里指行动不便的脚病。　[7] 强（qiǎng）：勉强。"强"各本作"彊"。　[8] 靡曼皓齿：指美色，美女。靡曼，指皮肤细腻。皓，洁白。　[9] 郑卫之音：古人认为的淫乱亡国之音。　[10] "不肯贵富者矣"四句：意思是，不是用不肯富贵的名声自我夸耀，而是为保全生命。实，实质的东西，指保全生命。

[点评]

本生，即以生命为根本。这篇文章讲全生，是针对当时骄奢淫逸的君主而发。它说："天子之动也，以全天为故者也。"意思是说，天子的每个行动，都是为了保全生命。设立百官，就是为分担君主的事务，达到君主全生的目的。文章论述了全生的方法，最重要的是如何处理好与外物的关系，不受外物的诱惑。文章说："物也者，所以养性也，非所以性养也。"外物是用来养护生命的，不能用生命去养护外物，也就是说，不能用外物损耗生命。

　　本文提出了一个全生的重要观点——趋利避害。外物于人有有利的一面，也有有害的一面。"万物章章，以害一生，生无不伤；以便一生，生无不长。"为了全生，则必须"利于性则取之，害于性则舍之，此全性之道也"。对待声色滋味，只要有害于身体，听之聋、视之盲、食之瘖，就一定要远离它。

　　文章对奢靡之风进行了深入的揭示和有力的抨击，"出则以车，入则以辇，务以自佚，命之曰'招蹶之机'。肥肉厚酒，务以自强，命之曰'烂肠之食'。靡曼皓齿，郑卫之音，务以自乐，命之曰'伐性之斧'"。指出这些都是由富贵所招致，"三患者，贵富之所致也"。从这点看，富贵不如贫贱。"贵富而不知道，适足以为患，不如贫贱。贫贱之致物也难，虽欲过之，奚由？"这既是至理名言，也是对富贵奢靡者的警示、讽刺和鞭挞。

　　本篇有很多关于养生的思想，都值得我们借鉴。

贵 公

四曰：

昔先圣王之治天下也，必先公。公则天下平矣^[1]。平得于公。尝试观于上志^[2]，有得天下者众矣，其得之以公，其失之必以偏^[3]。凡主之立也，生于公。故《鸿范》曰^[4]："无偏无党^[5]，王道荡荡^[6]。无偏无颇^[7]，遵王之义^[8]。无或作好^[9]，遵王之道。无或作恶，遵王之路^[10]。"

开宗明义，君王治理天下必出于公。这样，天下才能太平。

[注释]

[1]平：指政治清明。　[2]上志：古代的记载。志，记。
[3]偏：不公，不正。　[4]《鸿范》：《尚书·周书》中的一篇，又作《洪范》。鸿，大。范，法。　[5]无：同"毋"，不要。党：朋党，这里用作动词，结党。　[6]荡荡：平坦宽阔的样子。　[7]颇：

不正。 [8]遵：沿……走，遵循。义：法则，法度。 [9]或：句中语气词。好（hào）：私好。 [10]恶（wù）：憎恶。"故《鸿范》曰"以下几句的意思是，不要偏颇，不要结党，王的大道宽阔坦荡；不要偏私，不要倾侧，遵循王的法则；不要有所私好，遵循王的大道；不要有所厌恶，遵循王的正路。

天下，非一人之天下也，天下之天下也。阴阳之和，不长一类[1]；甘露时雨，不私一物；万民之主，不阿一人[2]。

此乃对秦王政之警示。

伯禽将行[3]，请所以治鲁。周公曰："利而勿利也[4]。"荆人有遗弓者[5]，而不肯索[6]，曰："荆人遗之，荆人得之，又何索焉？"孔子闻之曰："去其'荆'而可矣。"老聃闻之曰[7]："去其'人'而可矣。"故老聃则至公矣[8]。

高诱注："务在利民，勿自利也。"

孔子之学为人际之学。

老子之学超出人的范围，为自然万物之学。

天地大矣，生而弗子，成而弗有，万物皆被其泽[9]，得其利，而莫知其所由始[10]。此三皇五帝之德也[11]。

[注释]

[1]"阴阳之和"二句：意思是，阴阳调和之气，不只使一种物成长。 [2]阿（ē）：偏袒。 [3]伯禽：周公旦之子，周成王封之于鲁，为鲁国始祖。 [4]利而勿利：要施利于人而不要谋利为己。两个"利"字，都用作动词，前者为"施利"，后者为"谋

利"。 [5]荆：春秋战国时期楚国的别称。遗：遗失。 [6]索：寻找。 [7]老聃：春秋末期楚国人，道家学派创始人，相传《道德经》为其所著。后世尊称他为"老子"。 [8]至公：最大的公。这个故事是说，一个楚国人丢了弓，不肯寻找，说："楚国人丢了，楚国人得到，又找它干什么呢？"孔子听到后说："去掉那个'楚'字就可以了。"老子听到后说："去掉那个'人'字就可以了。"那个楚国人的公，只在于楚国人的范围之内；孔子的公，在于人的范围之内；而老子的公，则遍布整个自然界。所以说，老子是最大的公了。 [9]被：受，承受。泽：恩泽。 [10]由：从。"万物皆被其泽"三句是说，天下万物都得到天地的恩泽，承受它给予的好处，但谁也不知道这些是从哪里来的。 [11]三皇五帝：传说中的远古帝王。三皇，一般指伏羲、神农、燧人。五帝，一般指黄帝、颛顼、帝喾、尧、舜。

管仲有病[1]，桓公往问之，曰："仲父之疾病矣[2]。渍甚[3]，国人弗讳[4]，寡人将谁属国[5]？"管仲对曰："昔者臣尽力竭智，犹未足以知之也。今病在于朝夕之中，臣奚能言？"桓公曰："此大事也，愿仲父之教寡人也。"管仲敬诺，曰："公谁欲相[6]？"公曰："鲍叔牙可乎[7]？"管仲对曰："不可。夷吾善鲍叔牙[8]。鲍叔牙之为人也，清廉洁直；视不己若者，不比于人[9]；一闻人之过，终身不忘。""勿

管仲不以私交谋国事，可谓公矣。

已，则隰朋其可乎[10]？""隰朋之为人也，上志而下求[11]，丑不若黄帝，而哀不己若者[12]。其于国也，有不闻也；其于物也，有不知也；其于人也，有不见也[13]。勿已乎，则隰朋可也。"

夫相，大官也[14]。处大官者，不欲小察[15]，不欲小智[16]，故曰：大匠不斫[17]，大庖不豆[18]，大勇不斗，大兵不寇[19]。桓公行公去私恶，用管子而为五伯长[20]；行私阿所爱，用竖刀而虫出于户[21]。

君主成败与否，在于用人是否正确。

［注释］

[1]管仲：春秋时期齐国人，名夷吾，字仲。起初侍奉公子纠，与公子小白（即齐桓公）为敌。后公子纠败，经鲍叔牙推荐，管仲为齐桓公相，被尊为"仲父"，辅佐齐桓公称霸诸侯。　[2]毕本及各本"疾"字脱，据本书《知接》"仲父之疾病矣"补。疾：病，名词。病：病情加重，动词。　[3]渍：病。　[4]弗讳：指不避讳管仲之死。高诱注："国人弗讳，言死生不可讳也。"　[5]谁属（zhǔ）国：把国家托付给谁？"谁"是"属国"的宾语，前置。属，托付。　[6]公谁欲相：您想要用谁为相？"相"用作动词，义为"作相"，"谁"是"相"的宾语，前置。　[7]鲍叔牙：齐国大夫，管仲的好友。二人曾商定，在齐国公子中，鲍叔牙辅佐公子小白，管仲辅佐公子纠。公子纠败后，管仲被囚，鲍叔牙

举荐管仲，并使齐桓公任管仲为相。　[8]善鲍叔牙：与鲍叔牙相好、相知。　[9]"视不己若者"二句：是说鲍叔牙看待不如自己的人，不与之并列。比，比并，并列。　[10]"勿已"二句：这是齐桓公问管仲的话，因语气紧相连，所以没有再用"曰"字，下边管仲的回答也没有再用"曰"字。这种情况在古书中并不少见。勿已，不得已。隰（xí）朋：齐国大夫，与管仲一同辅佐齐桓公，曾率军与秦军一起平定晋国内乱。　[11]上志而下求：记住并效法古代贤人而不耻下问。志，通"识（zhì）"，记，记住。求，问。　[12]"丑不若黄帝"二句：是说自愧不如黄帝之德，而怜惜不如自己的人。丑，耻，用作动词，以……为耻。　[13]"其于国也"六句：是说隰朋的为人，对于国政，有所不闻（意为不专权）；对于事务，有所不过问；对于他人，有所不看。这说明隰朋对政不专权，对事、对人宽厚、包容。　[14]官：官职。　[15]小察：苛求。　[16]小智：小聪明。　[17]大匠不斫：大木匠不亲自砍削木料。匠，木匠。斫，砍削。　[18]大庖不豆：大厨师不亲自排列食器。　[19]寇：劫掠。　[20]五伯（bà）：又作"五霸"，春秋时期称霸的五个诸侯国，本书《当染》列齐桓公、晋文公、楚庄王、吴王阖闾、越王勾践为春秋五霸。一般认为齐桓公、晋文公、秦穆公、宋襄公、楚庄王为春秋五霸。长：首领。　[21]竖刀（diāo）：齐桓公近侍，深得桓公宠信。他书又作"竖刁"。虫出于户：齐桓公晚年宠信竖刀，嫡庶不分，死后，五子争立，无有主丧，停尸六十日不得殡殓，以至尸体腐烂，尸虫爬出门外。参见《吕氏春秋·知接》。

人之少也愚，其长也智。故智而用私，不若愚而用公。日醉而饰服[1]，私利而立公，贪戾而求王^[2]，舜弗能为^[3]。

[注释]

[1]饰：通"饬"，整饬，整顿。　[2]贪戾：贪婪暴虐。　[3]"日醉而饰服"四句：意思是，天天醉酒熏熏却要整饬服饰，自私自利却要树立公正，贪婪暴虐却要寻求称王，舜也做不到。

[点评]

"贵公"的意思是以公为贵，处处出于公心。这篇文章主要是针对君主而言的，要求君主一定要有公心，做事一定要公正，要秉公办事。只有这样，天下才能治理好，才能太平。文中说："昔先圣王之治天下也，必先公。公则天下平矣。平出于公。"因为《吕氏春秋》总体思想是法天地，所以在讲君主贵公时，也与天地相比。它说："阴阳之和，不长一类；甘露时雨，不私一物；万民之主，不阿一人。"

文章举出几个实例来阐释贵公的道理。周公要求伯禽治鲁要"利而勿利"，即要施利于民而不要自谋私利。管仲临终为齐桓公荐相，不荐与自己私交甚笃的鲍叔牙，而举荐与自己无甚私交的隰朋。以此彰显管仲不顾私交、一心秉公的高贵品德。

荆人遗弓的故事，更是吕不韦尊崇老子人与自然浑然一体的至公思想的流露。

文章特别强调，"天下，非一人之天下也，天下之天下也"。这句话中尽管包含了吕不韦不满秦国传统的秦王一人专权的做法，想要为自己在秦王亲政后保有权力制造舆论，但其中更含有某种"天下为公"的积极意义，给秦王政以警示，与儒家孟子"民为贵，社稷次之，君为轻"的思想有某些相通之处，与本书的民本思想是一致的。对此，我们应当予以充分肯定和重视。

仲春纪

功 名（一作由道）

五曰：

由其道[1]，功名之不可得逃，犹表之与影[2]，若呼之与响[3]。善钓者，出鱼乎十仞之下[4]，饵香也；善弋者[5]，下鸟乎百仞之上，弓良也；善为君者，蛮夷反舌殊俗异习皆服之[6]，德厚也。水泉深则鱼鳖归之，树木盛则飞鸟归之，庶草茂则禽兽归之[7]，人主贤则豪杰归之。故圣王不务归之者[8]，而务其所以归[9]。

道与功名，犹表与影，呼与响，设喻精妙。

圣王务其根本。

［注释］

[1]由：沿着……走，遵循。　[2]表：古代测日影、定时刻所立的标杆。　[3]响：回声。　[4]出：用作使动，使……出。仞：七尺，或八尺。　[5]弋（yì）：用绳系矢而射。　[6]蛮夷：古代华夏民族称南方各族为蛮，称东方各族为夷，这里泛指华夏以外四方各族。反舌：指与华夏民族语音不同的各族。"善为君者"三句是说，擅长作君主的，天下各个民族，各种不同风俗习惯的都会归服，是因为恩德厚的缘故。[7]庶草：众草。庶，众。　[8]务：致力于。　[9]所以归：归顺的方法。"故圣王不务归之者"二句是说，圣王不致力于归顺的人，而致力于如何使人归顺。

《说文》："蚋，秦晋谓之蚋，楚谓之蚊。"

方法正确方能达到目的，否则不可。

强令之笑不乐[1]；强令之哭不悲；强令之为道也，可以成小，而不可以成大[2]。

缶醯黄[3]，蚋聚之[4]，有酸；徒水则必不可。以狸致鼠[5]，以冰致蝇，虽工[6]，不能。以茹鱼去蝇[7]，蝇愈至，不可禁，以致之之道去之也[8]。桀、纣以去之之道致之也，罚虽重，刑虽严，何益[9]？

［注释］

[1]强令：硬性迫使。　[2]"强令之为道也"三句是说强迫命令的做法，可以成就虚名，但不可以成就大业。这里的"小"指虚名，"大"指大的事业。　[3]缶（fǒu）：瓦器，可以盛酒浆。醯（xī）：醋。　[4]蚋（ruì）：蚊子一类的昆虫。　[5]狸（lí）：野

猫，这里泛指猫。致：招致。　[6]工：精巧。　[7]茹（rú）：腐臭。　[8]"以茹鱼去蝇"四句：是说用臭鱼驱赶苍蝇，苍蝇越发过来，禁止不了，因为这是用招引它的方法驱赶它。　[9]"桀、纣以去之之道致之也"四句：意思是，桀、纣用驱赶它的方法来招引它（即想用暴政达到安定），刑罚即使再重，刑法即使再严，又有什么益处呢？

　　大寒既至，民暖是利[1]；大热在上，民清是走[2]。故民无常处[3]，见利之聚[4]，无之去[5]。欲为天子，民之所走，不可不察。今之世，至寒矣，至热矣，而民无走者，取则行钧也[6]。欲为天子，所以示民，不可不异也[7]。行不异乱，虽信令，民犹无走[8]。民无走，则王者废矣，暴君幸矣，民绝望矣[9]。故当今之世，有仁人在焉，不可而不此务；有贤主，不可而不此事[10]。

《庄子·人间世》"欲清之人"陆德明释文："字宜从冫，从氵者，假借也。清，凉也。"

天子必详察民之趋向，顺应民之趋向。

[注释]

[1]民暖是利："暖是利"等于"利暖"，利是动词，暖是它的宾语，前置。暖是利，即以暖为利，追求温暖。下句"民清是走"结构与此同。　[2]清：通"凊（qìng）"，寒凉。走：趋向，奔向。　[3]常处：指固定的居所。　[4]见利之聚：聚于见利之处。"见利"用作名词，指见利之处，是"聚"的宾语，前置。　[5]无之去：即"无利之去"，结构与"见利之聚"同。去，离开。　[6]"今之世"五句：是说当今的社会，寒冷到极点了，酷热到极点了，

而人民没有奔走，是因为跑到哪里都是一样糟糕啊。取，同"趣"，趋向。钧，同"均"，均等，相同。　[7]异：指不同于上述至寒、至热的世道。"欲为天子"三句是说，想要作天子的人，用以昭示给人民的，不可不与此有区别。　[8]"行不异乱"三句：是说君主的行为不区别于暴乱之主，即使发布命令，人民也不会趋向归附他。信，同"伸"，申明。　[9]"民无走"四句：是说人民无所趋向归附，成就王业的人就会崩坏，暴虐的诸侯就会庆幸，人民就绝望了。废，崩坏。　[10]"故当今之世"五句：意思是，当今社会，如果有仁人在，不可不尽力做这件事；如果有贤主在，不可不致力于这件事。此务，即"务此"，宾语前置。后面"此事"，与此同。

贤不肖不可以相分 [1]，若命之不可易 [2]，若美恶之不可移 [3]。桀、纣贵为天子 [4]，富有天下，能尽害天下之民，而不能得贤名之 [5]。关龙逢、王子比干能以要领之死争其上之过 [6]，而不能与之贤名 [7]。名固不可以相分，必由其理 [8]。

好名声，不能靠别人给予，只能靠自身循正道、做好事才能取得。其说甚是。

[注释]

[1]旧本"相分"上有"不"字，据陶鸿庆说删。分：分给，给予。高诱注："分，犹与也。"　[2]命：指寿命。易：改变。　[3]"贤不肖不可以相分"三句：意思是，贤和不肖的名分不可以由他人给予（即应由自己的行为来决定），就像寿命长短不可以改变，美丽丑陋不可以移易一样。　[4]桀、纣：于谥法"贼人多杀曰桀，残义损善曰纣"，都是恶名。　[5]贤名之："之"为

句尾语气词，无义。　[6]关龙逄（páng）：夏桀的忠臣，因劝谏桀为酒池、糟丘，用度无穷，被桀杀害。事见《韩诗外传》卷四。王子比干：殷纣的叔父（一说庶兄），纣荒淫暴虐，比干强谏，被纣剖心。要：腰，后写作"腰"。领：脖子。争（zhèng）：诤谏，后写作"诤"。　[7]"关龙逄、王子比干"二句：是说关龙逄、王子比干能以死劝谏其君主，而不能给他们好的名声。　[8]"名固不可以相分"二句：是说好名声本来就不能靠别人给予，一定要遵循正理取得。分，给予。由，遵循。

［点评］

　　这篇文章主要讲为君之道。篇名"功名"，一作"由道"，要取得功名必遵循正道，"由其道，功名之不可得逃"；为君必遵循正道，为君的正道是以德对待万民，"善为君者，蛮夷反舌殊俗异习皆服之，德厚也"。文章列举了自然界的现象来说明这个道理。"水泉深则鱼鳖归之，树木盛则飞鸟归之，庶草茂则禽兽归之，人主贤则豪杰归之。"只有君主体察民情，知道万民的疾苦，实行利民的政策，人民才会归附。人民是没有固定归附的，"民无常处，见利之聚，无之去"，哪里有利就奔赴哪里，无利就会离开。所以君主要体察人民奔赴的趋向。"欲为天子，民之所走，不可不察。"文章强调好名声不能靠他人赐予，必须用自己的善行去赢得，"名固不可以相分，必由其理"。

季春纪

尽　数

二曰：

天生阴阳、寒暑、燥湿、四时之化、万物之变，莫不为利，莫不为害[1]。圣人察阴阳之宜，辨万物之利以便生[2]，故精神安乎形[3]，而年寿得长焉。长也者，非短而续之也，毕其数也[4]。毕数之务[5]，在乎去害[6]。何谓去害？大甘、大酸、大苦、大辛、大咸[7]，五者充形则生害矣[8]。大喜、大怒、大忧、大恐、大哀，五者接神则生

养生之要在于去害。

《尔雅·释诂》：
"久雨谓之淫，淫
谓之霖。"《说文》：
"霖，雨三日已往。"

害矣[9]。大寒、大热、大燥、大湿、大风、大霖、大雾[10]，七者动精则生害矣[11]。故凡养生，莫若知本，知本则疾无由至矣。

[注释]

[1]"天生阴阳"三句：是说天产生阴阳、寒暑、燥湿、四时的变化，没有一样不给人们带来益处，没有一样不给人们带来危害。 [2]便：利。 [3]精神安乎形：精神安守于形体之中。安，止，守。《尔雅·释诂》："安，止也。"乎，于。 [4]毕：尽，这里用作使动。数：指寿数，天年。 [5]务：要务，重要事。 [6]去：离开，去除。 [7]大：指过分，超过限度。高诱注："诸言大者，皆过制也。" [8]充形：充斥形体。 [9]接神：与精神接合。 [10]霖：久雨，接连下几天的雨。 [11]动精：摇动精气。精，指体内的精气。

天地万物皆精
气所成。

精气之集也[1]，必有入也[2]。集于羽鸟，与为飞扬[3]；集于走兽，与为流行[4]；集于珠玉，与为精朗[5]；集于树木，与为茂长[6]；集于圣人，与为夐明[7]。精气之来也，因轻而扬之[8]，因走而行之，因美而良之，因长而养之[9]，因智而明之[10]。

[注释]

[1]精气：构成天地万物的元气，亦即构成天地万物的基本

物质。它构成万物，万物靠它存在及生长、变化。集：成，成就。　[2]必有入：一定有进入的途径。　[3]与：用如"以"。飞扬：即飞翔。一本"扬"作"翔"。"集于羽鸟"二句：意思是，精气聚成鸟类，便表现为飞翔。　[4]流行：这里指奔走。　[5]精朗：据下文当作"精良"（依陈昌齐《吕氏春秋正误》说）。　[6]茂长：茂盛成长。　[7]夐（xiòng）明：聪明睿智。高诱注："夐，大也，远也。"　[8]因：依。高诱注："因，依也。"轻：用如名词，指轻盈的形体，即上文的"羽鸟"之类。扬：用作使动，使……飞翔。下四句结构与此同。　[9]因长而养之：丁声树认为当作"因善而长之"。疑此句作"因养而长之"，"长""养"颠倒了。养，指需要养护的形体，即上文"树木"之类。长之，使之生长。　[10]"精气之来也"六句：意思是，精气的到来，依附轻盈的形体而使它飞翔，依附奔走的形体而使它行动，依附珍美的形体而使它精良，依附需养护的形体而使它成长，依附有智慧的形体而使它聪明。此处"扬、行、良、长、明"正是上文"与为飞扬"等五句的末字。

流水不腐，户枢不蝼[1]，动也。形气亦然[2]。形不动则精不流，精不流则气郁[3]。郁处头则为肿、为风[4]，处耳则为挶、为聋[5]，处目则为曊、为盲[6]，处鼻则为鼽、为窒[7]，处腹则为张、为疛[8]，处足则为痿、为蹶[9]。

轻水所[10]，多秃与瘿人[11]；重水所[12]，多尪与躄人[13]；甘水所，多好与美人[14]；辛水所[15]，多疽与痤人[16]；苦水所，多尪与伛人[17]。

不蝼，《意林》作"不蠹"。

形体、精气皆须运动，否则郁结而病。

高诱注："肿足曰尪。躄，不能行也。"

高诱注："疽、痤，皆恶疮也。"

高诱注："尪，突胸仰向疾也。伛，伛脊疾也。"

[**注释**]

[1] 户枢：门轴。蝼：蝼蛄，吃庄稼、树木的害虫。这里用作动词，被蝼蛄蛀蚀。《说文》："蝼，蝼蛄也。"　[2] 形气亦然：人的形体和精气也是这样。气，指人体内的精气，它是人体机能运化及新陈代谢的原动力。　[3] 精：即人体内的精气。郁：郁结，不流动。　[4] 肿、风：都是头部的疾病，头肿为肿，面肿为风。《素问·厥论》："巨阳之厥，则肿首、头重。"《脉要精微论》："面肿曰风。"　[5] 㨂（jū）：耳病。高诱注："耳疾也。"　[6] 矏（miè）：同"薎"，眼眶红肿。《说文》："薎，目眵也。"　[7] 鼽（qiú）、窒：都指鼻塞不通的病。《说文》："鼽，病寒鼻窒也。"　[8] 张（zhàng）：腹部胀满，后写作"胀"。疛（zhǒu）：腹疾。　[9] 痿、蹶：都是脚病。痿，肢体麻木，不能行走。蹶，逆寒症。字又作瘚、厥。《说文》："瘚，逆气也。"《素问·厥论》："阳气衰于下则为寒厥。"　[10] 轻水：指含盐分及其他矿物质过少的水。所：处所，地方。　[11] 秃：头上无发。瘿（yǐng）：颈部生的囊状瘤。《说文》："瘿，颈瘤也。"　[12] 重水：指含盐分及其他矿物质过多的水。　[13] 尰（zhǒng）：脚肿。躄（bì）：不能行走。　[14] 好、美：指漂亮、健美。　[15] 辛水：有辛辣味的水。　[16] 疽（jū）：毒疮。《本草纲目·痈疽》："深为疽，浅为痈。"痤（cuó）：痈肿。　[17] 尪（wāng）：骨骼弯曲症。伛（yǔ）：脊背弯曲。

《素问·痹论》："荣者水谷之精气也，和调于五藏，洒陈于六府，乃能入于脉也。故循脉上下，贯五藏，络六府也。"

　　凡食，无强厚[1]，无以烈味重酒[2]，是以谓之疾首[3]。食能以时[4]，身必无灾。凡食之道，无饥无饱，是之谓五藏之葆[5]。口必甘味[6]，和精端容[7]，将之以神气[8]，百节虞欢[9]，咸进受气^[10]。饮必小咽，端直无戾^[11]。

今世上卜筮祷祠，故疾病愈来^[12]。譬之若射者，射而不中，反修于招^[13]，何益于中？夫以汤止沸^[14]，沸愈不止，去其火则止矣。故巫医毒药^[15]，逐除治之，故古之人贱之也，为其末也^[16]。

切中迷信者之要害。

古人对疾病，以预防为本。

[**注释**]

[1]无强厚：不要勉强食用味道浓烈厚重的食物。"厚"下原有"味"字，据陶鸿庆等说删。强（qiǎng），勉强。厚，指味重的食物，即下文的烈味重酒。　[2]这句是说，不要食用口味重的食物和烈性酒。　[3]这句意思是，如果食用烈味重酒，就是疾病的开始。疾首，疾病的开端。毕沅校注："疾首，犹言致疾之端。"　[4]时：节，节制。高诱注："时，节也。不过差，故身无灾疾也。"一说，时谓时节。《论语·乡党》："不时不食。"即不合时节的食物不吃。食能以时，即吃东西要符合季节。　[5]五藏（zàng）：即肝、心、脾、肺、肾。"藏"后写作"脏（臟）"。葆：安。高诱注："葆，安也。"《素问·玉机真藏论》："五藏者皆禀气于胃，胃者五藏之本也。"古代医家认为胃是五脏的根本，所以要养护调和胃气。"凡食之道"三句意思是，饮食的规律，要做到没有饥饿的感觉，也没有吃饱的感觉，这样五脏才能安适。　[6]甘味：指可口的食物。　[7]和精：精神和谐。端容：容貌端庄。　[8]将之以神气：用精气滋养。将，养。神气，精气，精神。　[9]百节：人体有三百六十五节（腧穴），此言百节，取其整数。参见《本生》"三百六十节皆通利矣"注。虞：通"娱"，

乐，舒适。 [10]咸进受气：（百节）都受到精气的滋养。 [11]"饮必小咽"二句：意思是，饮食一定要小口下咽，要坐端正，身体不要弯曲。戾，弯曲。《说文》："戾，曲也。" [12]上：尚，崇尚。卜筮：古代占卜的方式，卜用龟甲，筮用蓍草。祷祠：祈神求福叫祷，得福后向神报谢叫祠。"今世上卜筮祷祠"二句意思是，当今社会崇尚占卜求神，所以疾病越来越多。 [13]修：修整。招：准的，箭靶。 [14]汤：热水，沸水。 [15]巫医：古代祛除疾病的人。巫用祈神的办法，医用针、药的办法。《公羊传》隐公四年何休注："巫者，事鬼神祷解以治病请福者也。"毒药：泛指治病的药物。《素问·异法方宜论》王冰注："能攻其病，则谓之毒药。" [16]"故巫医毒药"四句：是说巫医、药物用驱除的办法治病，古人轻视这种做法，因为它于养生是末节。

[**点评**]

《吕氏春秋》关于养生的论述，《尽数》是一篇重要的文章。这篇文章讲到天地万物都是由最基本的物质精气构成，"精气之集也，必有入也"，并且讲到天地万物对人既有有利的一面，又有有害的一面，"天生阴阳、寒暑、燥湿、四时之化、万物之变，莫不为利，莫不为害"。因此人们要利用阴阳、万物有利于生命的一面，"圣人察阴阳之宜，辨万物之利以便生"。而"便生"首先是在精神方面，"精神安乎形，而年寿得长焉"。

文章特别提到"尽数"，认为人的长寿不是把短的去延长，而是活满人的自然寿数，即享尽天年。"长也者，非短而续之也，毕其数也。"人的寿数经常受到外界的干扰而受损。《本生》说："夫水之性清，土者抇之，故不得清。人之性寿，物者抇之，故不得寿。"《情欲》说："尊，酌者众则速尽。万物之酌大贵之生者众矣，故大贵之生常速尽。"所以"毕数之务，在乎去害"。去害是尽享天年、养生的基本原则和要务。去害的内容是多方面的。首先是饮食、情绪、所处环境都不能过制，过制就有害生命。"大甘、大酸、大苦、大辛、大咸，五者充形则生害矣。大喜、大怒、大忧、大恐、大哀，五者接神则生害矣。大寒、大热、大燥、大湿、大风、大霖、大雾，七者动精则生害矣。"

文章还强调饮食和运动对养生的重要意义。特别经典的一句是，"凡食之道，无饥无饱，是之谓五藏之葆"，尤其应该引起现代人的关注。关于运动，它说："流水不腐，户枢不蝼，动也。形气亦然。"形即形体，气即精气。人的形体如同户枢一样，运动才不会被蛀蚀。"形不动则精不流，精不流则气郁"，气郁就会产生各种疾病。

更为可贵的是，它反对用迷信的方法"卜筮祷祠"去对待疾病，认为这样只能使疾病频繁发生。同时，它还认为对待疾病要以预防为主，要治未病，而"巫医毒药，逐除治之"只能是下策，被古人贱之。

圜　道

五曰：

天道圜[1]，地道方[2]。圣王法之[3]，所以立上下[4]。何以说天道之圜也[5]？精气一上一下，圜周复杂[6]，无所稽留[7]，故曰天道圜。何以说地道之方也？万物殊类殊形，皆有分职[8]，不能相为[9]，故曰地道方。主执圜[10]，臣处方[11]，方圜不易，其国乃昌[12]。

《说文》："稽，留止也。"高诱注："无所稽留，运不止也。"

君臣关系恰当，国家才能昌盛。

[注释]

[1]圜：同"圆"。指周匝环绕，运而不穷。　[2]方：指正直端方。　[3]法：效法。　[4]上下：指君臣。"圣王法之"二句意思是，圣王效法天地，据以确立君臣上下的观念和制度。　[5]说：解释。　[6]杂：同"匝"，循环往复。　[7]稽（jī）：留止，停

留。　[8]分：名分。职：职守。　[9]不能相为：不能做对方应做
的事，即不能相互替代。　[10]圜：指天道、君道。　[11]方：
指地道、臣道。　[12]"主执圜"四句：意思是，君主秉持君道，
臣下处守臣道，君道、臣道不相变易，国家就会昌盛。易，改变。

日夜一周[1]，圜道也。月躔二十八宿[2]，轸
与角属[3]，圜道也。精行四时[4]，一上一下[5]，
各与遇[6]，圜道也。物动则萌[7]，萌而生，生而
长，长而大，大而成，成乃衰，衰乃杀[8]，杀
乃藏[9]，圜道也。云气西行云云然[10]，冬夏不
辍[11]；水泉东流，日夜不休。上不竭[12]，下不
满[13]，小为大[14]，重为轻，圜道也。黄帝曰[15]：
"帝无常处也[16]，有处者乃无处也[17]。"以言不
刑蹇[18]，圜道也。人之窍九[19]，一有所居则八
虚[20]，八虚甚久则身毙[21]。故唯而听，唯止；
听而视，听止[22]：以言说一[23]。一不欲留[24]，
留运为败[25]，圜道也。一也者至贵[26]，莫知其
原，莫知其端，莫知其始，莫知其终，而万物以
为宗[27]。圣王法之，以全其性[28]，以定其正[29]，
以出号令。令出于主口，官职受而行之，日夜不
休，宣通下究[30]，灂于民心[31]，遂于四方[32]，

高诱注："水
从上流而东，不竭
尽也；下至海，受
而不满溢也。"

高诱注："小
者泉之源也，流不
止也，集于海，是
为大也。水湿而
重，升作为云，是
为轻也。"

还周复归[33]，至于主所，圜道也。令圜，则可不可，善不善，无所壅矣[34]。无所壅者，主道通也。故令者，人主之所以为命也，贤不肖、安危之所定也[35]。

此云君主之令，出于君口，由官吏下达，入于民心，又反馈回君主，无所壅蔽，可谓君道通达。

[注释]

[1]此处"日"字当重，作"日，日夜一周"（依孙锵鸣说）。这里是就太阳而言，东升西落，一昼夜一个圆周，所以是圜道。　[2]躔（chán）：止，停留。指月亮运行与星辰会次。二十八宿：天体黄道周边的二十八个星座，即东方角亢氐房心尾箕，北方斗牛女虚危室壁，西方奎娄胃昴毕觜参，南方井鬼柳星张翼轸。　[3]属（zhǔ）：相连，连接。东方起首的"角"宿与南方末尾的"轸"宿相连接。　[4]精：当作"星"（依孙锵鸣、杨树达说）。指木火土金水五星。　[5]一上一下：指五星运行或升或降。　[6]各与遇：指各与太阳合度。"精行四时"四句是说，五星运行，或升或降，各与太阳遇合，是圜道。　[7]动：发动，指物种内部生机起动。萌：种子开始发芽。　[8]杀：植物枯死。这里指收割。　[9]藏：收藏。　[10]云云然：云气周旋回转的样子。　[11]辍：止，停止。　[12]竭：竭尽。　[13]满：满溢。　[14]小：指泉源。大：指海。　[15]黄帝：远古帝王，五帝之首。战国时期多假黄帝之名的书籍出现，此处盖亦此类书中之言。　[16]帝：天，天帝。常处：固定的居所。　[17]这句意思是，有固定的居所，就不会无处不在了。　[18]以：此。刑蹇（jiǎn）：形体难行，停止不动。刑，通"形"。《说文》："蹇，跛也。"尹知章《管子·水地》"凝蹇而为人"注："蹇，停也。"[19]人之窍九：人体有九窍。九窍指耳、目、鼻、口、尿道、肛门。　[20]居：

指壅闭。虚：病。这句意思是，人体的一个孔窍有所壅闭，其他八个就要生病。　[21]毙：倒下，这里指死。这句是说，八个孔窍病得过久，人就会死去。　[22]"故唯而听"四句：意思是，应答时听取，应答就会停止；听取时察看，听取就会停止。唯，应答。　[23]以：此。说：通"脱"，脱离，离开。这句是说，脱离一个器官，即不能固守一个器官。　[24]一：道。欲：应该。留：停滞。　[25]败：伤害，灾祸。　[26]者：旧作"齐"，据毕本改。高诱注："道无匹敌，故曰至贵也。"　[27]"莫知其原"五句：是说（道）没有谁知道它的来源、末端、起始、终极，而万物把它作为本源。原，来源。端，物的两端，此指末端。宗，本源，根本。　[28]全：旧作"令"，据旧校改。全其性：保全它的天性。　[29]正：通"政"，政教。定其正：确定它的政教。　[30]宣通下究：普遍下达，贯彻到底。宣，周遍，普遍。究，穷极，深入到底。　[31]瀸（jiān）：洽，合。　[32]遂：达，通达。　[33]还（xuán）：旋转。周：环绕。　[34]"令圜"四句：意思是，君主的号令合乎圆道，不可为的可以使它可为，不好的可以使它变好，这样就没有壅蔽了。可不可、善不善，前一"可""善"都用作使动。　[35]"故令者"三句：意思是，号令，君主把它当作生命一样，贤良还是不肖以及国家的安危都是由它决定的。

人之有形体四枝[1]，其能使之也，为其感而必知也[2]。感而不知，则形体四枝不使矣。人臣亦然。号令不感，则不得而使矣[3]。有之而不使，不若无有[4]。主也者，使非有者也，舜、禹、汤、武皆然[5]。

使非其有，古之圣王皆然。

先王之立高官也[6]，必使之方[7]，方则分定，分定则下不相隐[8]。尧、舜，贤主也，皆以贤者为后，不肯与其子孙，犹若立官必使之方[9]。今世之人主，皆欲世勿失矣[10]，而与其子孙，立官不能使之方，以私欲乱之也，何哉？其所欲者之远，而所知者之近也[11]。今五音之无不应也[12]，其分审也[13]。宫、徵、商、羽、角，各处其处，音皆调均[14]，不可以相违[15]，此所以无不受也[16]。贤主之立官有似于此。百官各处其职、治其事以待主，主无不安矣；以此治国，国无不利矣；以此备患，患无由至矣。

警示秦王政。

[**注释**]

[1]四枝：四肢。　[2]"其能使之也"二句：是说四肢能被指使，是因为它受到触动必定有知觉。　[3]"号令不感"二句：意思是，臣下对君主的号令无动于衷，就无法指使他了。　[4]"有之而不使"二句：是说有臣下而不能指使，不如没有。　[5]这段以人的形体四肢作为比喻，说明人臣要感知君主的号令，听从指使；君主要善于指使不属于自己的臣下，古代圣王尧、舜、汤、武都是这样。　[6]立高官："高"字疑衍，下文皆"立官"连文，可证（依王范之说）。　[7]方：臣道，这里用作动词，谨守臣道。　[8]"必使之方"三句：意思是，臣下遵守臣道，职分就确定了；职分确定了，臣下就不能对君主隐匿私邪。分，职

分。　　[9]犹若：仍然。　　[10]世：父传子为一世。这里用作动词，指世代相传。　　[11]"其所欲者之远"二句：意思是，（这是因为）他们所贪欲的太远，而他们的见识太短浅的缘故。　　[12]五音：古代最基本的五个音阶，即下文的"宫、徵、商、羽、角"。　　[13]分：界限。审：确定。　　[14]调均：和谐，这里指音调的准确。均，和调。　　[15]不可以相违：指不能离开自己的音阶而有误差。违，离，离开。　　[16]受：应，应和。这句意思是，这就是五音无不应和的缘故。

[点评]

　　所谓"圜道"，指天道圜。本文主旨是以天道为喻，而讲君道。吕氏主张法天地，因此以天道喻君道，以地道喻臣道。"天道圜，地道方。圣王法之，所以立上下。"

　　本文所言"天"，乃自然之天，非万物之主宰的天帝。文章用大量篇幅叙述自然界天道的运行，"精气一上一下，圜周复杂，无所稽留，故曰天道圜"，"日夜一周，圜道也。月躔二十八宿，轸与角属，圜道也。精行四时，一上一下，各与遇，圜道也。物动则萌，萌而生，生而长，长而大，大而成，成乃衰，衰乃杀，杀乃藏，圜道也。云气西行云云然，冬夏不辍；水泉东流，日夜不休。上不竭，下不满，小为大，重为轻，圜道也"。紧接着，讲君道亦是圜道，"圣王法之，以全其性，以定其正，以出号令。令出于主口，官职受而行之，日夜不休，宣通下究，瀸于民心，遂于四方，还周复归，至于主所，圜道也"。

　　所谓"法天地"，就是君道法天，臣道法地。地上万物，各有其用，不能互相替代，就如同臣子一样，"万物殊类殊形，皆有分职，不能相为，故日地道方"。君臣关系恰当，各守其道，国家才会昌盛，"主执圜，臣处方，方圜不易，其国乃昌"。

文章最后论述先王设立官吏的原则，"先王之立高官也，必使之方，方则分定，分定则下不相隐"，又用五音为喻，说明百官各处其职，互不相违，这样才能主安国利而无患。"贤主之立官有似于此。百官各处其职、治其事以待主，主无不安矣；以此治国，国无不利矣；以此备患，患无由至矣。"

孟夏纪

尊　师

三曰：神农师悉诸[1]，黄帝师大挠[2]，帝颛顼师伯夷父[3]，帝喾师伯招[4]，帝尧师子州支父[5]，帝舜师许由[6]，禹师大成贽[7]，汤师小臣[8]，文王、武王师吕望、周公旦[9]，齐桓公师管夷吾[10]，晋文公师咎犯、随会[11]，秦穆公师百里奚、公孙枝[12]，楚庄王师孙叔敖、沈尹巫[13]，吴王阖闾师伍子胥、文之仪[14]，越王句践师范蠡、大夫种[15]。此十圣人、六贤者未有遍举古代圣贤未有不尊师者。极言尊师之重要。

不尊师者也[16]。今尊不至于帝，智不至于圣，而欲无尊师，奚由至哉[17]？此五帝之所以绝，三代之所以灭。

[注释]

[1] 神农：远古帝王，即炎帝神农氏。师：用作动词，以……为师。悉诸：人名，神农以之为师。 [2] 黄帝：远古帝王，即黄帝轩辕氏。大挠（náo）：人名，黄帝史官，创制天干地支，并用以纪日。 [3] 帝颛顼：远古帝王，号高阳氏。伯夷父（fǔ）：人名，颛顼之师。父，对男子的敬称、美称。 [4] 帝喾（kù）：远古帝王，号高辛氏。伯招：人名，帝喾之师。 [5] 子州支父（fǔ）：古代隐士，帝尧欲让天下给他，他不受。 [6] 许由：古代隐士，帝舜以之为师。 [7] 大成贽：人名，禹之师。 [8] 小臣：指伊尹，商汤的贤相。 [9] 吕望：即太公望，辅佐周文王，并助周武王伐纣，后封于齐。周公旦：周文王之子，武王之弟，成王之叔父。助武王伐纣，后辅佐成王。封于鲁。 [10] 齐桓公：春秋时期齐国国君，与下文"晋文公、楚庄王、吴王阖闾、越王句践"同为春秋五霸。管夷吾：人名，管氏，名夷吾，字仲。齐桓公相，辅佐齐桓公称霸诸侯。 [11] 咎犯：即狐偃，字子犯，晋文公之舅。随会：即士会，士蒍之孙，字季。初食采邑随，故称随会、随季；后封范，又称范会、范季；死后谥武，称随武子、范武子。 [12] 百里奚：初为虞臣，后被楚人所执，秦穆公以五张牡羊皮赎回，用作大夫，所以又称"五羖大夫"，后辅佐秦穆公建立霸业。公孙枝：秦大夫，公孙氏，名枝，字子桑。发现百里奚之才，并以高位相让。 [13] 孙叔敖：即蒍敖，字孙叔，春秋时期楚国人，初隐居海滨，后为楚庄王令尹。沈尹巫：春秋时期楚国大夫，曾将孙叔

敖推荐给楚庄王。又作"沈尹筮"。　[14]伍子胥：吴大夫，名员，字子胥。本为楚国人，父兄为楚平王所杀，逃至吴国，辅佐吴王阖闾攻进楚国郢都，使吴王称霸诸侯。文之仪：吴大夫，文氏，名之仪。　[15]范蠡（lí）：越大夫，名蠡，字少伯，楚国人。大夫种：越大夫，即文种，字少禽，楚国人。二人辅佐越王勾践灭掉吴国，称霸诸侯。　[16]十圣人：指神农、黄帝至周文王、周武王等十位帝王。六贤者：指齐桓公、晋文公、秦穆公、楚庄王、吴王阖闾、越王勾践等六位诸侯。　[17]"今尊不至于帝"四句：意思是，今天尊贵达不到帝位，智慧达不到圣贤，而想不尊重老师，那么尊贵和智慧从哪里得来呢？无，不。奚，何。

　　且天生人也，而使其耳可以闻，不学，其闻不若聋；使其目可以见，不学，其见不若盲；使其口可以言，不学，其言不若爽[1]；使其心可以知，不学，其知不若狂[2]。故凡学，非能益也，达天性也[3]。能全天之所生而勿败之，是谓善学[4]。

善学之重要，可达人之天性。

　　子张[5]，鲁之鄙家也[6]；颜涿聚[7]，梁父之大盗也[8]，学于孔子。段干木[9]，晋国之大驵也[10]，学于子夏[11]。高何、县子石[12]，齐国之暴者也[13]，指于乡曲[14]，学于子墨子。索卢参[15]，东方之钜狡也[16]，学于禽滑黎[17]。此六人者[18]，刑戮死辱之人也。今非徒免于刑戮死

不管是什么人，只要学习，皆会取得成就。

辱也，由此为天下名士显人，以终其寿，王公大人从而礼之，此得之于学也^[19]。

［注释］

[1]"使其口可以言"三句：意思是，天生使人有口可以说话，不学习，能说话还不如口伤病不能说话呢。爽，口伤病不能言。 [2]"使其心可以知"二句：意思是，天生使人有心可以认知，不学习，能认知还不如悖乱无知呢。狂，悖乱。 [3]"故凡学"三句：意思是，凡是学习，不是能增加什么，而是使人达到自然本性。益，增加。 [4]"能全天之所生而勿败之"二句：意思是，能够保全上天所生而不毁坏它，这叫做善于学习。败，毁坏。 [5]子张：孔子弟子颛孙师，姓颛孙，名师，字子张。 [6]鄙：鄙陋，鄙小。"子张"二句是说，子张本是鲁国的鄙陋小人。 [7]颜涿聚：齐国大夫，姓颜，名庚，字涿聚。 [8]梁父：泰山下的一座小山。"颜涿聚"二句是说，颜涿聚本是梁父的大盗。 [9]段干木：战国初魏国隐士，深受魏文侯尊重。 [10]驵（zǎng）：古代集市牲畜交易的经纪人。 [11]子夏：孔子弟子，姓卜，名商，字子夏。 [12]高何、县子石：墨子弟子。 [13]暴：暴虐。 [14]指于乡曲：被乡里人指斥。乡曲，乡里。 [15]索卢参：姓索卢，名参。墨子弟子禽滑黎的弟子。 [16]钜狡：特别狡诈的人。 [17]禽滑黎：墨子弟子。他书又作"禽滑釐"。 [18]六人：指子张、颜涿聚、段干木、高何、县子石、索卢参。"此六人者"二句意思是，这六个人，是应受到刑罚杀戮、蒙受耻辱的人。 [19]"今非徒免于刑戮死辱也"五句：意思是，这些人现在不仅免于刑罚杀戮和耻辱，还成为天下的闻名之人、显达之士，而终其天年，王公大人以礼相待，这

都是得益于学习啊。

　　凡学，必务进业，心则无营[1]。疾讽诵[2]，谨司闻[3]，观骥愉[4]，问书意[5]，顺耳目，不逆志[6]，退思虑，求所谓[7]，时辨说，以论道[8]，不苟辨，必中法[9]，得之无矜，失之无惭，必反其本[10]。

　　生则谨养[11]，谨养之道，养心为贵[12]；死则敬祭，敬祭之术[13]，时节为务[14]。此所以尊师也。治唐圃[15]，疾灌寖[16]，务种树[17]；织葩屦[18]，结罝网[19]，捆蒲苇[20]；之田野[21]，力耕耘[22]，事五谷[23]；如山林[24]，入川泽，取鱼鳖，求鸟兽[25]。此所以尊师也。视舆马，慎驾御[26]；适衣服[27]，务轻暖；临饮食[28]，必蠲絜[29]；善调和[30]，务甘肥[31]；必恭敬[32]；和颜色[33]，审辞令[34]；疾趋翔[35]，必严肃。此所以尊师也。

　　君子之学也，说义必称师以论道，听从必尽力以光明[36]。听从不尽力，命之曰背[37]；说义不称师，命之曰叛[38]。背叛之人，贤主弗内之

详述尊师之道。

于朝[39]，君子不与交友。

［注释］

[1]营：通"荧"，惑乱。　[2]疾：尽力。　[3]谨司闻：谨敬等候聆听教诲。司，同"伺"，等候。　[4]观骥愉：看到老师欢欣愉悦。骥：通"欢"，欢乐，欢欣。　[5]问书意：请教书中意旨。　[6]顺耳目，不逆志：适应老师的耳目，不违背老师的心意。顺，顺从，适应。　[7]退思虑，求所谓：回来后认真思考，探求老师所讲的道理。所谓，指老师所讲的道理。　[8]时辩说，以论道：时时辩论解析，以阐明老师的思想。辨，通"辩"，辩论。　[9]不苟辩，必中法：不苟且巧辩，一定要合乎法度。　[10]"得之无矜"三句：意思是，有所得不自夸，有所失不自惭，一定要返回自己的本性。矜，夸耀，自夸。　[11]生：指老师活着的时候。下文"死"，也是指老师。　[12]养心：指使老师心情愉悦。　[13]术：方法，原则。　[14]时节：合乎四季的节令。务：要务。"死则敬祭"三句：意思是，老师死后，要恭敬地祭祀，祭祀的原则，以合乎四时的节令为要务。　[15]唐圃：场圃，园地。唐，通"场"（依王念孙说）。　[16]寖：同"浸"，灌溉。　[17]务：致力。树：种植。　[18]菲（fèi）屦：麻鞋。菲，旧本作"葩"，今据毕沅说改。　[19]罝（jū）：捕兔网。　[20]捆：砸。编织蒲苇要边编边砸，使之牢固。　[21]之：动词，往。　[22]力：用力，尽力。　[23]事：从事，做某种事情。　[24]如：动词，往。　[25]求：寻求，这里指搜捕。　[26]"视舆马"二句：是说为老师察看车马，谨慎驾驭。舆，车。　[27]适衣服：使衣服适宜。适，用作使动。　[28]临：治理，备办。　[29]蠲（juān）絜：清洁。絜，同"洁"。　[30]调和：指调和五味。　[31]务：致力，务求。　[32]此处上下皆二

句为一节，此句只一句，前似有脱文。　[33] 和：和悦。颜色：指脸色。　[34] 审辞令：言辞审慎。　[35] 趋翔：步趋有节奏的样子。翔，与"跄（qiāng）"同。　[36]"说义必称师以论道"二句：意思是，谈说议论一定要称引师说以阐明道义，听从教诲一定要尽心竭力去发扬光大。说义，谈说议论。义，与"议"同。论，阐明。听从，指听从老师的教诲。　[37]"听从不尽力"二句：意思是，听从教诲不尽力去发扬，这种行为叫做"背"。　[38]"说义不称师"二句：意思是，谈说议论不称引师说，这种行为叫做"叛"。　[39] 内（nà）：接纳。

　　故教也者，义之大者也；学也者，知之盛者也[1]。义之大者，莫大于利人，利人莫大于教；知之盛者，莫大于成身，成身莫大于学[2]。身成则为人子弗使而孝矣，为人臣弗令而忠矣，为人君弗强而平矣[3]，有大势可以为天下正矣[4]。故子贡问孔子曰："后世将何以称夫子[5]？"孔子曰："吾何足以称哉？勿已者[6]，则好学而不厌，好教而不倦，其惟此邪[7]！"天子入太学祭先圣[8]，则齿尝为师者弗臣[9]，所以见敬学与尊师也。

強调教与学的重要意义。

[注释]

[1] 知：认知，智慧。盛：大。"故教也者"四句：意思是，教

人是义之大事,学习是智之大事。 [2]"义之大者"六句:意思是,义之大事,没有比给人带来利益更大了,给人利益没有比教人更大了;智之大事,没有比修养身心更重要了,修养身心没有比学习更重要了。成身,修养身心。 [3]平:公平,公正。这句意思是,作人君不用勉强就可以做到公正了。 [4]大势:指占据好的形势,大位。正:主,主宰。这句意思是,据有大位就可以成为天下的主宰了。 [5]称:称道,称誉。 [6]勿已:不得已,一定要称道的话。已,止。 [7]"吾何足以称哉"五句:意思是,我有什么值得称道的?如果一定要说,那就说好学而不满足,好教而不厌倦,大概就这些吧! [8]太学:这里指明堂,天子宣明政教的处所。凡朝会、祭祀、庆赏、选士等大典皆在此举行。 [9]齿:并列。弗臣:不以臣相待。这句意思是,天子与曾经作过自己老师的人并排站立,不把他们当作臣子看待。

[点评]

本文讲述的是尊师与敬学的道理。文章一开始就列举神农、黄帝等十位先王及齐桓、晋文等六位贤者尊师的事例,说明他们没有不尊师的。"此十圣人、六贤者未有不尊师者也。"文章进而指出当时人们"尊不至于帝,智不至于圣,而欲无尊师",这样如何能取得尊贵和智慧呢?"无尊师"正是"五帝之所以绝,三代之所以灭"的原因所在。

文章接着阐述敬学。文章说,人天生有耳、目、口、心,如果不学习,还不如没有。"且天生人也,而使其耳可以闻,不学,其闻不若聋;使其目可以见,不学,其见不若盲;使其口可以言,不学,其言不若爽;使其心可以知，不学，其知不若狂。"认为学习是为了达到人的天性而不毁坏它。"故凡学，非能益也，达天性也。能全天之所生而勿败之，是谓善学。"文章列举了子张、颜涿聚等六个刑戮死辱之人善学的故事，说明他们免于刑戮死辱而成为名士显人，被王公大人以礼相待，都是善于学习的结果。

文章充分阐述了敬学与尊师的具体内容，指出："凡学，必务进业，心则无营。"然后从谨养敬祭、勤力劳作、生活起居等三个方面阐释了尊师的具体做法。最后强调了教与学的重要意义。

用 众（一曰善学）

五曰：

善学者，若齐王之食鸡也，必食其跖数千而后足[1]；虽不足，犹若有跖[2]。物固莫不有长，莫不有短。人亦然。故善学者，假人之长以补其短[3]。故假人者遂有天下。无丑不能[4]，无恶不知[5]。丑不能，恶不知，病矣[6]。不丑不能，不恶不知，尚矣[7]。虽桀、纣犹有可畏可取者，而况于贤者乎[8]？

高诱云："喻学者取道众多，然后优也。"

故学士曰[9]：辩议不可为[10]。辩议而苟可为，是教也[11]。教，大议也[12]。辩议而不可为，是被褐而出[13]，衣锦而入[14]。

郑玄《周礼·春官·乐师》"帅学士而歌彻"注："学士，国子也。"

[**注释**]

[1] 跖（zhí）：指鸡脚掌。数千：指多，并非实数。这里是用齐王吃鸡跖的故事，说明善学的人要像齐王吃鸡跖那样多多学习。　[2] 犹若：仍然。"虽不足"二句意思是，即使没吃够，仍然有鸡跖可吃。比喻可学之多。　[3] 假：借，凭借，利用。　[4] 无：通"毋"，不要。丑：耻。用作意动，以……为耻。　[5] 恶（è）：过，过失。用作意动，以……为过。《说文》："恶，过也。"　[6] 病：困，困窘。　[7] 尚：上，上等。　[8] "虽桀、纣"二句：意思是，即使像桀、纣这样的暴君，也有可畏服、可取的地方，更何况贤者呢？畏，畏服，敬畏。　[9] 学士：本指在学的贵族子弟，这里指有学问的人。　[10] 旧本"为"上有"不"字，据陈昌齐说删。辩议：争辩议论。这句意思是，为学的人不可与人强辩争议。　[11] "辩议而苟可为"二句：意思是，强辩争议如果可以做，这是就施教者而言。苟，如果。　[12] 这两句是说，施教可以大辩大议。　[13] 被（pī）：披。褐：粗毛等编织的短衣，古时多为贫贱者所服。被褐：这里比喻人愚昧无知。　[14] 衣（yì）：穿（衣）。锦：有图案花纹的丝织品，这里指锦衣，即华美的丝织衣裳，古时为贵人所服。衣锦：这里比喻学业已成，贤明通达。"辩议而不可为"三句：意思是，为学者不强辩争议，就会从愚昧无知变得贤明通达，就像穿着短褐出去，穿着锦衣回来一样。

戎人生乎戎、长乎戎而戎言[1]，不知其所受之[2]；楚人生乎楚、长乎楚而楚言，不知其所受之。今使楚人长乎戎，戎人长乎楚，则楚人戎言，后天对人有重要影响。

戎人楚言矣。由是观之，吾未知亡国之主不可以为贤主也，其所生长者不可耳[3]。故所生长不可不察也[4]。

[注释]

[1]戎：我国古代西部的少数民族。 [2]不知其所受之：不知从哪里学到的。受，承受，得到。 [3]"由是观之"三句：意思是，由此看来，我不相信亡国的君主不可以成为贤明的君主，只是他们生长的环境不允许罢了。 [4]这句是说，人们所生长的环境不可以不考察啊。

此乃杂家之喻。

天下无粹白之狐[1]，而有粹白之裘[2]，取之众白也[3]。夫取于众，此三皇五帝之所以大立功名也。凡君之所以立，出乎众也[4]。立已定而舍其众，是得其末而失其本。得其末而失其本，不闻安居[5]。故以众勇无畏乎孟贲矣[6]，以众力无畏乎乌获矣[7]，以众视无畏乎离娄矣[8]，以众知无畏乎尧、舜矣。夫以众者，此君人之大宝也[9]。

君之立出于众人，君之治亦必依靠众人。

[注释]

[1]粹：纯，不杂。 [2]裘：皮大衣。 [3]"天下无粹白之狐"三句：意思是，天下没有纯白的狐狸，而有纯白的狐皮大衣，这是取自众多狐皮中的白色皮毛制成的。 [4]"凡君之所以立"

二句：意思是，大凡君主所以能确立为君，都是依靠众人的力量。立，指确立为君。　[5]安居：这里指君位稳固。　[6]以：用，依靠。以下三个"以"字同。孟贲（bēn）：战国时期卫国勇士。　[7]乌获：战国秦武公时武士，力举千钧。高诱注："乌获，有力人，能举千钧。"　[8]离娄：相传为黄帝时视力最好的人，能见针末于百步之外。高诱注："离娄，黄帝时明目人，能见针末于百步之外。"　[9]"夫以众者"二句：意思是，依靠众人，这是统治万民的大法宝。

田骈谓齐王曰 [1]："孟贲庶乎患术 [2]，而边境弗患 [3]。"楚、魏之王辞言不说，而境内已修备矣，兵士已修用矣，得之众也 [4]。

[注释]

[1]田骈（pián）：战国时期齐国人，属道家学派。《不二》作"陈骈"，云："陈骈贵齐。"古田、陈音通。　[2]庶乎：庶几乎，几乎。患：苦于。术：办法。　[3]患：忧患。"孟贲庶乎患术"二句：意思是，孟贲对众人几乎苦于没有办法，而齐国的边境无须担忧。　[4]"楚、魏之王辞言不说"四句：意思是，楚、魏的君主不贵言辞，而境内的战备已经修整齐备了，士兵已经训练好可以打仗了，这些都得自于众人的力量啊。辞言不说，这里是不贵言辞的意思。修备，整治得很齐备。修用，训练得可以用于作战。

[点评]

这篇文章又名"善学"，其开始一段，主要讲善学。

其一是，要多学，像齐王吃鸡跖那样。其二是，要善于取他人之长，补己之短。并特别提到"虽桀、纣犹有可畏可取者，而况于贤者乎"，就连桀、纣那样的暴君都有可取之处，何况贤人呢。要求人们不要以不知为耻，不要以不能为过，要积极善学，这样才是最积极的。

善学与用众是紧密相连的。所谓用众，也就是取众人的力量为己所用。能够充分利用众人的力量，就可以无所畏惧。"故以众勇无畏乎孟贲矣，以众力无畏乎乌获矣，以众视无畏乎离娄矣，以众知无畏乎尧、舜矣。"

文章还把善学、用众和君道联系起来，"凡君之所以立，出乎众也"，"夫取于众，此三皇五帝之所以大立功名也"。君主的确立，是依靠众人的力量；三皇五帝建立大的功业，也是依靠众人的力量。

《吕氏春秋》一书本身就是善学和用众的体现。"天下无粹白之狐，而有粹白之裘，取之众白也。"裘有表里，其表是众白的连缀痕迹，其里是洁白无瑕的绒毛；《吕氏春秋》也有表里，其表是融合诸子的痕迹，其里是独特的、系统而完整的思想体系。《吕氏春秋》是"粹白之裘"，诸子是"众白"，《吕氏春秋》就是集诸子百家的精华而成的一部独具特色、体系完备的巨著。

仲夏纪

大 乐

二曰：

音乐之所由来者远矣。生于度量[1]，本于太一[2]。太一出两仪，两仪出阴阳[3]。阴阳变化，一上一下，合而成章[4]。浑浑沌沌[5]，离则复合，合则复离，是谓天常[6]。天地车轮[7]，终则复始，极则复反[8]，莫不咸当[9]。日月星辰，或疾或徐[10]，日月不同[11]，以尽其行[12]。四时代兴[13]，或暑或寒，或短或长，或柔或刚[14]。万

"音乐"一词，古籍中此为首见。

高诱云："两仪，天地也。出，生也。"

高诱云："不同，度有长短也，以尽其行度也，起牵牛至周于牵牛，故曰'以尽其行'。"

天地万物皆生
于道。

物所出，造于太一^[15]，化于阴阳。萌芽始震，凝寒以形^[16]。形体有处，莫不有声^[17]。声出于和，和出于适^[18]。先王定乐^[19]，由此而生。

[注释]

[1]度量：指律管的长度、容积等。 [2]本：始。太一：指道。即天地万物的本原。 [3]两仪：指天地。阴阳：指万物的本性。 [4]章：等于说“形体”。高诱注：“章，犹形也。” [5]浑浑沌（dùn）沌：古人认为世界形成之前，元气浑然不分的状态。 [6]天常：指自然界的永恒规律。“浑浑沌沌”四句：意思是，元气浑沌不分，离散又会合，会合又离散，这是自然界永恒不变的规律。 [7]天地车轮：天地像车一样转动。轮，转动。 [8]极：终极。 [9]当：合宜。“天地车轮”四句：意思是，天地像车一样转动，到终点又重新开始，到顶端又重新回来，没有哪一样不恰当。 [10]或：有的。疾、徐：指星辰运行速度的快、慢。 [11]不同：指日月的行度不同。 [12]以尽其行：指从牵牛初度开始又回到牵牛初度。行，行度，即运行的轨道。 [13]代：更迭。兴：起，出现。 [14]柔：和，指生发的春、夏。刚：刚厉，指肃杀的秋、冬。 [15]造：始，开始。高诱注：“造，始也。太一，道也。” [16]凝寒（hán）：凝冻。“萌芽始震”二句：意思是，万物因阳气而萌芽活动，因阴气而凝冻成形。 [17]形体：指万物的形体。“形体有处”二句：意思是，万物形体都有居处，占据一定空间，没有不发出声音的。 [18]适：适度，节制。“声出于和”二句是说，声音产生于和谐，和谐产生于节制、适度。 [19]旧本“先王”上有“和适”二字，今据毕沅校删。

天下太平，万物安宁，皆化其上[1]，乐乃可成[2]。成乐有具，必节嗜欲[3]。嗜欲不辟，乐乃可务[4]。务乐有术[5]，必由平出[6]。平出于公，公出于道。故惟得道之人，其可与言乐乎[7]！

亡国戮民[8]，非无乐也，其乐不乐[9]。溺者非不笑也[10]，罪人非不歌也[11]，狂者非不武也[12]，乱世之乐有似于此[13]。君臣失位，父子失处[14]，夫妇失宜，民人呻吟，其以为乐也，若之何哉[15]？

[注释]

[1]化：随，顺应。上：当作"正"（依许维遹说）。正指正道。　[2]"天下太平"四句：意思是，天下太平，一切都顺应正道，音乐才可以成就。　[3]"成乐有具"二句：意思是，成就音乐有条件，一定要节制嗜欲。具，器具，工具。这里指手段、条件。节，节制。　[4]"嗜欲不辟"二句：意思是，嗜欲不放纵，音乐才能尽心从事。辟，放纵。务，致力，专力从事。　[5]术：方法。　[6]平：平和。　[7]"故惟得道之人"意思是，所以只有得道的人，才可以跟他谈论音乐吧。言，谈说。　[8]戮（lù）民：遭受屠戮的人民。　[9]其乐不乐：旧本作"不乐其乐"，今据毕本改。前"乐"字音 yuè，与上"非无乐"之"乐"读音同，指音乐。后"乐"字音 lè，义为快乐。"亡国戮民"三句意思是，灭亡的国家、遭杀戮的人民，不是没有音乐，只是他们的音乐不快乐。　[10]溺者非不笑也：《左传》哀公二十年有"溺人必笑"之句，盖为当时谚语。高诱注："《传》曰'溺人必笑'，虽笑不欢。"

溺者，指没于水的人。　[11]这句是说，将被处死的罪人不是不唱歌，他们的歌不欢快。　[12]狂者：指神经错乱的人。武：通"舞"，指手舞足蹈。　[13]这句意思是，乱世的音乐与溺人之笑、罪人之歌、狂人之舞一样，没有快乐。　[14]失处：与"失位"义近，指失去本分，即父不行父道，子不行子道。　[15]"君臣失位"六句：是说君臣位置颠倒，父子关系错乱，夫妻失去和谐，人民痛苦呻吟，在这种情况下制作音乐，又会是怎样呢?

音乐乃调和天地阴阳者。

吕氏之"天"，皆为自然界，非有意识之神。

凡乐，天地之和，阴阳之调也。始生人者，天也，人无事焉[1]。天使人有欲，人弗得不求[2]；天使人有恶[3]，人弗得不辟[4]。欲与恶，所受于天也，人不得与焉[5]，不可变，不可易[6]。世之学者，有非乐者矣[7]，安由出哉[8]?

[注释]

[1]无事：无法参与其事。　[2]"天使人有欲"二句：意思是，天使人有欲望，人不得不去追求。　[3]恶（wù）：憎恶。　[4]辟：同"避"，躲避。　[5]与：参与。　[6]易：改变。　[7]非乐者：当指墨家学派。《墨子》有《非乐》篇。非，讥讽，否定。　[8]安由出：从哪里产生的。

大乐[1]，君臣、父子、长少之所欢欣而说也[2]。欢欣生于平，平生于道。道也者，视之不见，听之不闻，不可为状[3]。有知不见之见、不闻之闻、无状之状者，则几于知之矣[4]。道也者，至精也，不可为形，不可为名，强为之，谓之太一。

此对道之描述，道即太一。

故一也者制令[5]，两也者从听[6]。先圣择两法一[7]，是以知万物之情。故能以一听政者，乐君臣，和远近，说黔首[8]，合宗亲；能以一治其身者，免于灾，终其寿，全其天[9]；能以一治其国者，奸邪去，贤者至，成大化[10]；能以一治天下者，寒暑适[11]，风雨时[12]，为圣人。故知一则明，明两则狂[13]。

以道为根本，可知万物之实情。

详论行道之意义。

[注释]

[1]大乐：盛乐，指完美的音乐。与文题《大乐》一致。　[2]说（yuè）：喜悦，高兴。　[3]为状：描绘出形状。　[4]几：接近。“有知不见之见”二句意思是，有知道不见中含有见、不听中含有听、无形中含有形的人，就接近懂得道了。　[5]一：指道。制令：制约、命令。这句是说，道处于制约、支配的地位。　[6]两：指“道”产生的各种非本原的事物。从听：服从、接受。这句是说，“两”处于服从、听命的地位。　[7]择：通“释”，舍弃。法：用。　[8]说（yuè）：喜悦。黔首：秦称百姓为黔首。　[9]天：天性。一说为“身体”。高诱注：“天，身。”　[10]大化：盛大、深远的教化。　[11]适：合宜。　[12]时：用作动词，适时。　[13]狂：惑乱。“故知一则明”二句意思是，懂得用“一”就贤明通达，

持"两"就惑乱愚昧。

[点评]

　　本文讲述了对音乐的基本看法。第一，它指出音乐的由来久远，"音乐之所由来者远矣"，万物产生后，就会发出声音，这就是音乐的直接来源。它说："形体有处，莫不有声。"万物发出声音，是音乐产生的基础。音乐是声音的艺术，没有声音就无所谓音乐。但音乐又不是一般的声音，它产生于一种和谐、适度的声音。它说："声出于和，和出于适。"而这种音乐最早是由特定的竹管发出来的，这种竹管有一定的长度和容积，就是所谓的律管。它说音乐"生于度量"，就是指这种律管而言。第二，它认为君主制定音乐，首先要追求和谐，包括万物的和谐，社会的和谐。它说："声出于和，和出于适。先王定乐，由此而生。"而"君臣失位，父子失处，夫妇失宜，民人呻吟"，是无法产生好的音乐的。

　　本文强调音乐的根本来源在于道。它多次讲到音乐与道的关系。如"音乐之所由来者远矣。生于度量，本于太一。""大乐，君臣、父子、长少之所欢欣而说也。欢欣生于平，平生于道。""故惟得道之人，其可与言乐乎！"

　　讲到"道"，就讲到宇宙的本原。这篇文章的宇宙观、天道观是《吕氏春秋》中最完整的一篇。文章指出，"道"是看不见、摸不着而又无处不在的宇宙最基本物质，它说："道也者，视之不见，听之不闻，不可为状。""道"

又名"太一"。它说:"道也者,至精也,不可为形,不可为名,强为之,谓之太一。""道"产生天地万物以及万物的根本属性。它说:"太一出两仪,两仪出阴阳。阴阳变化,一上一下,合而成章。浑浑沌沌,离则复合,合则复离,是谓天常。"又说:"万物所出,造于太一,化于阴阳。""太一"又称"一"。《圜道》说:"一也者至贵,莫知其原,莫知其端,莫知其始,莫知其终,而万物以为宗。"

因此,人的一切活动都要遵循"道",也就是"太一""一"。执"一"才能顺利,否则就会惑乱。"故能以一听政者,乐君臣,和远近,说黔首,合宗亲;能以一治其身者,免于灾,终其寿,全其天;能以一治其国者,奸邪去,贤者至,成大化;能以一治天下者,寒暑适,风雨时,为圣人。故知一则明,明两则狂。"

古　乐

音乐的历史久远，不可废弃。运用得当与否，关乎国家昌盛与灭亡。

五曰：

乐所由来者尚也[1]，必不可废。有节，有侈，有正，有淫矣[2]。贤者以昌，不肖者以亡。

昔古朱襄氏之治天下也[3]，多风而阳气畜积，万物散解，果实不成，故士达作为五弦瑟[4]，以来阴气，以定群生[5]。

昔葛天氏之乐[6]，三人操牛尾，投足以歌八阕[7]：一曰载民[8]，二曰玄鸟[9]，三曰遂草木[10]，四曰奋五谷[11]，五曰敬天常[12]，六曰达帝功[13]，七曰依地德[14]，八曰总万物之极[15]。

昔阴康氏之始[16]，阴多[17]，滞伏而湛积[18]，阳道壅塞[19]，不行其原[20]，民气郁阏而滞著[21]，筋骨瑟缩不达[22]，故作为舞以宣导之[23]。

远古音乐之产生，皆为利民生。

［注释］

[1]尚：久远。　　[2]"有节"四句：意思是，音乐中有的适中节制，有的侈大奢靡，有的雅正，有的淫乱。高诱注："节，适也。侈，大也。正，雅也。淫，乱也。"　　[3]朱襄氏：远古部落名。这里指其部落首领，当在炎帝之前。　　[4]士达：朱襄氏之臣。五弦瑟：《说文》："瑟，庖牺所作弦乐也。"未言几弦。下文云"瞽叟乃拌五弦之瑟，作以为十五弦之瑟"，舜之乐官延又"拌瞽叟之所为瑟，益之八弦，以为二十三弦之瑟"。　　[5]"故士达作为五弦瑟"三句：是说士达创制了五根弦的瑟，用它招来阴气，而安定自然界的一切生物。来，用作动词，招致。群生，指自然界有生命者。　　[6]葛天氏：远古部落名。这里指其部落首领。　　[7]投足：顿足，踏脚。阕（què）：乐曲一章终了叫一阕。高诱注："投足犹蹀足。阕，终。"　　[8]一曰载民：乐曲的第一章叫"载民"。载，负载。这章是歌颂负载万民的大地。以下"二曰"至"八曰"都是指乐曲名。　　[9]玄鸟：燕子。这里是乐曲第二章的名字。这章是歌颂作为氏族标志的图腾。　　[10]遂：顺。这章是祝愿草木顺利成长。　　[11]奋：奋发，茂盛。这章是祝福五谷茂盛丰收。　　[12]天常：自然法则，规律。常，常道。这章是对自然规律的敬畏。　　[13]达帝功：通达天帝之功。达，通。这章表达人们通达天帝之功的愿望。　　[14]依地德：依靠大地给予的德泽。这章是感谢大地给予的德泽。　　[15]极：终极。这章是希望万物都发展到最高限度。以上对八章的说明，参见杨荫浏《中国古代音乐史稿》。　　[16]阴康氏：远古部落名。这里指其部落首领。"阴康"旧本作"陶唐"，今

据毕沅本改。　[17]阴多：指阴气过盛。　[18]滞伏：凝滞隐伏。湛（chén）积：沉淀聚积。　[19]阳道壅塞：阳气的通道阻塞不通。阳道壅塞二句，各本作"水道壅塞，不行其原"，今据王念孙说改。　[20]不行其原：不能按正常规律运行。　[21]郁阏（è）：郁结阻塞。滞著：积滞不畅。　[22]瑟缩：蜷缩。不达：不能伸展。　[23]宣导：宣通疏导。此段意思是，阴康氏治理天下之初，阴气过盛，凝滞聚积，阳气阻塞，不能正常运行；人民精神抑郁不能舒畅，筋骨蜷缩不能舒展，所以创制舞蹈来发泄宣导。

焦竑曰："黄钟为生气之元，故十二律皆生于此。"

十二律产生之古代传说。

昔黄帝令伶伦作为律[1]。伶伦自大夏之西[2]，乃之昆仑之阴[3]，取竹于嶰溪之谷[4]，以生空窍厚钧者[5]，断两节间——其长三寸九分——而吹之，以为黄钟之宫[6]，吹曰舍少[7]。次制十二筒[8]，以之昆仑之下，听凤皇之鸣[9]，以别十二律[10]。其雄鸣为六[11]，雌鸣亦六[12]，以比黄钟之宫，适合[13]；黄钟之宫皆可以生之。故曰：黄钟之宫，律吕之本[14]。黄帝又命伶伦与荣将铸十二钟[15]，以和五音[16]，以施英韶[17]。以仲春之月[18]，乙卯之日[19]，日在奎[20]，始奏之，命之曰咸池[21]。

[注释]

[1]伶伦：黄帝的乐官。伶为乐官，伦是其名。律：指律管，即定音用的竹管，相传为伶伦创制。　[2]大夏：相传为古代西方

的山。　[3]昆仑：旧本作"阮隃"，今据毕沅、王念孙说改。阴：山的北面。　[4]嶰（xiè）溪：山谷名。他本或作"取竹之嶰谷"，嶰谷，昆仑之北谷。　[5]空窍：竹管中空。厚钧：竹壁厚度均匀。钧，通"均"。　[6]黄钟之宫：黄钟律的宫音。宫，古代音阶（宫、商、角、徵、羽）之一。　[7]舍少：义未详。刘复云："吹曰舍少，即谓'吹出来的声音是舍少'，'舍少'是模拟声音。"（见陈奇猷《吕氏春秋校释》引）[8]次：依次，按次序。筒：竹管。高诱注："六律六吕各有管，故曰十二筒。"按，依《说文》"筒"为"箭"之借。　[9]凤皇：即凤凰。　[10]十二律：中国古代乐制，将一个八度分为十二个不完全相等的半音，每个半音称为一"律"（参见杨荫浏《中国古代音乐史稿》）。按，此处认为，十二律是仿照凤凰鸣叫的声音来确定的。　[11]雄鸣为六：按凤的鸣叫制定阳律六个，即黄钟、太簇、姑洗、蕤（ruí）宾、夷则、无射（yì），称为"律"。　[12]雌鸣亦六：按凰的鸣叫制定阴律六个，即大吕、夹钟、仲吕、林钟、南吕、应钟，称为"吕"。　[13]适合：适度和谐。"以比黄钟之宫"二句意思是，用这些声音跟黄钟律的宫音比照，都适度和谐。　[14]"黄钟之宫皆可以生之"三句：是说十二律的声音，黄钟的宫音都可以产生出来，所以说，黄钟律的宫音是六律六吕的根本。　[15]荣将：传说中黄帝之臣。《世本》谓倕作钟，《说文》亦云"古者垂作钟"。倕为尧时巧匠。此云黄帝命荣将作钟，当早于倕了。　[16]和：调和。五音：指宫、商、角、徵、羽。　[17]施：展示。英韶：指华美的音乐。　[18]以：于。引入时间。　[19]乙卯之日：乙卯这一天。古代用干支纪日。　[20]日在奎：指视太阳的位置在奎宿。奎，二十八宿之一。参见《孟春》《圜道》注。　[21]咸池：古乐曲名。

《淮南子·本经》高诱注："空桑，地名，在鲁也。"《山海经·东山经》："空桑之山。"郭璞注："此山出琴瑟材。"

帝颛顼生自若水[1]，实处空桑[2]，乃登为帝。

惟天之合，正风乃行^[3]，其音若熙熙凄凄锵锵^[4]。帝颛顼好其音，乃令飞龙作乐^[5]，效八风之音^[6]，命之曰承云^[7]，以祭上帝。乃令鱓先为乐倡^[8]。鱓乃偃寝^[9]，以其尾鼓其腹^[10]，其音英英^[11]。

帝喾命咸黑作为声^[12]，歌九招、六列、六英^[13]。有倕作为鼙、鼓、钟、磬、笭、管、埙、篪、鼗、椎、锺^[14]。帝喾乃令人抃^[15]，或鼓鼙，击钟磬、吹笭、展管篪^[16]。因令凤鸟、天翟舞之^[17]。帝喾大喜，乃以康帝德^[18]。

[注释]

[1]帝颛顼：远古帝王，五帝之一。若水：古水名。或说为今之雅砻江。　[2]处：居，居住。空桑：古地名。一说为山名。　[3]正风：指八方纯正之风。"惟天之合"二句意思是，帝颛顼之德与上天相合，八方纯正之风于是依序运行。　[4]熙熙、凄凄、锵锵：形容八风所发出的声音。　[5]飞龙：一说为乐人名。旧本"乐"字缺，今据许维遹说补。　[6]效：模仿。八风：八方之风。　[7]承云：乐曲名。　[8]鱓（tuó）：同"鼍"，即鳄，皮可制鼓。倡（chàng）：始。古代奏乐始于击鼓，鱓司击鼓，所以说鱓先为乐始。　[9]偃寝：仰面躺着。　[10]鼓：动词，敲击。　[11]英英：乐声和盛的样子。　[12]帝喾（kù）：远古帝王，五帝之一。咸黑：帝喾之臣。　[13]九招、六列、六英：帝喾时创制的古乐曲名。　[14]有倕：人名。鼙（pí）、鼓、钟、磬（qìng）、笭（líng）、管、埙（xūn）、篪（chí）、鼗（táo）：皆古代乐器名。鼙，

小鼓。笒，本作"吹笒"，依王引之说改"笒"为"笒"，依俞樾说删"吹"字。笒，与"笙"同。埙，陶制吹奏乐器。篪，管乐器，单管竹制。鞀，即"鼗"，长柄摇鼓。椎（chuí）：捶击乐器的工具。锺：疑作"衡"（依吉联抗说）。衡，悬钟的横木。　[15]抃（biàn）：两手相击。　[16]展：展示，这里是演奏的意思。　[17]天翟（dí）：传说中的神鸟。　[18]康帝德：褒奖天帝的恩德。康，褒扬，赞美。

　　帝尧立，乃命质为乐[1]。质乃效山林溪谷之音以歌，乃以麋鞈置缶而鼓之[2]，乃拊石击石[3]，以象上帝玉磬之音[4]，以致舞百兽[5]。瞽叟乃拌五弦之瑟[6]，作以为十五弦之瑟。命之曰大章[7]，以祭上帝。

　　舜立，命延[8]，乃拌瞽叟之所为瑟，益之八弦，以为二十三弦之瑟。帝舜乃令质修九招、六列、六英[9]，以明帝德[10]。

　　禹立，勤劳天下，日夜不懈。通大川，决壅塞，凿龙门[11]，降通漻水以导河[12]，疏三江五湖[13]，注之东海，以利黔首。于是命皋陶作为夏籥九成[14]，以昭其功[15]。

[**注释**]

[1]质：尧、舜时乐官。　[2]麋：麋鹿。鞈（luò）：生革。缶：

瓦器，小口大腹。"质乃效山林"二句：意思是，质效法山林溪谷的声音作歌，用麋鹿的皮蒙在缶上并敲击它。　[3]拊（fǔ）：轻击。　[4]象：模仿。　[5]致：招致。舞百兽：使百兽舞蹈。舞，用作使动。　[6]瞽（gǔ）叟：舜的父亲。瞽，盲人。拌（pàn）：分开。　[7]大章：乐曲名。　[8]延：舜时乐官。　[9]修：修治，增强。上文帝喾时始作"九招、六列、六英"，此时则是修治或增修。　[10]以明帝德：用以彰明天帝的功德。　[11]龙门：地名，在今山西河津西北。黄河至此，两岸峭壁对峙，形如阙门，故曰龙门。此说禹凿壅塞而成。　[12]降：通"隆"，大。漻（liáo）水：指洪水。漻，流。河：黄河。　[13]三江：长江的三条支流，具体所指，说法不一。五湖：泛指长江下游太湖一带的湖泊。　[14]皋陶（yáo）：舜、禹之臣。掌刑狱之事。夏籥（yuè）：乐曲名，即"大夏"。籥，同"龠"，"龠"是用竹管编成的乐器，调和各种声音。"大夏"用龠伴奏，故称"夏籥"。九成：乐曲一章终了为一成，九成即九章，又称"九阕""九变"。　[15]以昭其功：用以彰显大禹的功勋。

殷汤即位，夏为无道，暴虐万民，侵削诸侯，不用轨度[1]，天下患之。汤于是率六州以讨桀罪[2]。功名大成，黔首安宁。汤乃命伊尹作为大护[3]，歌晨露[4]，修九招、六列、六英[5]，以见其善[6]。

周文王处岐[7]，诸侯去殷三淫而翼文王[8]。散宜生曰[9]："殷可伐也。"文王弗许。周公旦乃作诗曰："文王在上，於昭于天[10]。周虽旧邦，其命维新[11]。"以绳文王之德[12]。

武王即位，以六师伐殷[13]。六师未至[14]，以锐兵克之于牧野[15]。归，乃荐俘馘于京太室[16]，乃命周公为作大武[17]。

成王立，殷民反[18]，王命周公践伐之[19]。商人服象，为虐于东夷[20]。周公遂以师逐之，至于江南。乃为三象[21]，以嘉其德[22]。

故乐之所由来者尚矣，非独为一世之所造也[23]。

《诗经·大雅·棫朴》"六师及之"，毛传："六师，天子六军。"

《左传》僖公二十二年"示之俘馘"，杜预注："俘，所得囚；馘，所截耳。"

《品汇释评》汪鸣銮曰："历叙古帝王作乐之始，井然有条，而文法变幻，奇恋曾观，不见重复。"

功成作乐，以彰明其功德，世代如此，非一代也。

[注释]

[1]轨度：规矩，法度。　[2]六州：指古九州中的荆、兖、雍、豫、徐、扬六州。商汤率领这六州之众讨伐夏桀的罪恶。　[3]伊尹：商汤的贤臣。大护：乐曲名。伊尹所作。　[4]晨露：乐曲名。　[5]六英：旧本脱，今据孙人和说补。　[6]以见其善：用以展现汤的美德。　[7]岐：古邑名。周先祖古公亶（dǎn）父所建，故址在今陕西岐山县东北。　[8]三淫：指殷纣所做三件暴虐之事。高诱注："三淫，谓剖比干之心，断材士之股，刳孕妇之胎者。"翼：辅佐。　[9]散宜生：周文王之臣。　[10]於（wū）：叹词，表赞叹。"文王在上"二句意思是，文王高高在上，德行昭著在天。　[11]"周虽旧邦"二句：意思是，周虽是古老国家，禀受的天命是崭新的。以上诗句见于《诗经·大雅·文王》。　[12]以

绳文王之德：用以赞誉文王的德行。绳，赞誉。　[13]六师：即六军。周制，天子六军。　[14]未至：指六师未到达殷的都城。　[15]克：战胜。牧野：殷都城郊外的地名。在今河南淇县南。　[16]荐：献。俘馘（guó）：泛指俘虏和歼灭的敌人。俘指俘虏的敌人，馘指从敌尸上割下的左耳。京：国都。太室：太庙的中室。　[17]大武：乐曲名，周公所作，歌颂武王伐纣之功。　[18]殷民反：指武庚联合管叔、蔡叔反叛。　[19]践：往。　[20]服象：役使、驾驭大象。东夷：指东部各民族所居之地。按，从这里可以看出，殷商时代，中国东部尚有大象活动。　[21]三象：乐曲名，周公所作。　[22]以嘉其德：用以嘉奖逐东夷的功德。　[23]"故乐之所由来者尚矣"二句：意思是，音乐的产生很久远了，不单是哪一世所创制的。尚，久远。

[点评]

本文主要讲述音乐的发展历史，认为音乐的由来、产生是十分久远的，不是某一时代的产物，而是历时历代积累的结果。它说："乐所由来者尚也。"又说："故乐之所由来者尚矣，非独为一世之所造也。"文章具体讲述了从最古老的朱襄氏、葛天氏一直到周武王、周成王各个时代音乐的发展状况，这对于研究中国古代音乐史，是十分珍贵的资料。

本文认为音乐的产生与人类的生存及生产活动密切相关。如朱襄氏时"多风而阳气畜积，万物散解，果实不成"，因此要士达创制五弦瑟，"以来阴气，以定群生"；阴康氏时"民气郁阏而滞著，筋骨瑟缩不达，故作为舞以宣导之"，也是为调和阴阳以解决民生问题。

　　文章十分详细地记载了律管及十二律产生的过程。黄帝命伶伦创制律管，并模仿凤凰鸣叫的声音制定十二律。文章还记载了各种乐器的产生。黄帝命荣将铸造十二钟，帝喾命有倕创制鼙、鼓、钟、磬、苓、管、埙、篪、鼗，瞽叟拌五弦之瑟，制作十五弦之瑟，延又增益八弦，制作二十三弦之瑟。文章还记述了不少古帝王役使动物以作乐舞的神话传说，帝颛顼令飞龙作乐，效八风之音；令鱓先为乐倡，鱓乃偃寝，以其尾鼓其腹，其音英英；帝喾令凤鸟、天翟舞之。这些美丽的传说表现了人与动物和谐相处的自然生态。

　　文章对帝王与音乐关系的描写，反映了古人"尊王"的思想。音乐产生于人民的生产、生活之中，处于支配地位的帝王起到了很大的推动作用，但是到后来，又变成了歌颂帝王功德的工具。起初，它是为了安定群生，解决民生的困苦；后来是祭祀天帝，褒扬、彰明天帝的功德；大禹以后，则是歌颂当朝帝王的功德了。这一历史趋势，也是研究音乐史的人应该关注的。

孟秋纪

荡　兵

二曰：

古圣王有义兵而无有偃兵[1]。兵之所自来者上矣，与始有民俱[2]。凡兵也者，威也；威也者，力也[3]。民之有威力，性也。性者，所受于天也，非人之所能为也[4]。武者不能革[5]，而工者不能移[6]。

吕书主张义兵说，而反对偃兵。

[注释]

[1] 偃（yǎn）兵：废止战争。偃，停止，止息。　[2]"兵之

所自来者上矣"二句：意思是，战争的由来已经很久远了，与人类一起产生。上，久。　[3]"凡兵也者"四句：意思是，大凡战争，是靠威势；威势，是靠力量。　[4]"性者"三句：意思是，人的本性禀受于上天，不是人力所能造成的。　[5]武者：指强有力的人。革：改变。　[6]工者：指有巧智的人。移：移易。

　　兵所自来者久矣。黄、炎故用水火矣[1]，共工氏固次作难矣[2]，五帝固相与争矣[3]。递兴废[4]，胜者用事[5]。人曰"蚩尤作兵[6]"，蚩尤非作兵也，利其械矣[7]。未有蚩尤之时，民固剥林木以战矣[8]，胜者为长。长则犹不足治之，故立君。君又不足以治之，故立天子。天子之立也出于君，君之立也出于长，长之立也出于争。争斗之所自来者久矣，不可禁，不可止。故古之贤王有义兵而无有偃兵。

此言天子、君长之立出于争斗，因此争斗不可禁止。

　　家无怒笞[9]，则竖子、婴儿之有过也立见[10]；国无刑罚，则百姓之相侵也立见；天下无诛伐[11]，则诸侯之相暴也立见[12]。故怒笞不可偃于家，刑罚不可偃于国，诛伐不可偃于天下，有巧有拙而已矣[13]。故古之圣王有义兵而无有偃兵。

运用怒笞、刑罚、诛伐要高明适当。

[**注释**]

[1] 黄、炎：指黄帝、炎帝。故：已经。相传炎帝与黄帝争斗，炎帝用火攻，黄帝用水灭之。高诱注："黄：黄帝。炎：炎帝。炎帝为火灾，黄帝灭之也。" [2] 共工氏：传说中部族名，其首领曾与颛顼争为帝。固：已经。次：通"恣"，肆意。作难（nàn）：发难。指与颛顼争为帝。 [3] 这句意思是，五帝之间已经互相争斗了。 [4] 递：更替，更迭。 [5] 用事：指统治天下。 [6] 蚩尤：传说中九黎族首领，与黄帝争战，施大雾，黄帝造指南车，最终制服他。作兵：创制兵器。 [7] 利：用作使动，使……锋利。械：指兵器。"蚩尤非作兵也"二句意思是，蚩尤并非创制了兵器，他只是把兵器做得锋利了。 [8] 剥：砍削。"未有蚩尤之时"二句意思是，在没有蚩尤之前，人民已经砍削树木来争战了。 [9] 怒：斥责。笞：鞭笞，用鞭子抽打。 [10] 竖子：僮仆。婴儿：儿童。见（xiàn）：出现。 [11] 诛：声讨，讨伐。 [12] 暴：欺凌。 [13] "故怒笞不可偃于家"四句：意思是，所以怒笞不能在家中废止，刑罚不能在国中废止，诛伐不能在天下废止，运用起来，有的高明、有的笨拙罢了。

　　夫有以饐死者[1]，欲禁天下之食，悖[2]；有以乘舟死者，欲禁天下之船，悖；有以用兵丧其国者，欲偃天下之兵，悖。夫兵不可偃也，譬之若水火然，善用之则为福，不能用之则为祸；若用药者然，得良药则活人[3]，得恶药则杀人[4]。义兵之为天下良药也亦大矣。

兵不可偃，如水火，关键在于如何运用。义兵乃天下最好的良药。

此处所言"兵"，过于扩大化。

　　且兵之所自来者远矣，未尝少选不用[5]。贵贱、长少、贤不肖者相与同[6]，有巨有微而已矣[7]。察兵之微[8]：在心而未发[9]，兵也；疾视[10]，兵也；作色[11]，兵也；傲言[12]，兵也；援推[13]，兵也；连反[14]，兵也；侈斗[15]，兵也；三军攻战，兵也。此八者皆兵也，微巨之争也。今世之以偃兵疾说者[16]，终身用兵而不自知悖，故说虽强，谈虽辨[17]，文学虽博[18]，犹不见听[19]。故古之圣王有义兵而无有偃兵。

[注释]

[1]饐（yē）：通"噎"，食物塞住喉咙。　[2]悖：昏惑，荒谬。　[3]活人：救活人。活，用作使动，使……活。　[4]恶药：指毒药。"夫兵不可偃也"七句意思是，战争不可废止，就像水火那样，善于用它的就会得福，不会用它的就会得祸；就像用药那样，得到良药就能救人，得到毒药就能杀人。　[5]少选：短时间，须臾。　[6]各本"者"在"贤"字之后，今据陶鸿庆说移。　[7]"且兵之所自来者远矣"四句：意思是，况且战争的由来已经很久远了，不曾须臾废止，无论贵贱、长少、贤或不肖在这点上都是相同的，只是有大有小罢了。　[8]兵：这里的"兵"，从下文看，概念已经相当广泛了，心里的争斗之念也是兵，瞪一眼也是兵。　[9]在心而未发：心里有争斗之念，但还没有发泄出来。　[10]疾视：怒视，瞪一眼。　[11]作色：露出生气的脸色。　[12]傲言：说大话，言辞傲慢。　[13]援推：推拉，拉扯。

指手上相争的动作。援，拉。　　[14]连反：即"连犿（fān）"，本为婉转，这里指手脚相搏的样子。参洪颐煊、马叙伦说。　　[15]侈斗：群斗。王念孙谓"侈"疑"伈"之讹。段玉裁谓盖"朋党"字正作"伈"。　　[16]疾说（shuì）：极力游说。　　[17]辨：通"辩"，有口才，雄辩。　　[18]文学：指文献典籍。　　[19]犹：仍然。见：被。"今世之以偃兵疾说者"六句意思是，当今之世极力鼓吹废止战争的人，他们终身用兵而不自知言行相悖，所以游说虽然有力，谈说虽然雄辩，引用文献典籍虽然广博，但仍然不被听用。

兵诚义，以诛暴君而振苦民[1]，民之说也[2]，若孝子之见慈亲也，若饥者之见美食也；民之号呼而走之[3]，若强弩之射于深溪也[4]，若积大水而失其壅堤也[5]。中主犹若不能有其民[6]，而况于暴君乎？

此乃义兵之本义：诛暴君、振苦民。

[**注释**]

[1]振：拯救。　　[2]说（yuè）：喜悦。　　[3]走之：奔向它。[4]溪：山谷。　　[5]壅堤：堤坝。　　[6]中主：一般的君主。犹若：尚且。

[**点评**]

本文是《吕氏春秋》论述"战争"问题的第一篇文章。文章开宗明义阐明两个观点：其一是"古圣王有义兵而无有偃兵"，其二是"兵之所自来者上矣，与始有民俱"。

第二个观点是为第一个观点服务的。文章认为，"兵"由来久矣，是与人类一起产生的。当然，它所说的"兵"，概念很宽泛，把人的心理活动，眼神、脸色的变化，以及一般的肢体推搡行为等等都看作是所谓的"兵"。因此它认为，"兵"是人的天性。"民之有威力，性也。性者，所受于天也，非人之所能为也。"既然"兵"是人的天性，人力不能左右，自然不可以禁止。这就是第一个观点"无有偃兵"的重要基础。

其实，此文的第一个观点"古圣王有义兵而无有偃兵"，才是本文的核心，是作者最想表达的思想。这个观点有两层含义，一是"义兵"，二是"无有偃兵"。它提倡的"义兵"说，是考察了历史与现实的军事斗争形势而提出来的，应该说，是符合当时历史发展趋势的正确思想。当时正是七雄争夺天下的时候，而秦国的实力是七国中最强大的，最有可能战胜六国，统一天下。统一已经成为大势所趋，不可阻挡了。用什么办法统一，是用所谓"王道"，还是用"义兵"，这成为吕不韦必须做出的选择。吕不韦选择了后者，因为"王道"说已经被证明是行不通的，不能再走这条老路。他认为当时六国的人民正处于水深火热之中，必须用义兵除暴君以振苦民。文章批评"偃兵"说，认为"偃兵"说是因噎废食，是不可行的。本文的这些看法，在当时是有进步意义的。

这篇文章，把"兵"即战争的概念扩大化，把人的自然行为也看作战争，是混淆了战争与一般行为的界限；把自然行为看作"兵"，进而认为它是人的天性。这些观点都是错误的，应该摒弃。

禁　塞

四曰：

夫救守之心[1]，未有不守无道而救不义也。守无道而救不义，则祸莫大焉，为天下之民害莫深焉。

凡救守者，太上以说[2]，其次以兵。以说则承从多群[3]，日夜思之，事心任精[4]，起则诵之[5]，卧则梦之，自今单唇干肺[6]，费神伤魂[7]，上称三皇五帝之业以愉其意[8]，下称五伯名士之谋以信其事[9]，早朝晏罢[10]，以告制兵者[11]，行说语众，以明其道[12]。道毕说单而不行，则必反之兵矣[13]。反之于兵，则必斗争之情[14]，

吕书反对救守，与其主张义兵是一致的。它认为救守只是守无道、救不义。

必且杀人，是杀无罪之民以兴无道与不义者也。无道与不义者存，是长天下之害而止天下之利，虽欲幸而胜，祸且始长[15]。

救守之害，不可不察。

[注释]

[1]心：思想，意识。心本为五藏之首，主思。《孟子·告子上》："心之官则思。"《素问·灵兰秘典论》："心者，君主之官也，神明出焉。"　[2]太上以说：最先是用言辞劝说。说，言辞。　[3]承从多群：许维通认为当是"聚徒成群"。暂依许说。这句意思是，用言辞劝说，就会聚徒成群。　[4]事：役使。任：用。精：精神，精力。　[5]诵：述说，陈述。　[6]自今：从此。单：同"殚"，尽。殚唇，唇力用尽。干肺：肺气枯竭。干，燥。《素问·六节藏象论》："肺者，气之本，魄之处也。"唇力用尽则肺气枯竭。　[7]费：损害。魂：人的阳气，泛指人的精神。　[8]愉：愉悦。用作使动，使……愉悦。　[9]信：明，证明。其事：指救守之事。　[10]晏罢：指晚上退朝。晏，晚。罢，止。　[11]制兵者：统率军队的人，指敌军主帅。制，支配，统领。　[12]"行说语众"二句：意思是，用言辞晓谕众人，以阐明自己的道理。行，用。说，言辞。　[13]"道毕说单而不行"二句：意思是，道理讲完，话语说尽，仍不被听用，就一定会转而诉诸武力了。毕、单，都是尽的意思。不行，指不被听用。　[14]"斗争"二字当重叠，作"则必斗争。斗争之情"。"反之于兵"二句意思是，转而诉诸武力，就一定会爆发战争。战争的实况……　[15]"无道与不义者存"四句：意思是，无道与不义的人存在，这是助长天下之祸害而遏止天下的利益，即使想侥幸取胜，祸害也会从此滋长。幸，侥幸。且，乃。

先王之法曰："为善者赏，为不善者罚。"古之道也，不可易[1]。今不别其义与不义，而疾取救守[2]，不义莫大焉，害天下之民者莫甚焉。故取攻伐不可[3]，非攻伐不可；取救守不可，非救守不可；惟义兵为可[4]。兵苟义，攻伐亦可，救守亦可；兵不义，攻伐不可，救守不可。

攻伐与救守，以义为准，唯义为可。

[注释]

[1]易：改变。　[2]疾：极力，尽力。　[3]各本"攻伐"下有"者"字，今据陶鸿庆说删。　[4]各本"惟"上有"取"字，今据陈昌齐说删。

使夏桀、殷纣无道至于此者，幸也[1]；使吴夫差、智伯瑶侵夺至于此者[2]，幸也；使晋厉、陈灵、宋康不善至于此者[3]，幸也。若令桀、纣知必国亡身死，殄无后类[4]，吾未知其为无道之至于此也[5]；吴王夫差、智伯瑶知必国为丘墟[6]，身为刑戮[7]，吾未知其为侵夺之至于此也[8]；晋厉知必死于匠丽氏，陈灵知必死于夏徵舒，宋康知必死于温[9]，吾未知其为不善之至于此也。

此七君者，大为无道不义，所残杀无罪之民

者，不可为万数^[10]。壮佼、老幼、胎殰之死者^[11]，大实平原^[12]，广堙深溪大谷^[13]，赴巨水^[14]，积灰填沟洫险阻^[15]。犯流矢^[16]，蹈白刃，加之以冻饿饥寒之患，以至于今之世，为之愈甚。故暴骸骨无量数，为京丘若山陵^[17]。世有兴主仁士，深意念此，亦可以痛心矣，亦可以悲哀矣^[18]。

对当时之无道杀戮痛恨至极，故主张兴义兵，诛无道，振苦民。

[注释]

[1]"使夏桀、殷纣"二句：意思是，使夏桀、殷纣荒淫无道达到如此地步，是由于侥幸。幸，侥幸。　[2]智伯瑶：春秋时期晋国四卿之一，智宣子之子，又称智襄子，后被赵襄子、韩康子、魏桓子所灭。　[3]晋厉：指晋厉公，春秋时期晋国国君，景公之子，名寿曼。厉公七年（前574），游匠丽氏，被晋卿栾书、中行偃因禁，第二年被杀。陈灵：指陈灵公，春秋时期陈国国君，共公之子，名平国。灵公与夏姬私通，在夏姬家饮酒时，被夏姬之子夏徵舒射杀。宋康：指宋康王，战国时期宋国国君，名偃。后被齐、楚所灭。　[4]殄（tiǎn）：尽，灭绝。后类：指后嗣。　[5]旧本"为"上有"厉"字，今据陈昌齐说删。"若令桀、纣知必国亡身死"三句意思是，如果让夏桀、殷纣知道那样做一定会国亡身死，绝无后嗣，我不相信他们还会做无道之事到这种地步。　[6]丘墟：废墟。　[7]为：遭受。　[8]旧本"侵夺"上有"不善无道"四字，今据俞樾说删。　[9]温：战国时魏邑。　[10]不可为万数：不可以万为单位计算，极言其多。　[11]壮佼：指壮健之人。佼，强健。殰（dú）：同"殙（殢）"，胎未出生而死。　[12]实：充满。　[13]堙（yīn）：

塞，填塞。　[14]巨水：大河。　　[15]积灰：指战火焚烧所积灰烬。沟洫（xù）：田间水道，小的叫沟，大的叫洫。　　[16]犯：冒着。　[17]京丘：战争的胜利者，将敌人的尸首堆积起来，封上土，似京，称作京丘，又叫京观。京，人力所造的绝大土丘。《说文》："京，人所为绝高丘也。"　[18]"世有兴主仁士"四句：意思是，世上如果有奋发之君、仁义之士深切地想到这些，也可以感到痛心了，也可以感到悲哀了。

察此其所自生[1]，生于有道者之废，而无道者之恣行。夫无道者之恣行，幸矣[2]。故世之患，不在救守，而在于不肖者之幸也。救守之说出，则不肖者益幸也，贤者益疑矣[3]。故大乱天下者，在于不论其义而疾取救守。

[注释]

[1]察此其所自生：考察这种情况产生的根源。　[2]幸：侥幸，意外得到好处或免除灾祸。蔡邕《独断》上："得所不当得故谓之幸。"　[3]疑：恐，恐惧。郑玄《礼记·杂记下》"皆为疑死"注："疑，犹恐也。"

[点评]

本文主要是批判"救守"说。认为救守都是救不义而守无道，因此是天下百姓的最大祸害。"夫救守之心，未有不守无道而救不义也。守无道而救不义，则祸莫大

焉，为天下之民害莫深焉。"这里的关键在于"不义"与
"无道"。

文章因而提出判定战争的标准是"义"，正义的战争
是有道者所为，不义的战争都是由无道者发动。文章详
细论述了历史上夏桀、殷纣等七个无道之君给人民带来
的巨大灾祸。"此七君者，大为无道不义，所残杀无罪之
民者，不可为万数。"所以强调指出，不论攻伐还是救守，
要看是否符合"义"。"兵苟义，攻伐亦可，救守亦可；
兵不义，攻伐不可，救守不可。"

仲秋纪

简 选

三曰：

世有言曰[1]："驱市人而战之[2]，可以胜人之厚禄教卒[3]；老弱罢民[4]，可以胜人之精士练材[5]；离散系絫[6]，可以胜人之行陈整齐[7]；锄櫌白梃[8]，可以胜人之长铫利兵[9]。"此不通乎兵者之论。今有利剑于此，以刺则不中，以击则不及，与恶剑无择[10]，为是斗因用恶剑则不可[11]。简选精良，兵械铦利[12]，发之则不时[13]，

此论不通简选者之弊。

纵之则不当[14]，与恶卒无择，为是战因用恶卒则不可。王子庆忌、陈年犹欲剑之利也[15]。简选精良，兵械铦利，令能将将之[16]，古者有以王者、有以霸者矣，汤、武、齐桓、晋文、吴阖庐是矣[17]。

古之王、霸者皆用简选之策。

[**注释**]

[1]世：指社会上。　[2]市人：集市的人。指乌合之众。[3]厚禄：有丰厚俸禄的武士。教卒：受过训练的士卒。　[4]罢（pí）民：疲惫的百姓。罢，通"疲"。　[5]精士：精悍的勇士。练材：训练有素的武士。　[6]离散系累（lěi）：指散乱无纪律的乌合之众。系累，被捆绑的囚徒。累，捆绑。　[7]行陈（háng zhèn）：军队的行列。行陈整齐，指军纪严明的军队。　[8]櫌（yōu）：平土的农具。白梃（tǐng）：没有加工过的木棒。梃，直的木棒。　[9]铫（tiáo）：长矛。利兵：锋利的兵器。　[10]恶：劣。择：区别。　[11]是：此。因：于是。　[12]"简选精良"二句：指经过选拔的精锐而又持有锋利兵器的军队。简，选择。铦（xiān），锋利。　[13]发：发动。不时：不合时宜。　[14]纵：义同"发"，发动。不当：不恰当，不得法。　[15]王子庆忌：春秋时期吴王僚之子，以勇武闻于诸侯。陈年：春秋战国时齐国勇士。这句意思是，像王子庆忌、陈年这样的勇士都希望宝剑锋利，（更何况一般人呢？）[16]将之：统率他们。[17]"古者有以"二句：意思是，古代有凭借这样的军队成就王业的，有凭借这样的军队成就霸业的，商汤、周武王、齐桓公、晋文公、吴王阖庐就是这样的人。是，指示代词，作谓语。

殷汤良车七十乘，必死六千人[1]，以戊子战于郕[2]，遂禽推移、大牺[3]，登自鸣条[4]，乃入巢门[5]，遂有夏。桀既奔走，于是行大仁慈，以恤黔首，反桀之事[6]，遂其贤良[7]，顺民所喜，远近归之，故王天下[8]。

武王虎贲三千人[9]，简车三百乘[10]，以要甲子之事于牧野[11]，而纣为禽。显贤者之位，进殷之遗老，而问民之所欲，行赏及禽兽，行罚不辟天子[12]，亲殷如周[13]，视人如己，天下美其德，万民说其义[14]，故立为天子。

齐桓公良车三百乘，教卒万人[15]，以为兵首[16]，横行海内，天下莫之能禁[17]，南至石梁[18]，西至酆郭[19]，北至令支[20]。中山亡邢[21]，狄人灭卫[22]，桓公更立邢于夷仪[23]，更立卫于楚丘[24]。

晋文公造五两之士五乘[25]，锐卒千人，先以接敌，诸侯莫之能难[26]。反郑之埤[27]，东卫之亩[28]，尊天子于衡雍[29]。

吴阖庐选多力者五百人，利趾者三千人[30]，以为前陈，与荆战，五战五胜，遂有郢[31]。东

汤、武及齐桓、晋文等皆用精兵锐卒，以见简选之重要。

征至于庫庐[32]，西伐至于巴、蜀[33]，北迫齐、晋，令行中国[34]。

[注释]

[1]必死：抱有必死之心的将士。　[2]戊子：古代用干支纪日，指戊子这一天。郕（chéng）：古地名，故址在今山东宁阳北。　[3]禽：捕捉。这个意义后来写作"擒"。推移、大牺：夏桀之臣。　[4]登自鸣条：从鸣条进发。鸣条，古地名，故址在今山西运城安邑镇北。　[5]巢门：当是夏桀国都城门之名。　[6]反桀之事：一反夏桀所为之事。高诱注："桀为残贼，汤为仁惠，故曰'反桀之事'。"[7]遂：举进，举荐。　[8]"桀既奔走"八句：是说，殷汤据有夏之后，实行大的仁慈，抚慰百姓，一反夏桀的作为，举荐贤良，顺应人民所喜欢的，远近的人都归附他，所以能称王天下。　[9]虎贲（bēn）：勇士之称。　[10]简车：精选的战车。简，选。　[11]要：成。高诱注："要，成也。"甲子之事：指周武王在甲子之日擒获殷纣之事。牧野：殷都郊外，在今河南淇县南。　[12]辟：避开。这个意义后来写作"避"。　[13]亲殷如周：指亲近殷的百姓如同周的百姓一样。　[14]说（yuè）：喜欢。这个意义后来写作"悦"。"显贤者之位"十句：是说，（周武王战胜殷纣之后，）尊显贤者的地位，进用殷的旧臣，询问百姓想要什么，施行奖励遍及于禽兽，实行处罚不避开天子，亲近殷的百姓如同周的百姓一样，看待别人像对待自己一样，天下都赞美他的德行，万民都喜欢他的仁义，所以确立为天子。　[15]教卒：经过训练的士兵。　[16]兵首：指军队的前锋。　[17]禁：止，阻止。　[18]石梁：古地名，在今江苏铜山。　[19]鄷郭：古地名，在今陕西西安西南。郭，同"鄗"。　[20]令支：春秋时期山戎

属国，故址在今河北迁安一带。 [21] 中山：春秋时期白狄国名，战国时期为中山国，故址在今河北定州一带。邢：古国名，故址在今河北邢台一带。据《左传》记载，邢受赤狄侵犯，齐桓公迁邢于夷仪。邢只是迁都，并未被中山所灭。 [22] 狄人灭卫：公元前 660 年，狄人杀卫懿公于荥泽，所以说"灭"。 [23] 夷仪：古地名，故址在今山东聊城西。 [24] 楚丘：古地名，故址在今河南滑县东。卫懿公被杀后，齐桓公立卫文公于楚丘。 [25] 造：指训练出。五两之士：有五种技能的士卒。两，技，技能。 [26] 难（nàn）：抵挡。 [27] 反：覆，毁。埤（pì）：即"埤堄"，城上女墙，即有凸凹状的矮墙。按，毁掉城上矮墙，便于晋国的进攻。 [28] 东卫之亩：使卫国的田垄东西走向。东，用作动词。亩，田垄。按，使卫国的田垄东西走向，也是便于晋国进攻。 [29] 衡雍：春秋时期郑国地名，故址在今河南原阳。高诱注："文公率诸侯朝天子于衡雍。" [30] 利趾者：善于奔跑的士卒。趾，足。 [31] 郢：春秋时期楚国国都，故址在今湖北江陵一带。 [32] 庳（bì）庐：古地名，故址不详。 [33] 巴、蜀：古国名，故址在今四川。 [34] 中国：指中原华夏各诸侯国。

　　故凡兵势险阻，欲其便也；兵甲器械，欲其利也；选练角材[1]，欲其精也；统率士民[2]，欲其教也。此四者，义兵之助也，时变之应也[3]，不可不为而不足专恃[4]。此胜之一策也[5]。

此四者为义兵之助，义兵之本在于义。

[注释]

[1] 角材：指武士。角，较量。 [2] 士民：指士卒。 [3] 时

变之应（yìng）：适应时势的变化。应，适应。　[4]各本"可"
下无"不"字，今据陶鸿庆说补。专恃：一味依赖。　[5]策：谋略。
"此四者"五句是说上述四种，是义兵的辅助，是适应时势的变化，
不可不作，也不可一味依赖。这是取胜的一种谋略。

[点评]

　　《吕氏春秋》关于战争的论述，每篇各有侧重，这篇
重点论述军队训练与武器精良的重要性。文章批评社会
上的错误认识："'驱市人而战之，可以胜人之厚禄教卒；
老弱罢民，可以胜人之精士练材；离散系絫，可以胜人
之行陈整齐；锄櫌白梃，可以胜人之长铫利兵。'此不通
乎兵者之论。"这里强调，士卒要选拔精壮者，要经过严
格的训练，武器要精良锋利。"简选精良，兵械铦利，令
能将将之，古者有以王者、有以霸者矣，汤、武、齐桓、
晋文、吴阖庐是矣。"只有这样的军队，才能够成就王业、
霸业，并举出汤、武、齐桓、晋文、吴阖庐等的例子加
以说明。最后总结说，兵势便，甲兵利，角材精，士民
教，此四者是适应时势的变化，是义兵的辅助，必须具
备，但又不可一味依赖。《吕氏春秋》的这一思想相当精
辟，体现了作者唯物的、辩证的思想，这在当时是非常
难能可贵的。

　　文章在讲述汤、武等的事例时，都讲到顺应民意的
重要性。商汤灭夏桀之后，"于是行大仁慈，以恤黔首，
反桀之事，遂其贤良，顺民所喜，远近归之，故王天下"。
周武王灭殷纣之后，"显贤者之位，进殷之遗老，而问民
之所欲，行赏及禽兽，行罚不辟天子，亲殷如周，视人

如己，天下美其德，万民说其义，故立为天子"。这正说明他们是义兵。只有义兵，简选精良，兵械铦利，才能起到辅助的作用；暴虐之兵、侵略之兵，士卒再精壮，武器再精良，最后也必然要失败。

140

决　胜

四曰：

夫兵有本干^[1]：必义，必智，必勇。义则敌孤独，敌孤独则上下虚^[2]，民解落^[3]；孤独则父兄怨，贤者诽^[4]，乱内作。智则知时化^[5]，知时化则知虚实盛衰之变，知先后远近纵舍之数^[6]。勇则能决断，能决断则能若雷电飘风暴雨^[7]，能若崩山破溃、别辨霣坠^[8]；若鸷鸟之击也^[9]，搏攫则殪^[10]，中木则碎^[11]。此以勇得也。

［注释］

[1]本干：喻指事物的主体。本，树木的根或干。干，树干。《说文》："本，木下曰本。" [2]虚：空。此指斗志空虚，没有斗

義、智、勇是决定战争胜利的根本，三者不可缺一。

《说文》："飘，回风也。"《尔雅·释天》："回风为飘。"郭璞注："飘，旋风也。"

《史记·李斯列传》司马贞"索隐"："凡鸟翼击物曰搏，足取曰攫。"

志。　[3]解落：分解，离散。高诱注："落，散也。"　[4]诽：指
出过失。诽、谤同义，都是公开指出别人过失的意思。　[5]时化：
时势的变化。　[6]纵：发，指进兵。舍：止，指驻扎。数：方法，
策略。"智则知时化"三句意思是，运用智谋就能知道时势的趋势，
知道时势的趋势就能知道虚实、盛衰的变化，知道先后、远近、
行止的策略。　[7]飘风：旋风。　[8]破溃：决堤，水冲破堤岸。
别辨：异变。辨，通"变"。霣（yǔn）坠：陨落。　[9]鸷鸟：猛
禽，鹰雕之属。　[10]搏：搏击。攫（jué）：用爪抓取。殪（yì）：
死。　[11]中（zhòng）木：击中树木。"勇则能决断"六句意思
是，勇毅果敢就能处事决断，处事决断就能像雷电、旋风、暴雨，
能像山崩、决堤、异变、陨落，势不可当；就像鹰雕等鸷鸟搏击，
击中鸟兽就使其死亡，击中树木就使其破碎。

　　夫民无常勇，亦无常怯[1]。有气则实，实则
勇；无气则虚，虚则怯[2]。怯勇虚实，其由甚微，
不可不知[3]。勇则战，怯则北[4]。战而胜者，战
其勇者也；战而北者，战其怯者也。怯勇无常，
倏忽往来[5]，而莫知其方[6]，惟圣人独见其所由
然[7]。故商、周以兴，桀、纣以亡。巧拙之所以
相过[8]，以益民气与夺民气，以能斗众与不能斗
众[9]。军虽大，卒虽多，无益于胜。军大卒多而
不能斗，众不若其寡也。夫众之为福也大，其为
祸也亦大。譬之若渔深渊[10]，其得鱼也大，其

《礼记·祭义》
云："气也者，神
之盛也。"

凡事皆有两面，有利则有害，要善于趋利避害。

为害也亦大。善用兵者，诸边之内莫不与斗[11]，虽厮舆白徒[12]，方数百里皆来会战，势使之然也[13]。势也者，审于战期而有以羁诱之也[14]。

[注释]

[1]常：恒久不变。怯：怯弱。　[2]"有气则实"四句：意思是，神气盈盛就充实，充实就会勇敢；神气丧失就空虚，空虚就会怯弱。气，指神气盈盛。　[3]"怯勇虚实"三句：意思是，怯弱与勇敢，空虚与充实，产生的缘由甚为微妙，不可以不知道。由，缘由。微，微妙。　[4]北：败退，逃跑。　[5]倏忽：疾速的样子。　[6]方：道，道理。　[7]"怯勇无常"四句：意思是，怯懦与勇敢变化不定，变化很疾速，没有人明白其中的道理，只有圣人知道它这样的缘由。　[8]相过：这里是截然不同的意思。　[9]斗众：以众斗，即利用民众战斗。"巧拙之所以相过"三句意思是，用兵巧妙与笨拙之所以截然不同，是因为有的提高人民的士气，有的剥夺人民的士气，是因为有的能利用民众战斗，有的不能利用民众战斗。　[10]渔：捕鱼。　[11]诸边之内：指国家四境之内。与（yù）：参与。　[12]厮：古代做粗笨杂活的役人。舆：众，众人。白徒：没有经过军事训练的人。　[13]势：态势，形势。"善用兵者"五句意思是，善于用兵的人，四境之内无不参战，即使是仆役和没有训练的百姓，方圆几百里都来参加会战，这是形势使他们这样的。　[14]势：各本作"幸"，误，今据松皋圆说改。战期：指战斗的时机。羁诱：牵制引导。"势也者"二句意思是，态势的形成，在于审慎地选择战机，并想办法牵制诱导它。

凡兵，贵其因也[1]。因也者，因敌之险以为己固，因敌之谋以为己事。能审因而加[2]，胜则不可穷矣[3]。胜不可穷之谓神，神则能不可胜也[4]。夫兵，贵不可胜。不可胜在己，可胜在彼[5]。圣人必在己者，不必在彼者[6]，故执不可胜之术以遇可胜之敌[7]，若此，则兵无失矣。凡兵之胜，敌之失也。胜失之兵，必隐必微[8]，必积必抟[9]。隐则胜阐矣[10]，微则胜显矣，积则胜散矣，抟则胜离矣。诸搏攫柢噬之兽[11]，其用齿角爪牙也，必托于卑微隐蔽，此所以成胜[12]。

凡事，皆重在己者，不可依赖敌之失。

《说文》："阐，开也。"高诱注："阐，布也。"

［注释］

[1]因：凭借。　[2]审：详知，洞察。加：指加兵于敌。[3]"能审因而加"二句：意思是，能洞察所凭借的条件而对敌人采取行动，胜利就不可穷尽了。　[4]"胜不可穷之谓神"二句：意思是，胜利不可穷尽叫做"神"，达到"神"的境界就不可被战胜了。　[5]可胜在彼：可以战胜敌人在于敌人谋略的失误。　[6]"圣人必在己者"二句：意思是，圣人一定把握自己的主动行为，一定不寄希望于敌人的失误。　[7]术：谋略，策略。可胜：各本作"不胜"，今据陶鸿庆说改。　[8]微：潜藏。《左传》哀公十六年"其徒微之"杜预注："微，匿也。"　[9]抟（zhuān）：同"专"，专一，集中。"胜失之兵"三句是说，战胜有过失的敌人，一定要隐蔽，一定要潜藏，一定要蓄积力量，一定要集中兵力。　[10]阐：公开，显露在外。　[11]柢：通"牴"，用角顶撞。《方言》"柢，刺也"，钱绎笺疏："柢、抵、牴，古字并通。"噬：

撕咬。《易·噬嗑》王弼注："噬，啮也。"　[12]"诸搏攫柢噬之兽"四句：意思是，各种搏击、攫取、抵触、撕咬的野兽，用它们的牙齿、犄角、爪牙捕取猎物时，一定会潜藏隐蔽起来，这是它们取胜的方法。

［点评］

　　本文是《吕氏春秋》军事思想的重要篇章，主要论述战争的决胜之道。文章认为，义、智、勇是战争决胜的根本和主体因素。三者相互依存，相互配合，缺一不可。

　　文章首先分别阐述义、智、勇的作用和意义，"义则敌孤独，敌孤独则上下虚，民解落；孤独则父兄怨，贤者诽，乱内作。智则知时化，知时化则知虚实盛衰之变，知先后远近纵舍之数。勇则能决断，能决断则能若雷电飘风暴雨，能若崩山破溃、别辨赍坠"。随后对三者的关系做了透彻的说明。"义"是根本。义就是战争的正义性，如本书常讲的"义兵"。"勇"来源于"义"。只有具有正义性的战争，军队才有士气，作战才能勇敢。它说："民无常勇，亦无常怯。有气则实，实则勇；无气则虚，虚则怯。"战争具有正义性，军队有了士气，才能造成一种态势，才能"益民气""能斗众"，才能使"诸边之内莫不与斗，虽厮舆白徒，方数百里皆来会战"。战争，除了勇，还要有智，一是要"因"，所谓"因"，就是要利用敌人天然的险阻和敌人谋划的失误，为自己服务，达到自己的目的。二是始终将主动权牢牢掌握在自己手里，"夫兵，贵不可胜。不可胜在己，可胜在彼。圣人必在己者，不必在彼者"。要造成敌人的过失，并利用敌人的过失。利用敌人的过失时，要隐蔽自己，要集中兵力，伺机全歼敌人。

季秋纪

顺 民

二曰：

先王先顺民心，故功名成[1]。夫以德得民心以立大功名者，上世多有之矣。失民心而立功名者，未之曾有也。得民必有道[2]，万乘之国，百户之邑，民无有不说[3]。取民之所说而民取矣[4]，民之所说岂众哉？此取民之要也[5]。

取悦于民是取得民心的关键。

［注释］

[1]功名：功业、名誉。高诱注："治天下之功，圣人之名也。"　[2]必：当是"心"字之误（依陈昌齐说）。　[3]说（yuè）：喜悦。这个意义后来写作"悦"。　[4]取：采取，采用。民取：指民心被取得，即取得了民心。这句是说，做人民喜欢的事，就可以取得民心了。　[5]要：要领，关键。这句意思是，这是取得民心的关键。

昔者汤克夏而正天下[1]。天大旱，五年不收，汤乃以身祷于桑林[2]，曰："余一人有罪[3]，无及万夫[4]。万夫有罪，在余一人。无以一人之不敏[5]，使上帝鬼神伤民之命。"于是翦其发[6]，鬳其手[7]，以身为牺牲[8]，用祈福于上帝。民乃甚说，雨乃大至。则汤达乎鬼神之化、人事之传也[9]。

汤之罪己精神，实为可贵，乃万民之福也。

［注释］

[1]克：战胜。正：治理。　[2]以身：亲自。祷：向神祈福。桑林：汤祈神之所。　[3]余一人：天子自称。多用于商、周。《国语·周语上》韦昭注："天子自称曰余一人。"　[4]万夫：万民，指天下百姓。　[5]不敏：不才。　[6]翦其发：剪去头发，古代一种刑罚。翦，后多写作"剪"。　[7]鬳（lì）：各本作"鄜"，今据毕校改。鬳，通"枥"，即"枥槢"，古代一种绞指的刑具。如今之"拶指"。《说文》："枥，枥槢，柙指也。"　[8]以身为牺

牲：用自己的身体作为牺牲。牺牲，供祭祀用的色纯体全的牲
畜。 [9] 传：转，转化。这句意思是，汤真是通达鬼神的变化和
人事的转变。

　　文王处岐事纣 [1]，冤侮雅逊 [2]，朝夕必时 [3]，
上贡必适 [4]，祭祀必敬 [5]。纣喜，命文王称西
伯 [6]，赐之千里之地。文王载拜稽首而辞曰 [7]：
"愿为民请炮烙之刑 [8]。"文王非恶千里之地，以
为民请炮烙之刑，必欲得民心也。得民心则贤于
千里之地 [9]，故曰文王智矣。

强调得民心之
重要。民心重于千
里之地！

[注释]

[1]岐：岐山。周的发祥地，又称岐周。故址在今陕西。 [2]冤
侮：指遭受冤屈轻侮。雅：正，合乎规范。逊：顺，顺从。 [3]朝
夕：指早晚的朝拜。时：按时。 [4]贡：职贡，即藩属按时向天
子进贡。适：适时，按时。 [5]"文王处岐事纣"五句：意思是，
周文王在岐山侍奉商纣，虽然遭受冤屈，蒙受轻侮，仍然雅正驯
顺，按时朝拜，适时进贡，恭敬祭祀。 [6]西伯：上古统领一州
的长官称伯。文王统领西方的雍州，故称西伯。《礼记·王制》：
"二百一十国以为州，州有伯。" [7]载拜稽首：古代一种最恭敬
的礼节。载拜，同"再拜"，拜两次，拜了又拜。稽首，古代一
种跪拜礼。先跪下，拱手至地，头也至地。 [8]"请"下当有"去"
字（依蒋维乔、许维遹说）。下句"请"下同脱"去"字。炮：烧
烤。烙：当作"格"。炮格之刑，纣的一种酷刑。设立铜格，格下

烧炭，令人行于格上，或坠入火中而死。这句意思是，愿为百姓请求去除炮格之刑。　[9] 贤：胜过。

　　越王苦会稽之耻[1]，欲深得民心，以致必死于吴[2]。身不安枕席，口不甘厚味[3]，目不视靡曼[4]，耳不听钟鼓[5]。三年苦身劳力，焦唇干肺[6]，内亲群臣，下养百姓，以求其心[7]。有甘脆不足分，弗敢食[8]；有酒流之江，与民同之[9]。身亲耕而食，妻亲织而衣。味禁珍[10]，衣禁袭[11]，色禁二[12]。时出行路，从车载食，以视孤寡老弱之溃病、困穷、颜色愁悴、不赡者[13]，必身自食之[14]。于是属诸大夫而告之曰[15]："愿一与吴徼天之衷[16]。令吴、越之国相与俱残[17]，士大夫履肝肺[18]，同日而死，孤与吴王接颈交臂而偾[19]，此孤之大愿也。若此而不可得也，内量吾国不足以伤吴[20]，外事之诸侯不能害之[21]，则孤将弃国家，释群臣[22]，服剑臂刃[23]，变容貌，易名姓[24]，执箕帚而臣事之[25]，以与吴王争一旦之死[26]。孤虽知要领不属[27]，首足异处，四枝布裂[28]，为天下戮[29]，孤之志必将

勾践欲报会稽之耻，必深得民心。此下行为，皆顺民心而行。

高诱注："袭，重。"《礼记·内则》郑玄注："袭谓重衣。"

出焉^[30]！"于是异日果与吴战于五湖^[31]，吴师大败，遂大围王宫，城门不守，禽夫差^[32]，戮吴相^[33]，残吴二年而霸。此先顺民心也。

以上所述勾践言行，与《国语》小异，而旨趣一致。

[注释]

[1]越王：指越王勾践。苦会稽之耻：以会稽之耻辱为苦。苦，用作动词。会稽之耻，指勾践被吴王夫差战败，困于会稽山，被迫求和之事。会稽，山名，在今浙江绍兴东南。　[2]致必死于吴：意思是，与吴决一死战。高诱注："必死战以报吴，欲以灭会稽耻也。"　[3]厚味：指美味。　[4]靡曼：指美色。　[5]钟鼓：指音乐。　[6]焦：燥，干燥。干肺：肺气枯竭。　[7]以求其心：以此求得人民的喜悦。　[8]"有甘脆不足分"二句：意思是，有了甘美的食物，不够众人分享，不敢独食。甘脆，指甘美的食物。　[9]"有酒流之江"二句：意思是，有了酒，倒入江中，与民共饮。　[10]珍：珍奇。　[11]袭：重衣，衣服上加穿衣服。　[12]色禁二：指服饰不得杂用两种颜色，以示简朴。　[13]渍（zì）：病。颜色愁悴：面容忧愁憔悴。赡：足，指饮食不足。　[14]身自：亲身，亲自。"时出行路"四句意思是，（勾践）时常出行在路上，让随行的车辆满载食物，见到孤寡老弱中生病的、穷困的、面容忧愁憔悴的、饮食不足的，一定亲自给他们食物吃。　[15]属（zhǔ）：聚集。　[16]各本"天"下有"下"字，今据毕沅校删。徼（yāo）：求，求取。衷：正。高诱注："徼，求。衷，善。"这句意思是，我愿与吴国求取上天的裁正，也就是说，愿与吴国决一死战。　[17]令：各本作"今"，今据陈昌齐说改。残：毁灭。　[18]履：踩踏。这句是形容战争的残酷。　[19]接颈交臂：这是描写肉搏的场景。偾（fèn）：僵仆。

这里指死。　[20]量：估量。　[21]事之诸侯：所结交的诸侯。事，所事，所结交。　[22]释：舍弃。　[23]服：佩带。臂：用作动词，持。　[24]易：换，更换。名姓：毕本误作"姓名"，今据各本改。　[25]执箕帚而臣事之：拿着簸箕笤帚像奴仆那样侍奉吴王。　[26]这句意思是，以此与吴王决死于一朝之间。高诱注："争，决。旦，朝。"　[27]要：古"腰"字。领：脖颈。属（zhǔ）：连。这句是说，遭受腰斩或斩首。　[28]四枝布裂：古代最残酷的刑罚，如车裂。四枝，即四肢。布，分散，散开。　[29]戮（lù）：辱。　[30]出：这里是施行的意思。这句是说，我的想法一定要付诸施行。　[31]五湖：这里指太湖。在今江苏。　[32]禽：捉。这个意义后来作"擒"。　[33]吴相：指吴国太宰伯嚭。《史记·吴世家》："越王灭吴，诛太宰嚭。"

齐庄子请攻越[1]，问于和子[2]。和子曰："先君有遗令曰：'无攻越。越，猛虎也[3]。'"庄子曰："虽猛虎也，而今已死矣[4]。"和子以告鸮子[5]。鸮子曰："已死矣，以为生[6]。"故凡举事，必先审民心，然后可举。

察民心必在举事之前，得民心，则事可举。

[注释]

[1]齐庄子：即田庄子，田和之父，齐宣公相。　[2]和子：即田和，田姓齐国第一位国君。高诱注："和子，齐田常之孙田和也，后为齐侯，因曰和子也。"按，依《史记》田和当为田常曾孙。　[3]越，猛虎也：喻指越国强盛犹如猛虎。　[4]"虽猛虎也"二句：意思是，越国虽似猛虎，而现今已衰败了。　[5]"和子"

下衍"曰"字，今据孙人和说删。鸮子：齐国之相。　　[6]以为生：人们认为他还活着。高诱注："以为生，为民所说。"

［点评］

本篇的主旨是讲顺应民心。文章开宗明义，提出观点，阐明顺应民心、取得民心的重要意义。"先王先顺民心，故功名成。"只有顺应民心，才能取得民心；只有取得民心，才能成就功名。"夫以德得民心以立大功名者，上世多有之矣。失民心而立功名者，未之曾有也。"得民心有道，这个道，就是"德"。了解人民的愿望，满足人民的愿望，这是取得民心的关键。

文章用实例说明这个道理。商汤为民祈雨以身祷于桑林，"翦其发，䴥其手，以身为牺牲"，而且对天明示"余一人有罪，无及万夫。万夫有罪，在余一人。无以一人之不敏，使上帝鬼神伤民之命"。汤的言行感动了上天，也感动了人民，所以得到殷民的拥戴。周文王拒绝殷纣赐予的千里之地，宁要废除炮格之刑，这是为了取得民心，"得民心则贤于千里之地"。越王勾践知道欲报会稽之耻，必要深得民心。因此他的种种行为都是为了取得民心。"身不安枕席，口不甘厚味，目不视靡曼，耳不听钟鼓。三年苦身劳力，焦唇干肺，内亲群臣，下养百姓，以求其心。有甘脆不足分，弗敢食；有酒流之江，与民同之。身亲耕而食，妻亲织而衣。味禁珍，衣禁袭，色禁二。时出行路，从车载食，以视孤寡老弱之溃病、困穷、颜色愁悴、不赡者，必身自食之。"勾践先取得民心，终于战胜吴国，称霸诸侯。

　　文章结尾用鸮子与和子的对话，也是为了说明审察民心的重要。鸮子认为，越国虽衰败了，但人民还信任它，所以不能进攻。最后结语，"故凡举事，必先审民心，然后可举"。

　　这篇文章的顺民思想，是《吕氏春秋》政治思想的基本点——民本德治的重要体现。

精　通

五曰：

人或谓兔丝无根[1]。兔丝非无根也，其根不属也[2]，伏苓是[3]。慈石召铁，或引之也[4]。树相近而靡，或轳之也[5]。圣人南面而立[6]，以爱利民为心，号令未出，而天下皆延颈举踵矣[7]，则精通乎民也。夫贼害于人，人亦然[8]。

今夫攻者，砥厉五兵[9]，侈衣美食[10]，发且有日矣[11]，所被攻者不乐[12]，非或闻之也，神先告也[13]。身在乎秦，所亲爱在于齐，死而志气不安，精或往来也[14]。

此以精通言君道，君与民心相通。爱利民则民拥戴。

[**注释**]

[1] 兔丝：即菟丝，一种寄生的蔓草。　[2] 属（zhǔ）：连，连接。　[3] 伏苓：即茯苓，寄生在松树根上的一种块状菌。古人认为菟丝并非无根，只是它的根不与之相连，茯苓就是它的根。《淮南子·说林》："伏苓掘，兔丝死。"高诱注："所生者亡，故死。"　[4] "慈石召铁"二句：意思是，磁石召来铁，是有某种力在吸引它。慈石，即磁石。古人认为，这种石可以吸铁，像慈母吸引子女一样，所以称作"慈石"，后写作"磁石"。或，无定代词，指某种力。　[5] "树相近而靡（mó）"二句：意思是，树生得太靠近，就互相摩擦，是有某种力在推动它。靡，通"摩"，摩擦。轫（rǒng），推。　[6] 南面：面向南。古代君主皆面南而坐，故而用南面指君主。　[7] 延颈举踵：伸长脖子，抬起脚跟，表示热切期盼。　[8] "圣人南面而立"七句：意思是，圣人南面为君，以爱民利民为宗旨，号令尚未发出，而天下民众都伸长脖子、踮起脚跟热切期盼，这是他们之间精气相通的缘故。如果君主伤害民众，民众也会有同样的反应。　[9] 砥厉：磨砺。砥、厉本义皆为磨刀石，细者为砥，粗者为厉。厉，后又写作砺。五兵：五种兵器。通常指矛、戟、弓矢、剑、戈。　[10] 侈、美：皆用作动词，指穿着、吃着。古代战争，出征前，往往要犒劳赏赐将士，故有"侈衣美食"之称。　[11] 发：指出兵。且：尚且。　[12] 被：遭受。　[13] 各本"神"下有"者"字，今据陈昌齐说删。"今夫攻者"七句：意思是，今天那些要进攻的人，磨砺各种兵器，犒劳赏赐将士，出发还有一些时候，被攻伐的人就会感到不快，不是他们听到了什么，而是精神先感知到了。高诱注："非闻将见攻也，神先告之，令其志意愁戚不乐。"　[14] "身在乎秦"四句：意思是，自己身在秦国，亲属在齐国，他们死了而自己感到心神不定，这是精气相互往来的缘故。所亲爱，指亲属。

德也者，万民之宰也[1]。月也者，群阴之本也[2]。月望则蚌蛤实[3]，群阴盈；月晦则蚌蛤虚[4]，群阴亏。夫月形乎天[5]，而群阴化乎渊[6]；圣人形德乎己[7]，而四荒咸饬乎仁[8]。

养由基射兕[9]，中石，矢乃饮羽[10]，诚乎兕也[11]。伯乐学相马[12]，所见无非马者，诚乎马也。宋之庖丁好解牛[13]，所见无非牛者[14]，三年而不见生牛[15]，用刀十九年，刃若新䃺研[16]，顺其理，诚乎牛也[17]。

《释名·释天》："望，月满之名也。月大十六日，小十五日，日在东，月在西，遥相望也。"

君主有德，万民视君之德而行之。

[**注释**]

[1]宰：主宰。　[2]群阴：指各种属阴之物。如蚌蛤之类。　[3]月望：月满。月满称望。实：指蚌蛤肉充实盈满。　[4]月晦：月光尽敛。时在农历每月最后一天。《说文》："晦，月尽也。"《释名·释天》："晦，月尽之名也。"　[5]形：显现。乎：于。　[6]"夫月形乎天"二句：意思是，月亮显现在天空，各种阴物随之变化在深水中。　[7]形：毕本作"行"，元至正本、李瀚本、许宗鲁本等皆作"形"，今据改。　[8]四荒：指四方荒远之地的人民。咸：皆，都。饬（chì）：整治。"圣人形德乎己"二句意思是，圣人自己有德行，四方荒远之地的百姓都会随之整饬自己，归向仁义。　[9]养由基：春秋时期楚国大夫，以善射著称。兕（sì）：同"兕"，兽名，犀牛类。　[10]饮羽：箭射入石中，箭尾羽毛隐没不见。饮，没，隐入。　[11]"养由基射兕"四句：意思是，养由基射兕，射中石头，箭羽完全隐没在石头中，

这是他把石头看作兕，精神完全集中在兕上的缘故。　[12]伯乐：春秋时期秦穆公时人，以善相马著称。　[13]庖丁：名叫丁的厨师。解牛：分解牛的肢体。"庖丁解牛"事参见《庄子·养生主》。　[14]各本"非"下有"死"字，今据陈昌齐说删。　[15]生：据《庄子·养生主》似当作"全"。　[16]䃾(mó)：同"磨"，研磨。研：磨。　[17]"宋之庖丁好解牛"七句：意思是，宋国的庖丁喜好解牛，他所看见的除了牛没有别的东西，三年之间，眼睛里再没见过全牛，刀用了十九年，刀刃锋利得像刚刚磨过，这是因为他解牛顺着牛的肌理，精神完全集中在牛上的缘故。

钟子期夜闻击磬者而悲[1]，使人召而问之曰："子何击磬之悲也[2]？"答曰："臣之父不幸而杀人，不得生；臣之母得生，而为公家为酒[3]；臣之身得生，而为公家击磬。臣不睹臣之母三年矣。昔为舍氏睹臣之母[4]，量所以赎之则无有[5]，而身固公家之财也，是故悲也。"钟子期叹嗟曰："悲夫！悲夫！心非臂也，臂非椎、非石也[6]。悲存乎心而木石应之。"故君子诚乎此而谕乎彼[7]，感乎己而发乎人，岂必强说乎哉[8]？

内心的感情总会凭外物表现出来。

[注释]

[1]钟子期：春秋时期楚国人，善于听音。高诱注："钟，姓也。子，通称。期，名也。楚人钟仪之族也。"磬（qìng）：古代一种

石制打击乐器。　[2]这句意思是，你击磬的声音为什么这么悲伤啊？　[3]上"为"：替。下"为"：酿造。　[4]昔：指昨天夜里。舍氏：不详。《新序》记此事作"舍市"。　[5]量：揣度，思量。所以赎之：用来赎她的钱。依许维遹说，此处"有"与下句"财"当互易。"昔为舍氏"四句意思是，昨晚在舍市看见母亲，思量自己没有那么多钱财为她赎身，而我自己也是属于公家的，因此悲伤。　[6]椎：击磬的木制工具。石：指磬。　[7]诚：诚心，真心。谕：晓，知晓。　[8]"故君子诚乎此而谕乎彼"三句：意思是，所以君子有诚心就会使他人知晓，自己有所感就会感染到别人，这难道一定要强力表述吗？

周有申喜者[1]，亡其母[2]，闻乞人歌于门下而悲之[3]，动于颜色[4]，谓门者内乞人之歌者[5]，自觉而问焉[6]，曰："何故而乞？"与之语，盖其母也[7]。故父母之于子也，子之于父母也，一体而两分，同气而异息。若草莽之有华实也[8]，若树木之有根心也。虽异处而相通，隐志相及[9]，痛疾相救，忧思相感[10]，生则相欢，死则相哀，此之谓骨肉之亲。神出于忠而应乎心，两精相得，岂待言哉[11]？

此正总括精通之义。

[注释]

[1]申喜：人名。　[2]亡：失散。　[3]乞人：乞丐。　[4]动：

变。颜色：脸色。《知士》"动于颜色"高诱注："动，变也。"　[5]门者：守门人。内（nà）：使进入。后用"纳"字。　[6]自觉：似有所心动，有所感觉。　[7]盖：连词，连接上句，表示原因。"与之语"二句意思是，申喜与之交谈，原来乞丐正是他的母亲。　[8]草莽：丛生的草。这里泛指草。华：花。实：果实。　[9]隐志：潜藏的志向。相及：相互触及。意思是，心里的志向相互联系。　[10]"痛疾相救"二句：意思是，有病痛相互救助，有忧思相互感应。痛疾，指病痛。感，感应。　[11]"神出于忠而应乎心"三句：意思是，天性出于至诚，应和于心灵，两者精气相通，难道还要靠言语吗？神，这里指天性。精，指精气。

［点评］

所谓"精通"，即精气相通，互相感应，互相往来。《吕氏春秋》认为，精气是构成天地万物的基本物质，因此，相关的事物之间是可以由精气而互相感知、互相联系的。"身在乎秦，所亲爱在于齐，死而志气不安，精或往来也。"文章举出大量例证说明这个道理，从矿物的磁石相吸，植物的枝叶相引，到人的精神、心理的感应。文章力图从物质的角度去阐释精神方面的现象，这在当时是十分可贵的，对后人也是有所启示的。近日，有报道量子卫星"墨子"号，实证性地证明量子纠缠是存在的。所谓"量子纠缠"，就是两个有共同来源的粒子，不管相距多么遥远，一个粒子的变化立刻就影响到另一个粒子。这似可解释本文的"精通"了。

但本文的落脚点，不止于此，而是在于阐释君道。它认为君主与臣民也是有精气相通的，君主有爱民、利民之心，尽管他们的政策尚未发布，人民已经感受到了，都延颈举踵，热切期盼；反过来，他们如果有伤害人民的想法，人民也会有所感受。"圣人南面而立，以爱利民为心，号令未出，而天下皆延颈举踵矣，则精通乎民也。夫贼害于人，人亦然。"君主自己拥有仁德，即使是四边荒远之地的人民也会归于仁。"圣人形德乎己，而四荒咸饬乎仁。"

孟冬纪

节　丧

二曰：

审知生，圣人之要也；审知死，圣人之极也[1]。知生也者，不以害生，养生之谓也；知死也者，不以害死，安死之谓也[2]。此二者，圣人之所独决也[3]。

凡生于天地之间，其必有死，所不免也。孝子之重其亲也[4]，慈亲之爱其子也，痛于肌骨[5]，性也。所重所爱，死而弃之沟壑，人之情不忍为

知生即养生，知死即安死。

对生死的正确认识。亦警示欲求长生者。

也，故有葬死之义 [6]。葬也者，藏也，慈亲孝子之所慎也。慎之者，以生人之心虑 [7]。以生人之心为死者虑也，莫如无动，莫如无发 [8]。无发无动，莫如无有可利，则此之谓重闭 [9]。

[注释]

[1]"审知生"四句：意思是，洞察生，是圣人所考虑的要务；洞察死，是圣人所考虑的终极。　[2]安死：使死者安宁。　[3]决：这里是知道、知晓的意思。　[4]重：尊重。亲：指父母。　[5]痛于肌骨：深入到肌肉骨髓之内。形容尊重、疼爱之深。　[6]葬死：指埋葬死者。　[7]生人：活着的人。这句似当作"以生人之心为死者虑"（陶鸿庆说）。　[8]"以生人之心为死者虑也"三句：意思是，以活着的人替死者考虑，没有什么比不被移动更好，没有什么比不被掘开更好。发，掘开。　[9]"无发无动"三句：意思是，不被开掘，不被移动，没有什么比墓葬中不存在有利可图的东西更安全了，这叫做多重闭藏，永久安葬。重（chóng）闭，多重闭藏，这里指永久安葬。高诱注："无有可利，若杨王孙裸葬，人不发掘，不见动摇，谓之重闭也。"

古之人有藏于广野深山而安者矣，非珠玉国宝之谓也，葬不可不藏也 [1]。葬浅则狐狸抇之 [2]，深则及于水泉。故凡葬必于高陵之上，以避狐狸之患、水泉之湿。此则善矣，而忘奸邪、盗贼、寇乱之难，岂不惑哉 [3]？譬之若瞽师之避柱也 [4]，避柱而疾触杙也[5]。奸邪、盗贼、寇乱之患[6]，此杙之大者也。慈亲孝子避之者，得葬之情矣[7]。

善棺椁[8]，所以避蝼蚁蛇虫也。今世俗大乱，人主愈侈其葬[9]，则心非为乎死者虑也，生者以相矜尚也[10]。侈靡者以为荣，俭节者以为陋，不以便死为故[11]，而徒以生者之诽誉为务[12]。此非慈亲孝子之心也。父虽死，孝子之重之不怠；子虽死，慈亲之爱之不懈。夫葬所爱所重，而以生者之所甚欲[13]，其以安之也，若之何哉[14]？

对厚葬者的批判。

[注释]

[1]"古之人有藏于"三句：意思是，古代有葬在深山旷野里而得到安宁的，这并不是有珠玉国宝随葬，安葬不可不隐蔽埋葬。　[2]扣（gǔ）：掘，发掘。　[3]"故凡葬必于高陵之上"五句：意思是，葬在高陵之上，避开了狐狸、水泉的祸患，好是好，然而忘记奸邪、盗贼、匪寇的祸害，岂不是糊涂吗？　[4]瞽（gǔ）师：盲人乐师。瞽，盲人。古代多用盲人担任乐师，称瞽师。　[5]疾：急，用力。杙（yì）：木桩子。　[6]各本"奸邪"上有"狐狸水泉"四字，今据陈昌齐说删。　[7]情：实情，这里指本来的意思。　[8]椁（guǒ）：外棺，放尸体的棺材外套的大棺。　[9]人主：各本作"之主"，今据蒋维乔说改。侈：用作使动，使……奢侈。　[10]矜尚：夸耀，争为人上。　[11]便：利。故：事。　[12]务：重要的事。"侈靡者以为荣"四句意思是，奢侈靡费被认为是荣誉，俭省节约被看作是鄙陋，不把有利于死

者当回事，只把活人受到的非议、称颂作为重要的事。　[13]所甚欲：非常希望得到的东西。　[14]"夫葬所爱所重"四句：意思是，埋葬所疼爱、所尊重的人，而用活人特别想得到的东西陪葬，希望以此使死者得到安宁，结果会怎么样呢?

民之于利也，犯流矢[1]，蹈白刃，涉血絿肝以求之[2]。野人之无闻者[3]，忍亲戚、兄弟、知交以求利[4]。今无此之危，无此之丑[5]，其为利甚厚，乘车食肉，泽及子孙。虽圣人犹不能禁，而况于乱[6]？

国弥大[7]，家弥富，葬弥厚。含珠鳞施[8]，玩好货宝[9]，钟鼎壶滥[10]，舆马衣被戈剑，不可胜其数[11]。诸养生之具，无不从者[12]。题凑之室[13]，棺椁数袭[14]，积石积炭，以环其外[15]。奸人闻之，传以相告。上虽以严威重罪禁之，犹不可止。且死者弥久，生者弥疏；生者弥疏，则守者弥怠；守者弥怠而葬器如故，其势固不安矣[16]。

掘墓之事，严威重罪不可止，在于厚葬之利诱之。

此言甚为明白。厚葬愈久，死者愈不安。

[注释]

[1]犯：冒着。　[2]涉（dié）血：流血。涉，通"喋"。絿（chōu）：古"抽"字，引。或说"絿"同"鏊"。《说文》："鏊，

引击也。""民之于利也"四句意思是，百姓对于利，可以冒着飞箭，踏着利刃，流血抽肝去追求它。　[3]野人：鄙俗之人。无闻：指不知礼义。　[4]忍：残忍。亲戚：指父母。"野人之无闻者"二句意思是，不懂礼义的鄙俗之人，残忍地对待父母、兄弟、朋友去追求利。　[5]丑：耻辱。　[6]陈昌齐谓"乱"下当有"国"字，是。"虽圣人犹不能禁"二句意思是，掘墓之事，即使圣人也不能禁止，更何况混乱之国呢？　[7]弥：越。　[8]含珠：指死者口中所含的珍珠。鳞施：用玉片连缀成的葬服，其形似鱼鳞，故称"鳞施"。高诱注："鳞施，施玉于死者之体如鱼鳞也。"　[9]玩好：赏玩、嗜好的物品。　[10]钟：一种打击乐器。滥（jiàn）：通"鑑（鉴）"，大盆。　[11]胜（shēng）：尽。　[12]从：指随葬。　[13]题凑：椁室用大木累积，像有檐的房屋，木的头部都内向，称作题凑。这是古代君主的椁制，有时也赐用于大臣。题，头。凑，聚向。室：指放棺椁之处。　[14]袭：层，重（chóng）。　[15]环：环绕。"积石积炭"二句：意思是，堆积石头、木炭，环绕在棺椁之外。高诱注："石以其坚，炭以御湿。环，绕也。"　[16]"且死者弥久"六句意思是，死者死去的时间越久，活着的人对他的感情越疏远；活着的人对他的感情越疏远，守护坟墓的人就越懈怠；守护坟墓的人越懈怠，而随葬的器物依然如故，这种形势自然就不安全了。

世俗之行丧[1]，载之以大辒[2]，羽旄旌旗、如云偻翣以督之[3]，珠玉以佩之[4]，黼黻文章以饬之[5]，引绋者左右万人以行之[6]，以军制立之然后可[7]。以此观世[8]，则美矣，侈矣[9]；以

高诱注："偻，盖也。翣，棺饬也。"《说文》："翣，棺羽饰也。"段玉裁注："羽，衍文。翣者，下垂于棺两旁，如羽翼然。"

吕氏反对行丧侈靡。侈靡只为观世，非为死者虑。

此为死，则不可也。苟便于死[10]，则虽贫国劳民[11]，若慈亲孝子者之所不辞为也[12]。

[注释]

[1]行丧：举行葬礼。　[2]辒（chūn）：载灵柩的车。　[3]羽旄旌旗：泛指各种旗帜。羽旄，指用鸟羽和牦牛尾作装饰的旗帜。偻（liǔ）：盖在柩车上的饰物。翣（shà）：棺两侧的装饰物。因其上画有云气形，故称"如云偻翣"。"偻翣"又作"蒌翣""柳翣"。督：正，理。这里是整饬、装饰的意思。　[4]佩：毕本作"备"，今据元本、李本等改。　[5]黼黻：古代绘绣的花纹。黑与白相间叫黼，黑与青相间叫黻。文章：交错的彩色或花纹。青赤相配为文，赤白相配为章。饬：通"饰"，装饰。　[6]绋（fú）：牵引棺柩的绳索。古代送葬都拿着下葬用的绳索，称执绋。高诱注："绋，引棺索也。礼，送葬皆执绋。"　[7]军制：军法。立：通"涖"，临。"世俗之行丧"七句意思是，世俗之人举行葬礼，用大车装载着棺柩，插着各种旗帜，装饰着画有云气的车盖和棺饰，棺柩上佩缀着珠玉，画着各种花纹图案，左右各有万人牵着绳索前行，如此的声势，用军法管理才可以。　[8]观世：给世人看。观，用作使动。高诱注："观世，犹示人也。"　[9]侈：大，盛大。　[10]便：利。贫：用作使动。　[11]"苟便于死"三句：意思是，（厚葬）如果有利于死者，即使使国家贫困，使百姓劳苦，慈亲孝子也是不会拒绝的。

[点评]

这篇《节丧》与《安死》（本书未选入）语义相连，安死是目的，节丧是手段和做法。节丧是为了安死，是为了使死者安稳，不被掘墓者惊扰。文章说："以生人之心为死者虑也，莫如无动，莫如无发。"如何做到"无动""无发"，最好的办法是不在坟墓中放置物品，特别是贵重的物品，使掘墓者无利可图。如果"诸养生之具，无不从者"，"含珠鳞施，玩好货宝，钟鼎壶滥，舆马衣被戈剑，不可胜其数"，那么掘墓者会"犯流矢，蹈白刃，涉血盭肝以求之"，"上虽以严威重罪禁之，犹不可止"。

节丧，包含两层意思，一是安葬要节俭，一是丧事也要节俭。世俗之人对丧事极尽铺张，文章对这种行为给予了揭露和抨击。文章说："世俗之行丧，载之以大辒，羽旄旌旗、如云偻翣以督之，珠玉以佩之，黼黻文章以饬之，引绋者左右万人以行之，以军制立之然后可。以此观世，则美矣，侈矣；以此为死，则不可也。"

文章最后说，"苟便于死，则虽贫国劳民，若慈亲孝子者之所不辞为也"。这虽然是假设，但可以看出，吕氏的"节丧"，与墨子的节葬出发点是不同的，吕氏完全是站在亲情的角度，为死者考虑。

还有一点，应该指出，文章开头说，"凡生于天地之间，其必有死，所不免也"。这种对于生命的态度，较之那些一心追求长生不老的人（如后来的秦始皇），应该说是值得肯定的。

仲冬纪

长　见

五曰：

智所以相过[1]，以其长见与短见也[2]。今之于古也，犹古之于后世也；今之于后世，亦犹今之于古也。故审知今则可知古，知古则可知后，古今前后一也[3]。故圣人上知千岁，下知千岁也。

智力的差别，在于能否长见。

古今之辨，看出作者认为时代在发展。

[**注释**]

[1]过：超过，这里是差别的意思。　[2]长见：远见。短见：

见识短浅。　[3]一：一样，相同。

　　荆文王曰[1]："苋譆数犯我以义[2]，违我以礼，与处则不安[3]，旷之而不榖得焉[4]。不以吾身爵之[5]，后世有圣人，将以非不榖[6]。"于是爵之五大夫[7]。"申侯伯善持养吾意[8]，吾所欲则先我为之[9]，与处则安，旷之而不榖丧焉[10]。不以吾身远之，后世有圣人，将以非不榖。"于是送而行之[11]。申侯伯如郑[12]，阿郑君之心[13]，先为其所欲，三年而知郑国之政也[14]，五月而郑人杀之。是后世之圣人使文王为善于上世也[15]。

荆文王可谓有远见矣。

[注释]
[1]荆文王：即楚文王，春秋时期楚国国君，楚武王之子，名赀，公元前689年至前676年在位。　[2]苋譆（xiàn xī）：楚文王之臣。它书或作"管饶""管苏"。数（shuò）：屡次。　[3]与处（chǔ）：与之相处，和他在一起。　[4]旷：久。不榖：不善之人。春秋时期诸侯自我的谦称。榖，善。"苋譆数犯我以义"四句意思是，苋譆屡次用义冒犯我，用礼违背我的意志，与他相处就感到不安，时间长了我却有所收获。　[5]以：由。爵之：授予他爵位。爵，用作动词。　[6]非：责难。"不以吾身爵之"三句意思是，不由我亲自授予他爵位，后世如有圣人，将会责难

我。　[7]五大夫：爵位名。　[8]申侯伯：楚文王之臣。他书或作"申侯"。申，春秋时期小国，为楚所灭。申侯伯之事可参见《左传》僖公七年，内容与本篇有异。持养：助长、迎合。　[9]先我：在我之前。　[10]丧：失，丧失。　[11]行之：使他走，让他离开。　[12]如：往。　[13]阿：从，迎合。　[14]知：执掌，掌管。　[15]这句意思是，这是后世的圣人使楚文王在上世做善事。这是因为楚文王顾虑到后世圣人的毁誉才做善事的，所以这样说。

晋平公铸为大钟 [1]，使工听之 [2]，皆以为调矣 [3]。师旷曰 [4]："不调，请更铸之 [5]。"平公曰："工皆以为调矣。"师旷曰："后世有知音者 [6]，将知钟之不调也，臣窃为君耻之。"至于师涓而果知钟之不调也 [7]。是师旷欲善调钟，以为后世之知音者也 [8]。

> 《史记》《汉书》皆谓师涓为殷纣之乐师。

吕太公望封于齐 [9]，周公旦封于鲁，二君者甚相善也。相谓曰："何以治国？"太公望曰："尊贤上功 [10]。"周公旦曰："亲亲上恩。"太公望曰："鲁自此削矣。"周公旦曰："鲁虽削，有齐者亦必非吕氏也。"其后，齐日以大，至于霸，二十四世而田成子有齐国 [11]。鲁日以削 [12]，至于觐存 [13]，三十四世而亡。

> 周公旦与吕太公望之治国，乃王道、霸道之别。

[**注释**]

[1]晋平公：春秋时期晋国国君，晋悼公之子，名彪，公元前557年至前531年在位。　[2]工：指乐工。　[3]调（tiáo）：和谐。　[4]师旷：春秋时期晋国乐师，名旷，精通于审音辨律。因他是盲人，史书又称"瞽旷"。　[5]更：重新。　[6]知音者：指精通音律的人。　[7]师涓：春秋时期卫灵公的乐师，亦精通音律。《韩非子·十过》记载其事，谓与师旷同时，与本篇认为师涓后于师旷不同。卫灵公于公元前534年即位，距晋平公去世的前531年，仅差三年，而卫灵公去世在前493年。或平公铸钟在晋平公初年，而师涓知其不调在卫灵公晚年乎？　[8]"是师旷欲善调钟"二句：意思是，由此看来，师旷想要钟声更加和谐，是考虑到后世有精通音律的人啊。　[9]吕太公望：即太公望吕尚。吕，氏。太公望，号。　[10]上：同"尚"，崇尚。　[11]田成子：即田恒，又曰田常。齐简公四年，田恒杀简公，立简公弟骜，是为平公，田恒自立为相，齐国之政尽归田氏。　[12]曰：毕本及各本作"公"，今据蒋维乔等《汇校》改。　[13]觊：同"仅"。高诱注："觊，裁也。"裁与才通。

吴起治西河之外[1]，王错谮之于魏武侯[2]，武侯使人召之。吴起至于岸门[3]，止车而望西河，泣数行而下[4]。其仆谓吴起曰[5]："窃观公之意，视释天下若释躧[6]，今去西河而泣[7]，何也？"吴起抿泣而应之曰[8]："子不识[9]。君知我而使我毕能[10]，西河可以王。今君听谗人之议而不知我，西河之为秦取不久矣，魏从此削矣。"吴起果去魏入楚。有间[11]，西河毕入秦，秦日益大。此吴起之所先见而泣也。

[注释]

[1]吴起：战国时期卫国人，善于用兵，魏文侯用为将，守西河以拒秦。魏武侯时，遭陷害逃到楚国，辅佐楚悼王变法图强，又遭贵戚忌恨。悼王死后，宗室内乱，吴起遭射杀。西河：指山西、陕西间南北走向黄河的南段，也指战国时期魏国北部地区。 [2]王错：战国时期魏国大夫，魏武侯死后出奔韩国。谮（zèn）：说人坏话，诬陷。魏武侯：魏文侯之子，名击，公元前386年至前371年在位。公元前376年与韩、赵灭晋自立。 [3]岸门：魏邑，在今山西河津南。 [4]泣：眼泪。 [5]仆（pú）：驾驭车马的人。 [6]释：舍，舍弃。蹝（xǐ）：草鞋，也泛指鞋。 [7]去：离开。 [8]抿：通"抆（wěn）"，擦拭。 [9]识：知道。 [10]毕能：竭尽能力。 [11]有间：不久，过一段时间。

魏公叔痤疾[1]，惠王往问之[2]，曰："公叔之疾，嗟！疾甚矣[3]！将奈社稷何[4]？"公叔对曰："臣之御庶子鞅[5]，愿王以国听之也。为不能听[6]，勿使出境[7]。"王不应，出而谓左右曰："岂不悲哉？以公叔之贤，而今谓寡人必以国听鞅，悖也夫[8]！"公叔死，公孙鞅西游秦，高诱注："悖者不自知为悖，故谓不悖者为悖也。"

秦孝公听之。秦果用强^[9]，魏果用弱。非公叔痤之悖也，魏王则悖也。夫悖者之患，固以不悖为悖^[10]。

[注释]

[1] 公叔痤（cuó）：战国时期魏惠王相。毕本"痤"作"座"，今据各本改。 [2] 惠王：指魏惠王，又称梁惠王，战国时期魏国君主。魏武侯之子，名罃，公元前 369 年至前 335 年在位。问：探望，问候。 [3] 此句毕本作"公叔之病甚矣"，今据各本改。嗟（jiē）：叹词。这句意思是，公叔痤的病，唉，病得厉害了！ [4] 奈……何：对……怎么样。 [5] 御庶子鞅：即公孙鞅，又名商鞅，卫国人，初为公叔痤家臣，后入秦辅佐秦孝公变法。秦封之于商。御庶子，官名。高诱注："御庶子，爵也。鞅，卫公之孙也，故曰公孙鞅，或曰卫鞅。" [6] 为：如，如果。毕沅校云："为，《御览》作若。" [7] "臣之御庶子鞅"四句：意思是，我的家臣公孙鞅很有能力，希望您能把国政交给他治理。如果不能任用他，一定不要使他离开魏国。 [8] 悖：悖理，荒谬。 [9] 用：以，因此。 [10] "夫悖者之患"二句：意思是，那些行事谬误之人的过失，一定是把不谬误当作谬误。固，必，一定。

[点评]

长见即远见，远见是人类智慧的表现。人类智慧之所以有巨大差异，就在于有远见与没有远见。文章开宗明义："智所以相过，以其长见与短见也。"人之具有远见，是因为他们认识到，历史的发展是有规律的，是一贯的、延续的、可预见的。以今可以知古，以古又可以知后世。文章说："今之于古也，犹古之于后世也；今之于后世，亦犹今之于古也。故审知今则可知古，知古则可知后，古今前后一也。"这种对历史发展的认识，在两千多年前，是十分难能可贵的。

文章用大量历史事实有力地阐明、论证了具有远见的意义。苋嘻、申侯伯对楚文王或是以礼义规范，或是阿谀奉迎，楚文王意识到自己或有所得，或有所失，对他们采取了不同的处理方法，是考虑到后世圣人如何看待自己所做出的正确决定。师旷指出晋平公所铸钟音不和谐，也是意识到后世有人能识别出来。太公望、周公旦治理国家的不同政策，使他们预见到对方国家遇到的危机及存世的时间。吴起遭谗言被迫离开西河，预见到西河将被秦取而魏日益削弱。公叔痤临终劝魏惠王起用公孙鞅，否则就要除掉他，不要使其为他人所用。惠王不听，致使公孙鞅跑到秦国，使秦国逐步强大，而魏国日益削弱。这一切都说明具有远见的重要性。

文章最后特别指出，短见的悖误，在于他们没认识到自己的悖误，而把正确当作悖误。

序 意 (一曰廉孝)

维秦八年[1]，岁在涒滩[2]，秋甲子朔[3]。朔之日，良人请问十二纪[4]。文信侯曰[5]：尝得学黄帝之所以诲颛顼矣[6]，"爰有大圜在上，大矩在下[7]，汝能法之，为民父母。"盖闻古之清世[8]，是法天地。凡十二纪者，所以纪治乱存亡也，所以知寿夭吉凶也。上揆之天[9]，下验之地，中审之人，若此则是非、可不可无所遁矣[10]。

吕氏治国以天地为法则。

此乃全书之宗旨。

[注释]

[1]维：句首语气词。八年：指秦王政即位八年。 [2]岁：岁星，这里指太岁。太岁是古人假想的与岁星相背运行的星体，它运行一周天，正与赤道附近的十二次相合，古人用以纪年。涒滩：太岁年名，即申年。 [3]甲子朔：初一那天是甲子。古人用天干、

地支相配来纪日，这一天是甲子日。朔，夏历每月的第一天叫朔。夏历每月初一，月亮运行到太阳与地球之间，跟太阳同时出没，地球上看不到月亮，古人称作朔；每月十五那天，月亮正圆，古人称作望。按，依秦国自献公以来使用的颛顼历，秦王政八年正是岁在涒滩，即申年，且秋有甲子朔，与此文正相合。　[4]良人：君子（依高诱说）。　[5]文信侯：指吕不韦。吕不韦被封为文信侯。　[6]颛顼（zhuān xū）：古代帝王名，五帝之一，黄帝之孙。这句是说，曾经学到黄帝教诲颛顼的话。　[7]爰：句首语气词。大圜：指天。大矩：指地。高诱注："圜，天也。矩，方，地也。"[8]清世：太平之世。　[9]揆（kuí）：度量。　[10]遁：躲避，逃避。"凡十二纪者"七句是说，十二纪，是用来记载国家治乱存亡的，是用来知道寿夭吉凶的。向上度量于天，向下检验于地，中间审察于人，这样对与不对、可与不可就没有地方躲避了。这几句不止是总括十二纪，实际上是对全书纲领性的说明。

胡适以此总括吕氏的思想。

高诱注："西望，日暮也。"

　　天曰顺，顺维生[1]；地曰固，固维宁；人曰信，信维听[2]。三者咸当，无为而行。行也者，行其理也[3]，行数[4]，循其理，平其私[5]。夫私视使目盲，私听使耳聋，私虑使心狂。三者皆私设，精则智无由公[6]。智不公，则福日衰，灾日隆[7]。以日倪而西望知之[8]。

[注释]

[1]维：句中语气词。　[2]"天曰顺"六句：意思是，天要顺

行，顺行才能生万物；地要牢固，牢固万物才能安宁；人要诚信，诚信才能被听用。 [3]理：当作"数"（依陶鸿庆说）。数：指天数，天道。"行也者"二句是说，行的意思，就是实行天道。 [4]行数：当作"行其数"（依刘咸炘说）。 [5]平：正。"行数"三句是说，行天之道，循地之理，正人之私。 [6]精：甚。 [7]隆：兴盛。 [8]倪：通"睨"，斜视，这里是"斜"的意思。西望：日暮。

赵襄子游于囿中[1]，至于梁[2]，马却不肯进。青荓为参乘[3]。襄子曰："进视梁下，类有人[4]。"青荓进视梁下，豫让却寝[5]，佯为死人。叱青荓曰："去[6]，长者吾且有事[7]。"青荓曰："少而与子友，子且为大事，而我言之，是失相与友之道；子将贼吾君[8]，而我不言之，是失为人臣之道。如我者惟死为可。"乃退而自杀。青荓非乐死也，重失人臣之节，恶废交友之道也。青荓、豫让，可谓之友也。

[注释]

[1]下面一段，不当是《序意》中的文字，疑是错简。赵襄子：春秋末期晋国贵族，赵简子之子，名无恤（一作毋卹），与晋国的韩、魏两家合谋，灭掉智氏。 [2]梁：桥。 [3]青荓（píng）：赵襄子的参乘。参乘即车上的御者或武士。 [4]类：

像。　[5]却：当作"卬"（依王念孙说）。"卬"即"仰"字。　[6]去：离开。　[7]长者：豫让自称。这句是说，快离开，我将有大事（指刺杀赵襄子）。　[8]贼：杀。

[点评]

《序意》是《吕氏春秋》的序言，是对《吕氏春秋》全书的说明，但现存内容只涉及十二纪，另有它篇错简。《吕氏春秋》包括三个部分：纪、览、论。应该说，纪是全书的纲。所以《序意》讲到十二纪，也就是对全书主旨的阐明。

《序意》首先明确了《吕氏春秋》的写作时间，"维秦八年，岁在涒滩，秋甲子朔"。依高诱注为秦王政即位八年，即公元前239年。清人孙星衍认为，"岁在涒滩"，即申年，而秦王政即位六年为申年，所以当是秦王政六年（前241）。王念孙也认为当是秦王政六年。他认为"八"当是"六"字之残坏。我们认为当以高注为是，详见"导读"中相关部分。第二，明确了吕不韦是这部书的主持人或主要参与者。"朔之日，良人请问十二纪。文信侯曰"，文信侯即吕不韦，吕不韦来回答良人的问题。第三，明确了《吕氏春秋》的主旨或指导思想是法天地，"盖闻古之清世，是法天地"。具体做法是，"上揆之天，下验之地，中审之人"，要求兼顾天、地、人。"天曰顺，顺维生；地曰固，固维宁；人曰信，信维听。三者咸当，无为而行"，天、地、人都各得其所，就可以无为而行了。

有始览

有　始

一曰：

天地有始，天微以成[1]，地塞以形[2]。天地合和，生之大经也[3]。以寒暑日月昼夜知之，以殊形殊能异宜说之[4]。夫物合而成，离而生[5]。知合知成，知离知生，则天地平矣[6]。平也者，皆当察其情，处其形[7]。

说天地形成。《淮南子·天文》："气有涯垠，清阳者薄靡而为天，重浊者凝滞而为地。"

《淮南子·天文》："阴阳合和而万物生。"

[**注释**]

[1]微：指清阳之物。成：形成。　[2]塞：指重浊之物。形：形状。　[3]"天地合和"二句：意思是，天地交合是万物生成的根本。合和，交合。经，根本。高诱注："经犹道也。"　[4]宜：当，这里指适当的用处。说：解释。"以寒暑日月昼夜知之"二句意思是，（这个道理，）凭借寒暑的变化、日月的运行、昼夜的交替可以知道，凭借万物不同的形体、不同的性能、不同的用处可以知道。　[5]"夫物合而成"二句：意思是，万物交合而生成，分离而产生。　[6]平：成，形成。　[7]处：审度。"平也者"三句：意思是，万物的产生，都应该考察它们的实情，审度它们的形体。

天有九野^[1]，地有九州，土有九山，山有九塞^[2]，泽有九薮^[3]，风有八等，水有六川。

何谓九野？中央曰钧天^[4]，其星角、亢、氐^[5]；东方曰苍天^[6]，其星房、心、尾；东北曰变天^[7]，其星箕、斗、牵牛；北方曰玄天^[8]，其星婺女、虚、危、营室；西北曰幽天^[9]，其星东壁、奎、娄；西方曰颢天^[10]，其星胃、昴、毕；西南曰朱天^[11]，其星觜觽、参、东井；南方曰炎天^[12]，其星舆鬼、柳、七星；东南曰阳天^[13]，其星张、翼、轸。

何谓九州？河、汉之间为豫州^[14]，周也；两河之间为冀州^[15]，晋也；河、济之间为兖州^[16]，

传世文献首次完整记录二十八宿的名称。

卫也；东方为青州，齐也；泗上为徐州 [17]，鲁也；东南为扬州，越也；南方为荆州，楚也；西方为雍州，秦也；北方为幽州，燕也。

何谓九山？会稽 [18]、太山 [19]、王屋 [20]、首山 [21]、太华 [22]、岐山、太行、羊肠 [23]、孟门 [24]。

何谓九塞？大汾 [25]、冥阨 [26]、荆阮 [27]、方城 [28]、殽 [29]、井陉 [30]、令疵 [31]、句注 [32]、居庸。

何谓九薮？吴之具区 [33]，楚之云梦 [34]，秦之阳华 [35]，晋之大陆 [36]，梁之圃田 [37]，宋之孟诸 [38]，齐之海隅 [39]，赵之钜鹿 [40]，燕之大昭 [41]。

何谓八风？东北曰炎风，东方曰滔风，东南曰熏风，南方曰巨风，西南曰凄风，西方曰飂风 [42]，西北曰厉风，北方曰寒风。

何谓六川？河水、赤水 [43]、辽水、黑水 [44]、江水、淮水。

[注释]

[1]九野：即九天，指天的中央及八方。野，星宿所在的星空。 [2]塞（sài）：险阻。 [3]薮（sǒu）：大泽。高诱注："有水曰泽，无水曰薮。" [4]钧天：因其居中，距各方均等，故称钧天。钧，同"均"，均等。 [5]星：星宿。角、亢、氐：均为二十八

宿之一。参看《孟春》"日在营室"注。下文"房、心、尾"等皆同。 [6]苍天：东方于五行属木，木色青，所以称苍天。 [7]变天：东北方是阴气之极，阳气之始，万物从此而生，所以称变天。 [8]玄天：北方于五行属水，水色黑，所以称玄天。 [9]幽天：西北即将至太阴，所以称幽天。 [10]颢天：西方于五行属金，金色白，所以称颢天。颢，白。 [11]朱天：西南为少阳，所以称朱天。朱，阳。 [12]炎天：南方于五行属火，火性炎上，所以称炎天。 [13]阳天：东南即将至太阳（东方为太阳），所以称阳天。 [14]河：黄河。汉：汉水。 [15]两河：指清河与西河。清河在今河北境内。西河，古人称冀州西边南北流向的黄河为西河。 [16]济：济水。在今山东境内。 [17]泗：泗水。上：边。泗上指泗水流域。 [18]会稽：山名，在今浙江绍兴东南。 [19]太山：即泰山。 [20]王屋：山名，在今山西阳城西南。 [21]首山：山名，即首阳山，在今山西永济南。 [22]太华：即华山。 [23]羊肠：山名，在今山西晋城南。 [24]孟门：山名，在今陕西宜川东北。 [25]大汾：古险塞名，故址在今山西。 [26]冥阸：古险塞名，战国时期楚地，故址在今河南信阳东南。 [27]荆阮：古险塞名，战国时期楚地。 [28]方城：古险塞名，战国时期楚地，故址在今湖北竹山。 [29]殽：古险塞名，故址在今河南渑池西。 [30]井陉：古险塞名，故址在今河北井陉北。 [31]令疵：古险塞名，毕沅说即令支，《淮南子·地形》高诱注："令疵，在辽西。"即今河北滦县、迁安一带。 [32]句注：古险塞名，故址在今山西雁门关西。 [33]具区：古泽名，即今太湖。 [34]云梦：古泽名，故址在今湖北监利西北。 [35]阳华：古泽名，故址不详。一说即华阴。 [36]大陆：古泽名，故址在今河南卫辉市一带。 [37]圃田：古泽名，故址在今河南中牟西。 [38]孟诸：古泽名，故址在今河南商丘东北。 [39]海隅：古泽名，故址在今山东莱州市、沾化一带。　[40]钜鹿：古泽名，故址在今河北隆尧、巨鹿、任县一带。　[41]大昭：古泽名，故址在今山西祁县西南。　[42]飂（liú）风：西风。　[43]赤水：高诱注说发源于昆仑山东南部。　[44]黑水：高诱说发源于昆仑山西北部。

凡四海之内[1]，东西二万八千里，南北二万六千里。水道八千里，受水者亦八千里。通谷六[2]，名川六百，陆注三千[3]，小水万数。

凡四极之内[4]，东西五亿有九万七千里，南北亦五亿有九万七千里。

极星与天俱游[5]，而天枢不移[6]。冬至日行远道[7]，周行四极[8]，命曰玄明[9]。夏至日行近道[10]，乃参于上[11]。当枢之下无昼夜[12]。白民之南[13]，建木之下[14]，日中无影，呼而无响[15]，盖天地之中也。

[**注释**]
[1]四海之内：古人认为，中国四周为海，故称中国为海内。　[2]通谷：指最大的河流。　[3]陆注：疑为今之内陆河或季节河。　[4]四极：指四方之极，四方极远处。　[5]极星：指北极璇玑，又称"帝星"。与天俱游：指日月星辰围绕北天极做周日运动。　[6]天枢：指北天极。　[7]远道：日月星辰以北天极

为圆心做周日运动，太阳每年在空中划出 365 个圆形轨迹，取其中 7 个，冬至那天划出的轨迹离北天极最远，所以称作"远道"。　[8]周行四极：指太阳环行于东西南北四个极限点。　[9]玄明：大明。　[10]近道：太阳围绕北天极做周日运动，夏至那天划出的轨迹离北天极最近，所以称作"近道"。　[11]参于上：夏至日行近道，日中之时，太阳正当头顶之上。参，值。　[12]枢：天极。　[13]白民：传说中的海外国名。　[14]建木：古代传说中的一种树名，在白民国的南方。　[15]响：回声。

以人喻天地万物。

"天斟万物"三句即八览之览所取义。

天地万物，一人之身也，此之谓大同[1]。众耳目鼻口也，众五谷寒暑也，此之谓众异[2]。则万物备也。天斟万物，圣人览焉，以观其类[3]。解在乎天地之所以形[4]，雷电之所以生，阴阳材物之精[5]，人民禽兽之所安平[6]。

[注释]

[1]"天地万物"三句：意思是，天地万物，就像一个人的身体，这叫做高度一致。　[2]"众耳目鼻口也"三句：意思是，人类有各种形态的耳目口鼻，天地有各种类型的谷物气候，这叫做各种差异。　[3]斟：取而注之，斟输。"天斟万物"三句：意思是，上天降下万物，圣人观览以了解它们的类别。　[4]解在乎：解释体现在于……《吕氏春秋》多篇末尾有此语。参看"导读"。　[5]材：与"裁"同，裁制，生成。精：精微，微妙。　[6]"解在乎天地之所以形"四句：意思是，解释体现在天地之所以形成，雷电之所以发生，阴阳裁制万物的精微，人民禽兽各得其所等方面。

[点评]

有始，指天地的开始，万物的生成。这是八览的第一篇，有总领八览之义。本书的宗旨是"法天地"，故以"有始"作为八览的开篇。

本篇的主旨在于论述天地万物生成的道理。文章认为，天地万物都是由物质的精气形成，"天地有始，天微以成，地塞以形"，清扬者为天，重浊者为地。天地之气的交合与分离使万物产生，"天地合和，生之大经也"，"物合而成，离而生"。万物就是这样通过天地的交合而形成，又经过其分离而产生。它体现着古代朴素的唯物思想，这在吕氏书中是一贯的，其在《大乐》篇中做了同样的阐述："太一出两仪，两仪出阴阳。阴阳变化，一上一下，合而成章。浑浑沌沌，离则复合，合则复离，是谓天常。"本篇则是更为具体的说明。

文章从理论上阐述之后，详细地叙述了天地间天文、地理的状况。"天有九野，地有九州，土有九山，山有九塞，泽有九薮，风有八等，水有六川"，并对"九野、九州"等做出具体描写，在对"九野"的叙述中，第一次完整地记载了二十八宿的名称，文章还记录了极星以及冬至、夏至太阳运行的位置。这些都反映了古代天文学、地理学的成就。

文章结尾特别指出，"天斟万物，圣人览焉，以观其类"。"八览"之览，其义即在于此。

去 尤

三曰：

世之听者[1]，多有所尤[2]。多有所尤，则听必悖矣[3]。所以尤者多故，其要必因人所喜[4]，与因人所恶。东面望者不见西墙，南乡视者不睹北方[5]，意有所在也[6]。

人有亡铁者[7]，意其邻之子[8]。视其行步，窃铁也；颜色，窃铁也；言语，窃铁也；动作态度，无为而不窃铁也。扣其谷而得其铁[9]，他日，复见其邻之子，动作态度，无似窃铁者。其邻之子非变也，己则变矣。变也者无他，有所尤也。

旧本"扣"作"相"，明天启李鸣春谓"相疑作扣"。

[注释]

[1] 听：指凭听闻下结论。　[2] 尤：通"囿"，局限，有所蒙蔽。　[3] 悖：谬误。　[4] 要：关键。　[5] 乡（xiàng）：同"向"。　[6] 意：思想，意念。　[7] 钛（fǔ）：同"斧"，斧子。　[8] 意：疑，猜测。　[9] 扣（hú）：掘，发掘。元至正本、明李瀚本、许宗鲁本等各本"扣"作"相"，毕沅据《列子·说符》改。

　　邾之故法[1]，为甲裳以帛[2]。公息忌谓邾君曰[3]："不若以组[4]。凡甲之所以为固者，以满窍也[5]。今窍满矣，而任力者半耳[6]。且组则不然[7]，窍满则尽任力矣。"邾君以为然，曰："将何所以得组也？"公息忌对曰："上用之，则民为之矣。"邾君曰："善。"下令，令官为甲必以组。公息忌知说之行也，因令其家皆为组。人有伤之者曰[8]："公息忌之所以欲用组者，其家多为组也。"邾君不说[9]，于是复下令，令官为甲无以组。此邾君之有所尤也。为甲以组而便[10]，公息忌虽多为组，何伤也[11]？以组不便，公息忌虽无为组[12]，亦何益也？为组与不为组，不足以累公息忌之说[13]，用组之心，不可不察也。

为与不为当以实际需要为准。

［注释］

[1]邾（zhū）：古国名。周武王封颛顼之后于邾，后成为鲁国的附庸，又名邾娄，后改称"邹"。战国时为楚所灭。故址在今山东邹县东南。　[2]甲裳：战衣。帛：丝织品，绸。"邾之故法"二句意思是，邾国的旧法，制作战衣用帛缝连。　[3]公息忌：人名。　[4]组：用丝编织的绳带。　[5]窍：孔隙。"凡甲之所以为固者"二句意思是，铠甲之所以坚固，是因为连缀缝隙都被填满了。　[6]任：承受。"今窍满矣"二句意思是，现在缝隙填满了，但只承受了一半的力。　[7]且：然，然而。　[8]伤：诋毁。　[9]说（yuè）：高兴。[10]便：利，好处。　[11]伤：妨碍。　[12]各本"组"上无"为"字，今据《治要》补。　[13]累：牵连。这里是损害的意思。

鲁有恶者[1]，其父出而见商咄[2]，反而告其邻曰[3]："商咄不若吾子矣。"且其子至恶也，商咄至美也。彼以至美不如至恶，尤乎爱也。故知美之恶，知恶之美，然后能知美恶矣。《庄子》曰[4]："以瓦殶者翔[5]，以钩殶者战[6]，以黄金殶者殆[7]。其祥一也[8]，而有所殆者，必外有所重者也[9]。外有所重者泄[10]，盖内掘[11]。"鲁人可谓外有重矣。解在乎齐人之欲得金也，及秦墨者之相妒也[12]，皆有所乎尤也。

老聃则得之矣[13]，若植木而立乎独[14]，必不合于俗，则何可扩矣[15]。

[**注释**]

[1]恶：丑，相貌难看。　[2]出：外出。商咄（duō）：人名，当时以貌美著称。　[3]反：返回。　[4]这里引《庄子》，见今本《达生》，文字略有出入。　[5]瓦：瓦器。玐（zhù）：下赌注。清人洪颐煊谓为"毁"字之误。毁，古"投"字。翔：这里是安详、坦然的意思。　[6]钩：衣带钩。战：战栗，担心。　[7]殆：迷惑。　[8]祥：善。这里指投注的精巧程度。　[9]"其祥一也"三句：意思是，投注的技巧一样，用黄金投注而有所迷惑，一定是因为投注之外有所看重啊。　[10]泄：狎，亲近。　[11]内掘：内心不安。掘，不安详。　[12]齐人之欲得金、秦墨者之相妒：两事均见《先识览·去宥》。　[13]老聃：即老子。得之：懂得这个道理。　[14]植木：直立的木头。　[15]扩：扩充，指受外物干扰而心神不定。"老聃则得之矣"四句意思是，老子就懂得这个道理了，像直立的枯木而独行其是，一定与世俗不合，那又有什么内心不安呢。

[**点评**]

去尤，就是去宥（囿），意思是去除局限，去除局限所带来的过失。本文的论旨在于阐述人们的认识不得带有偏见，要去除思想上的局限，要全面认识事物。

文章开篇即阐明本文的宗旨，"世之听者，多有所尤。多有所尤，则听必悖矣"，有所局限，做事就一定悖常理，有过失。局限的产生，多由自身的主观偏见、自身的好恶所致。"所以尤者多故，其要必因人所喜，与因人所恶。"

文章紧接着用三个例证说明这个观点。"亡铁者"因怀疑其邻之子窃铁，其行步、颜色、言语、动作态度"无为而不窃铁也"。当他找到铁之后，再见邻人之子，则无似窃铁者。这是他因怀疑形成的偏见所导致的错误认识。"公息忌为组"的故事，也是因邾君对公息忌产生怀疑而导致判断的失误。鲁人因爱其子，认为至美的商咄不如其至丑之子，这是因自身的好恶完全颠倒了美丑的界限。"彼以至美不如至恶，尤乎爱也。"文章引用《庄子》的一段论述，用投注的轻重贵贱，进一步指出"有所殆者，必外有所重者也"，有所偏见，是因为太看重外物的缘故。

文章最后以老子"若植木而立乎独"为"得之"，但没有指出"去尤"的正确途径，是其不足之处。

孝行览

本　味

二曰：

求之其本，经旬必得[1]；求之其末，劳而无功。功名之立，由事之本也，得贤之化也[2]。非贤，其孰知乎事化？故曰其本在得贤。

有侁氏女子采桑[3]，得婴儿于空桑之中[4]，献之其君。其君令烰人养之[5]，察其所以然。曰："其母居伊水之上[6]，孕，梦有神告之曰：'臼出水而东走[7]，毋顾[8]！'明日，视臼出水，告

治国之本在于得贤。

其邻，东走十里而顾，其邑尽为水，身因化为空桑[9]。故命之曰伊尹[10]。"此伊尹生空桑之故也。长而贤。汤闻伊尹，使人请之有侁氏，有侁氏不可。伊尹亦欲归汤，汤于是请取妇为婚[11]。有侁氏喜，以伊尹媵女[12]。故贤主之求有道之士，无不以也[13]；有道之士求贤主，无不行也[14]。相得然后乐[15]。不谋而亲，不约而信，相为殚智竭力[16]，犯危行苦[17]，志欢乐之。此功名所以大成也。固不独[18]，士有孤而自恃，人主有奋而好独者[19]，则名号必废熄，社稷必危殆[20]。故黄帝立四面[21]，尧、舜得伯阳、续耳然后成[22]。

媵，古字作俗。

[注释]

[1]"求之其本"二句：意思是，凡事，找到其根本，经过十天必有所获。旬，十日。　[2]"功名之立"三句：意思是，功名的建立，是遵循事物的根本，得到贤人的教化。化，指教化。　[3]有侁（shēn）氏：古部族名。又作"有莘氏"。　[4]空桑：中空的桑树。　[5]烰（fú）人：庖人。烰，通"庖"。　[6]伊水：水名，即伊河，源出河南卢氏，东北流入洛河。　[7]走：快跑。　[8]毋：不要。顾：回头看。　[9]因：于是。　[10]命：取名。伊尹：因其生于伊水，故取名伊尹。尹，治事者。伊尹又名挚，后为汤臣。　[11]取：娶。婚：结为婚姻。古代妇家为婚，婿家

为姻。《说文》："婚，妇家也。""姻，婿家也。" [12]媵女：作为嫁女的随行臣仆。媵，随嫁，陪嫁。"以伊尹媵女"，元至正本、明李瀚本、许宗鲁本等各本皆作"以伊尹为媵送女"。"媵"，《说文》作"侅"，云"吕不韦曰有侁氏以伊尹侅女"。段玉裁谓："《本味篇》……'为、送'二字乃后人所妄增。"毕沅校本据段氏说删之。 [13]以：用。 [14]行：做。"故贤主之求有道之士"四句：意思是，贤主寻找有道之士，没有不用的方法；有道之士寻找贤主，没有不做的事。 [15]相得：指贤主与有道之士相互得到，即贤主得到有道之士，有道之士得到贤主。 [16]殚：竭尽。这里用作动词，用尽。 [17]危：危难。苦：勤苦。 [18]固：本来，必定。 [19]奋：自矜，自负。 [20]"固不独"五句：意思是，（贤主与有道之士）本来不孤独，如果士孤傲而自恃，贤主自负而好独，那么名号一定会毁灭，国家一定会危险。 [21]立四面：任用四方的贤才。 [22]伯阳、续耳：传说中尧时的贤人。

凡贤人之德，有以知之也[1]。伯牙鼓琴[2]，钟子期听之[3]。方鼓琴而志在太山[4]，钟子期曰："善哉乎鼓琴！巍巍乎若太山[5]。"少选之间[6]，而志在流水[7]，钟子期又曰："善哉乎鼓琴！汤汤乎若流水[8]。"钟子期死，伯牙破琴绝弦，终身不复鼓琴，以为世无足复为鼓琴者。非独琴若此也，贤者亦然。虽有贤者，而无礼以接之[9]，贤奚由尽忠？犹御之不善，骥不自千里也[10]。

须以礼待贤者。

[注释]

[1]"凡贤人之德"二句：意思是，大凡贤人的品德，是有办法知道的。有以，有办法。 [2]伯牙：春秋时期楚国人，善于弹琴。鼓：弹奏。 [3]钟子期：春秋时期楚国人。姓钟，名期，子是对男子的通称。 [4]志在太山：志向在登大山。太山，大山。 [5]巍巍乎：高大的样子。 [6]少选：须臾，一会儿。 [7]志在流水：志向在流水不停。 [8]汤汤（shāng shāng）乎：水流大的样子。 [9]接：接待。 [10]"虽有贤者"五句：意思是，即使有贤人，而不用礼去对待他，贤人如何尽忠？这如同驭手不佳，千里马也不会自己跑千里啊。御，驾驭车马的人。骥，千里马。

高诱注："用火熟食，或炽或微，治除臊腥，胜去其臭，故曰'必以其胜'也。齐和之节，得其中适，故曰'无失其理'也。"

高诱注："射者望毫毛之近而中艺于远也，御者执辔于手，调马口之和而致万里，故曰'若射御之微'也。"

汤得伊尹，祓之于庙[1]，爝以爟火[2]，衅以牺猳[3]。明日，设朝而见之。说汤以至味[4]，汤曰："可得而为乎[5]？"对曰："君之国小，不足以具之，为天子然后可具。夫三群之虫[6]，水居者腥，肉玃者臊[7]，草食者膻。臭恶犹美[8]，皆有所以[9]。凡味之本，水最为始[10]。五味三材[11]，九沸九变，火为之纪[12]。时疾时徐，灭腥去臊除膻，必以其胜，无失其理[13]。调和之事，必以甘酸苦辛咸，先后多少，其齐甚微[14]，皆有自起[15]。鼎中之变[16]，精妙微纤，口弗能言，志弗能喻，若射御之微[17]，阴阳之化[18]，四时之数[19]。故久而不弊[20]，熟而不烂[21]，甘而不噮^[22]，酸而不酷，咸而不减^[23]，辛而不烈，澹而不薄^[24]，肥而不䐑^[25]。肉之美者，猩猩之唇，獾獾之炙^[26]，嶲燕之翠^[27]，述荡之擘^[28]，旄象之约^[29]，流沙之西^[30]，丹山之南^[31]，有凤之丸^[32]，沃民所食^[33]。鱼之美者，洞庭之鱄^[34]，东海之鲕^[35]，醴水之鱼^[36]，名曰朱鳖，六足、有珠、百碧^[37]。雚水之鱼^[38]，名曰鳐^[39]，其状若鲤而有翼，常从西海夜飞游于东海^[40]。菜之美者，昆仑之蘋^[41]，寿木之华^[42]。指姑之东^[43]，中容之国^[44]，有赤木玄木之叶焉^[45]。余瞀之南^[46]，南极之崖^[47]，有菜，其名曰嘉树，其色若碧。阳华之芸^[48]，云梦之芹^[49]，具区之菁^[50]。浸渊之草^[51]，名曰土英。和之美者^[52]，阳朴之姜^[53]，招摇之桂^[54]，越骆之菌^[55]，鳣鲔之醢^[56]，大夏之盐^[57]，宰揭之露^[58]，其色如玉，长泽之卵^[59]。饭之美者^[60]，玄山之禾^[61]，不周之粟^[62]，阳山之穄^[63]，南海之秬^[64]。水之美者，三危之露^[65]，昆仑之井^[66]，沮江之丘^[67]，名曰摇水^[68]，白山之水^[69]，高泉之山^[70]，其上有涌泉焉，冀州之原^[71]。果之美者，沙棠之实^[72]。常山之

所论甚合烹饪之理。

高诱注："翠，厥也。"《说文》："髖，髀骨也。"高注"厥"当为"髖"之古字。王筠《说文句读》云："厥当为古文假借字，髖则后起之专字。""在鸟曰翠，在人及兽曰髖。"《礼记·内则》"舒雁翠"郑玄注："翠，尾肉也。"

北[73]，投渊之上[74]，有百果焉，群帝所食[75]。箕山之东[76]，青鸟之所[77]，有甘栌焉。江浦之橘[78]，云梦之柚，汉上石耳[79]。所以致之者[80]，青龙之匹[81]，遗风之乘[82]。非先为天子，不可得而具。天子不可强为，必先知道。道者止彼在己[83]，己成而天子成，天子成则至味具。故审近所以知远也，成己所以成人也。圣王之道要矣[84]，岂越越多业哉[85]！"

欲具至味，必先为天子，为天子必先知道，知道在于自身之修养。

[注释]

[1]祓（fú）：为去灾求福而举行的仪式。庙：祖庙。　[2]爝（jué）：束苇为炬，燃炬祓除不祥。爟（guàn）火：祓除不祥的火。　[3]衅（xìn）：用牲血涂祭器。牺猳（jiā）：祭祀时用的纯色雄猪。牺，祭祀时用的纯色牲畜。猳，同"豭"，公猪。《说文》："豭，牡豕也。" [4]至味：最好的美味。　[5]得：各本作"对"，今据毕沅校说改。毕沅云："对字讹，当作得。" [6]三群之虫：指下文所说的水居者、肉玃者、草食者。群，群居。虫，泛指各种动物。　[7]玃：通"攫（jué）"，用爪抓取。　[8]臭（xiù）：气味。犹：可，可以。《诗经·魏风·陟岵》毛传："犹，可也。" [9]所以：办法。"臭恶犹美"二句：意思是，气味不好可以变好，都有一定的方法。　[10]"凡味之本"二句：意思是，调和五味的根本，第一是如何用水。　[11]五味：指甘、酸、苦、辛、咸。三材：指水、木、火。　[12]纪：纲纪，这里是节制、调节的意思。高诱注："纪犹节也。品味待火然后成，故曰火为之节。" [13]理：

指火候适中。"时疾时徐"四句意思是，用火烹制食物，或用大火，或用微火，去除腥臊味、膻味，全靠火候，一定要适中。　　[14]齐（jì）：剂量，调剂。后写作"剂"。　　[15]皆有自起：意思是，都有一定的规定，都很讲究。　　[16]鼎：这里指煮肉的器具。变：指鼎中食物生熟、味道的变化。　　[17]射御之微：指射技、御技的精妙，可以中的、致远。　　[18]阴阳之化：指阴阳调和而成万物。　　[19]四时之数：指春生、夏长、秋收、冬藏之功效。　　[20]弊：败，坏。　　[21]烂：指烹饪过了火候。　　[22]噮（yuàn）：各本作"哝"，今据毕沅校说改。噮，甜味过甚。　　[23]减：损。这里指减损食物的原味。　　[24]澹：同"淡"，指味道清淡。　　[25]脄（hóu）：字书无此字。据高诱对上几句注"言皆得其中适"，"肥而不脄"即肥而不腻的意思。　　[26]雚（guàn）雚：鸟名。《山海经·南山经》作"灌灌"。炙：通"跖"（依王念孙说），鸟的脚掌。　　[27]巂（guī）燕：各本作"隽觾"，今据毕沅校说改。巂燕，鸟名。翠：鸟尾肉。　　[28]述荡：兽名。《山海经·大荒南经》作"跊踢"。擘（wàn）：同"腕"，这里指兽的小腿。　　[29]旄：兽名，旄牛。约：指短尾（依毕沅说）。毕沅《新校正》谓宋玉《招魂》"土伯九约"王逸注"约，屈也"之"屈"当为"屦"之讹，《玉篇》："屦，短尾也。"　　[30]流沙：古地名，在敦煌西。　　[31]丹山：古地名，在南方。　　[32]丸：卵。　　[33]沃民：沃民国，在西方。　　[34]洞庭：即今洞庭湖。鱄（fù）：鱼名。　　[35]鲕（ér）：鱼名。　　[36]醴水：水名，在湖南西北部。　　[37]有珠：指此鱼能吐出珠子。百碧：疑为"青碧"之误（依郝懿行说）。碧，青玉。　　[38]雚（guàn）水：古水名，在西方。　　[39]鰩（yáo）：鱼名。　　[40]高诱说其乘云气而飞。　　[41]蘋（pín）：一种水生野菜。　　[42]寿木：昆仑山上的树，传说食其果可以不死。华：古"花"字，这里指其果实。高诱注："寿木，昆仑山上木也。华，实也。食其实者不死，故曰'寿木'。" [43]指姑：即姑余，山名，在东南方。 [44]中容之国：古代方国名。 [45]赤木、玄木：树名，其叶可食，食之可成仙。 [46]余瞀（mào）：传说中南方山名。 [47]崖：边，旁。 [48]阳华：山名。芸：菜名。 [49]云梦：大泽，战国时期在楚国。芹：一种水生野菜。 [50]具区：泽名，即今太湖。菁：菜名。 [51]浸渊：古泽名。 [52]和：调和，这里指调和五味的调料。 [53]阳朴：地名，传说在今蜀地。 [54]招摇：山名。高诱注"在桂阳"。 [55]越骆：当作"骆越"（依孙人和说）。骆，越的别名。《后汉书·马援传》"自后骆越奉行马将军故事"李贤注："骆者，越别名。"菌：同"箘"，竹笋。 [56]鳣（zhān）：即鲟鳇鱼。鲔（wěi）：即鲟鱼。醢（hǎi）：肉酱。高诱注："无骨曰醢，有骨曰臡（ní）。" [57]大夏：古泽名，或说是山名，传说在西北方。 [58]宰揭：古山名。 [59]长泽：古泽名，传说在西方。 [60]饭：指粮食。 [61]玄山：古山名，其处不详。 [62]不周：传说中山名，在昆仑西北。 [63]阳山：指昆仑山之南。山南为阳，山北为阴。穄（jì）：不粘的黍子，也叫穈子。 [64]秬（jù）：黑黍。 [65]三危：古山名，传说在西方。 [66]井：泉。 [67]沮江：水名。 [68]摇水：古水名。 [69]白山：山名。一说即天山，因常年积雪而得名。 [70]高泉：古山名，传说在西方。 [71]原：水源。 [72]沙棠：果木名，生于昆仑山。 [73]常山：即北岳恒山，在今河北北部与山西交界处。 [74]投渊：水名。上：旁。 [75]群帝：众帝。指已升天之古代帝王。 [76]箕山：山名，传说尧时许由隐居于此。在今河南登封东南。 [77]青鸟之所：青鸟所居之处，在昆仑山之东。 [78]浦：滨，边。 [79]汉：汉水。石耳：菜名。 [80]所以致之者：各本"者"上有"马之美"三字，今据俞樾说删。致之，使之至，指运来这些水果。 [81]青龙：骏马名。 [82]遗风：

骏马名。　[83]止：疑为"亡"之误（依俞樾说）。彼：他人。亡彼在己，不在别人而在自己。　[84]要：约，简约。　[85]越越：用力的样子（依王念孙说）。业：事。

[**点评**]

本味，意思是追求至味时要务求其本。文章以此为喻，阐述治理国家也要务求其本。治国之本是什么？"其本在得贤"。要得贤，必先知贤、礼贤。

文章明确提出论旨之后，用大量例证反复说明之。汤知伊尹贤，伊尹亦欲归汤，最后用媵女的方式得到伊尹。"贤主之求有道之士，无不以也；有道之士求贤主，无不行也。相得然后乐。"通过伯牙与钟子期的故事，说明"虽有贤者，而无礼以接之，贤奚由尽忠"的道理。伊尹说汤以至味的故事，说明必先为天子才能使至味俱具；而"天子不可强为，必先知道"；道就在己，"己成而天子成，天子成则至味具"。

伊尹所言至味，为我们保存了丰富的古代饮食文化的资料。一是讲到三群之虫的特性及烹饪方法，调和之事，水、火最为重要，"凡味之本，水最为始"，"九沸九变，火为之纪"。鼎中的变化甚为精妙，"鼎中之变，精妙微纤，口弗能言，志弗能喻"。二是详细列举了古代的各种食物之美者，如肉之美者、鱼之美者、菜之美者、和之美者、饭之美者、水之美者、果之美者。这些对后人研究古代物产及饮食文化是非常珍贵的史料，具有重要的价值。

慎大览

慎　大

一曰：

贤主愈大愈惧，愈强愈恐。凡大者，小邻国也[1]；强者，胜其敌也。胜其敌则多怨，小邻国则多患。多患多怨，国虽强大，恶得不惧[2]？恶得不恐？故贤主于安思危，于达思穷[3]，于得思丧[4]。《周书》曰[5]："若临深渊，若履薄冰[6]。"以言慎事也[7]。

至理名言。

[**注释**]

[1] 小：用作使动，使……小。　[2] 恶（wū）：何，怎么。得：能。　[3] 达：显达，显贵。穷：困窘。　[4] 丧：失，失去。　[5]《周书》：当是古逸书。高诱说"周文公所作也"。　[6] 此二句见于今本《诗经·小雅·小旻》，"若"作"如"。履：踩，踏。　[7] 以：此。

《左传》闵公元年："天子曰兆民。"

桀为无道，暴戾顽贪[1]，天下颤恐而患之[2]，言者不同，纷纷分分[3]，其情难得。干辛任威[4]，凌轹诸侯[5]，以及兆民[6]。贤良郁怨，杀彼龙逢[7]，以服群凶[8]。众庶泯泯[9]，皆有远志，莫敢直言，其生若惊[10]。大臣同患，弗周而畔[11]。桀愈自贤，矜过善非[12]，主道重塞，国人大崩[13]。汤乃惕惧[14]，忧天下之不宁，欲

卢文弨云，汤以伊尹为间谍。

令伊尹往视旷夏[15]，恐其不信，汤由亲自射伊尹[16]。伊尹奔夏三年，反报于亳[17]，曰："桀迷惑于末嬉[18]，好彼琬琰[19]，不恤其众[20]。众志不堪，上下相疾[21]，民心积怨，皆曰：'上天弗恤，夏命其卒[22]。'"汤谓伊尹曰："若告我旷夏尽如诗[23]。"汤与伊尹盟，以示必灭夏。伊尹又复往视旷夏，听于末嬉[24]。末嬉言曰："今昔天子梦西方有日[25]，东方有日，两日相与斗，西

方日胜，东方日不胜。"伊尹以告汤。商涸旱，汤犹发师，以信伊尹之盟[26]。故令师从东方出于国西以进[27]。未接刃而桀走，逐之至大沙[28]。身体离散，为天下戮。不可正谏[29]，虽后悔之，将可奈何？汤立为天子，夏民大说，如得慈亲，朝不易位[30]，农不去畴[31]，商不变肆[32]，亲郼如夏[33]。此之谓至公，此之谓至安，此之谓至信。尽行伊尹之盟，不避旱殃，祖伊尹世世享商[34]。

[**注释**]

[1]顽：贪婪。 [2]颤：惊。 [3]纷纷：混乱的样子。分分：疑当作"介介"（依王念孙说）。介介，怨恨。 [4]干辛：夏桀的谀臣。任：放纵。 [5]凌轹（lì）：欺压，侵犯。轹，本指车轮碾轧，这里指欺压。 [6]兆民：天子治下之民，泛指天下之民。 [7]龙逢（páng）：夏桀的忠臣。 [8]凶：同"讻"，争辩。群讻，指诤谏的群臣。 [9]众庶：泛指大臣及百姓。泯泯：混乱的样子。 [10]其生若惊：指民众生活像受了惊吓，不得安生。 [11]弗周：不亲附。周，亲附。畔：同"叛"，叛离。 [12]矜过善非：夸耀过错，以错为善。矜，自夸。善，用作意动，以……为善。 [13]大崩：崩溃，离散。 [14]惕（tì）惧：恐惧。 [15]旷夏：大国夏。旷，大。 [16]"恐其不信"二句：意思是，汤恐怕夏不信任伊尹，于是扬言要亲自射杀伊尹，使伊尹获罪而奔夏。 [17]亳（bó）：古邑名，商汤的都城。在今河南偃师。 [18]末嬉：古有施氏之女，嫁给桀，深得桀宠

信。　[19] 琬琰（yǎn）：本为美玉，此指桀的两个宠妾。　[20] 恤：忧恤，顾惜。　[21] 疾：怨恨。　[22] 卒：尽，终结。"上天弗恤"二句意思是，上天不顾惜它，夏国的寿数就要终结了。　[23] 若：第二人称代词，你。诗：指上文"上天弗恤，夏命其卒"有韵之文。　[24] 听于末嬉：被末嬉听信，即取得末嬉的信任。　[25] 昔：夜。　[26] 信：通"申"，申明，实行。　[27] 这句意思是，汤命令军队从东方绕到夏桀的国都之西再进军。汤的都城亳在夏桀国都的东边，为应和末嬉梦中所见，所以绕到桀的西边再进攻。国，指夏桀的国都。　[28] 大沙：古地名，盖即南巢，《尚书·仲虺之诰》："成汤放桀于南巢。"在今安徽巢县西南。　[29] 不可正谏：不接受劝谏。正，通"证"，谏。　[30] 位：指朝中的官位。　[31] 畴：田亩。　[32] 肆：店铺。　[33] 郼（yī）：汤做天子之前的国名。这句意思是，夏民亲近殷商如同亲近自己的国家一样。　[34] 祖：对始建立功业者的尊称。享：指享受祭祀。这句意思是，因为伊尹为商建立了大功业，所以世世代代享受祭祀。

《礼记·乐记》云："封帝尧之后于祝。"郑玄注："祝或为铸。"

《礼记·乐记》："封黄帝之后于蓟。"《水经注·漯水》云："昔周武王封尧后于蓟。"

遗老指前朝臣民。此义吕氏书为始见。

　　武王胜殷，入殷，未下舆[1]，命封黄帝之后于铸[2]，封帝尧之后于黎[3]，封帝舜之后于陈。下舆，命封夏后之后于杞[4]，立成汤之后于宋，以奉桑林[5]。武王乃恐惧，太息流涕[6]，命周公旦进殷之遗老，而问殷之亡故，又问众之所说、民之所欲[7]。殷之遗老对曰："欲复盘庚之政[8]。"武王于是复盘庚之政，发巨桥之粟[9]，赋鹿台之钱[10]，以示民无私。出拘救罪，分财弃责[11]，以振穷困[12]。封比干之墓[13]，靖箕子之宫[14]，表商容之闾[15]，士过者趋[16]，车过者下。三日之内，与谋之士，封为诸侯，诸大夫赏以书社[17]，庶士施政去赋[18]。然后济于河，西归报于庙[19]。乃税马于华山[20]，税牛于桃林[21]，马弗复乘，牛弗复服[22]。帱鼓旗甲兵[23]，藏之府库，终身不复用。此武王之德也。故周明堂外户不闭[24]，示天下不藏也。唯不藏也，可以守至藏[25]。

高诱注："税，释也。"《尔雅·释诂》："税，舍也。"

《礼记·礼运》："故外户而不闭，是谓大同。"孔颖达疏："扉从外闭也。"

酷似道家言。

[注释]

[1] 轝（yú）：同"舆"，车。　[2] 铸：古国名。故址在今山东肥城。或作"祝"。盖传闻不同。　[3] 黎：古国名，故址在今北京城西北。或作"蓟"。亦传闻有异。　[4] 夏后：指夏的君主禹。后，君。杞：古国名，故址在今河南杞县。　[5] 桑林：商汤祈祷之所。　[6] 太息：长叹。涕：眼泪。　[7] "命周公旦进殷之遗老"三句：意思是，武王命令周公旦进献殷国的旧臣民，问他们殷国灭亡的原因，又问民众喜欢什么，希望得到什么。　[8] 盘庚：汤九世孙，使殷商中兴的君主。　[9] 巨桥：粮仓名，纣储粮于此。故址在今河北曲周东北。　[10] 赋：布施。鹿台：钱库名，纣储钱于此。　[11] 责（zhài）：债款。后写作"债"。　[12] 振：救济。高诱注："振，救也。矜寡孤独曰穷，无衣食曰困。"　[13] 封：堆土使高大。比干：纣之忠臣，因谏纣王而被杀，武王为表彰他的忠心，故而将他的坟墓整修高大。　[14] 靖：通"旌"，彰，彰明。箕子：商纣庶叔，比干被杀，箕子佯狂为奴。宫：室。　[15] 表：

标记，这里用作动词。商容：殷之贤人，因劝谏被纣废黜。间：闾里。　[16]士：疑当为"徒"之讹（依俞樾说）。徒，徒步。　[17]书社：古代二十五家为社，册籍上书写全社人姓名，称为"书社"。这里指一定数量的土地和人口。　[18]庶士：一般的士人。施政：通"弛征"（依孙锵鸣说），减轻赋税。　[19]西归：指回到丰镐。庙：指文王庙。　[20]税：舍，释放。华山：此指阳华山，在今陕西商洛南。　[21]桃林：古地域名，在今河南灵宝以西、陕西潼关以东。　[22]服：役使。　[23]衅（xìn）：古代一种祭祀，杀牲并用其血涂抹钟鼓、兵器等器物。　[24]明堂：天子理政之处。外户：从外面关闭的门。　[25]至藏：指至德，最高、最完美的品德。"唯不藏也"二句意思是，只有不私藏，才能够保守最高的品德。

　　武王胜殷，得二虏而问焉，曰："若国有妖乎[1]？"一虏对曰："吾国有妖，昼见星而天雨血[2]，此吾国之妖也。"一虏对曰："此则妖也，虽然，非其大者也[3]。吾国之妖甚大者，子不听父，弟不听兄，君令不行，此妖之大者也。"武王避席再拜之。此非贵虏也，贵其言也。故《易》曰："愬愬履虎尾[4]，终吉。"

此乃殷灭亡之原因。

　　赵襄子攻翟[5]，胜老人、中人[6]，使使者来谒之，襄子方食抟饭[7]，有忧色。左右曰："一朝而两城下，此人之所以喜也，今君有忧色，何也[8]？"襄子曰："江河之大也[9]，不过三日[10]。

飘风暴雨[11]，日中不须臾[12]。今赵氏之德行，无所于积[13]，一朝而两城下，亡其及我乎？"孔子闻之曰："赵氏其昌乎！"

赵襄子在胜利时能有警觉，故而能昌盛。

[注释]

[1]若：第二人称代词，你。妖：指怪异之事。　[2]见（xiàn）：出现。雨（yù）：降落。血：指像血一样的东西。　[3]"此则妖也"三句：意思是，这些诚然是怪异的事，即使如此，还不能算大的怪异。　[4]愬（sù）愬：恐惧的样子。引用这两句在于告诫君主行事要谨慎小心。今本《周易·履》作"履虎尾愬愬，终吉"。　[5]赵襄子：春秋末年晋卿，赵简子之子无恤。翟（dí）：春秋末期国名。《国语·晋语九》作"赵襄子使新稚穆子伐狄"，当是。　[6]老人、中人：翟国的两座城邑。老人，《国语》《列子》等作"左人"。　[7]抟饭：做成团的饭。　[8]"也"字各本脱，今据孙人和说补。　[9]大：这里指涨水。　[10]"江河之大也"二句：意思是，长江、黄河涨水，不过三天就会消退。　[11]飘风：旋风，疾风。这句《列子·说符》作"飘风暴雨不终朝"。《老子》有"飘风不终朝，骤雨不终日"，此句下似当有"不终朝"三字为是。　[12]日中不须臾：意思是，日中之时，转瞬即过。《周易》说："日中则仄。"　[13]无所于积：无所积聚。

夫忧所以为昌也，而喜所以为亡也[1]。胜非其难者也，持之其难者也[2]。贤主以此持胜，故其福及后世。齐荆吴越，皆尝胜矣，而卒取亡，

吕氏看到，秦胜六国已非难事，然持有天下乃其难事。唯有道之主能持胜。

不达乎持胜也^[3]。唯有道之主能持胜。孔子之劲^[4]，举国门之关^[5]，而不肯以力闻。墨子为守攻^[6]，公输般服^[7]，而不肯以兵知^[8]。善持胜者，以术强弱^[9]。

[注释]

[1]"夫忧所以为昌也"二句：意思是，忧虑可以导致昌盛，而喜乐可以招来灭亡。　[2]"胜非其难者也"二句：意思是，胜利不是困难的事，保持胜利才是困难的。持，守，保持。　[3]"齐荆吴越"四句：意思是，齐国、楚国、吴国、越国都曾经取得过胜利，而最后都灭亡了，这是不晓得保持胜利的道理啊。卒，最终。达，通达，通晓。　[4]劲（jìng）：坚强有力。　[5]关：门栓。　[6]墨子：墨翟，墨家创始人。　[7]公输般：战国时期巧匠。　[8]知：各本作"加"，今据孙志祖说改。楚王欲攻打宋国，要公输般为之造云梯，墨子前往劝阻。公输般九次攻城，墨子九次击退他；公输般守城，墨子九次攻下他。这表明墨子善于攻城、守城，公输般叹服，而墨子不肯以知晓用兵闻于天下。　[9]强：用作使动，使……强。"善持胜者"二句意思是，善于保持胜利的人，能有办法使弱者变得强大。

[点评]

慎大，意思是在强大时要谨慎。本篇主旨在于要求君主在胜利和强大面前要保持谨慎的心态，要"愈大愈惧，愈强愈恐"，要"若临深渊，若履薄冰"。

文章列举商汤、周武王、赵襄子的例子，从几个角度说明慎大的内涵。一是顺民意，以民为本。商汤战胜夏桀后，"汤立为天子，夏民大说，如得慈亲，朝不易位，农不去畴，商不变肆，亲郼如夏"；武王胜殷，"于是复盘庚之政，发巨桥之粟，赋鹿台之钱，以示民无私"。二是于安思危，于得思丧。赵襄子战胜老人、中人而有忧色，说："一朝而两城下，亡其及我乎？"

　　文章开始所云"凡大者，小邻国也；强者，胜其敌也。胜其敌则多怨，小邻国则多患"，只能在某些情况下如此，并不能作为普遍规律。

　　"胜非其难者也，持之其难者也。"吕不韦此论，是对当时战争形势的判断，是对秦统一六国后如何行事敲响的警钟，也是对历代开国君主的一种告诫。

214

下　贤

三曰：

有道之士，固骄人主[1]；人主之不肖者，亦骄有道之士。日以相骄[2]，奚时相得[3]？若儒墨之议与齐荆之服矣[4]。

贤主则不然。士虽骄之，而己愈礼之，士安得不归之？士所归，天下从之，帝[5]。帝也者，天下之适也[6]；王也者，天下之往也[7]。得道之人，贵为天子而不骄倨[8]，富有天下而不骋夸[9]，卑为布衣而不瘁摄[10]，贫无衣食而不忧慑[11]。狠乎其诚自有也[12]，觉乎其不疑有以也[13]，桀乎其必不渝移也[14]，循乎其

中国士人之性，一语道破。

贤主于士，士愈骄愈礼之，此乃来士之法。

与阴阳化也[15]，忽忽乎其心之坚固也[16]，空空乎其不为巧故也[17]，迷乎其志气之远也[18]，昏乎其深而不测也[19]，确乎其节之不庫也[20]，就就乎其不肯自是[21]，鹄乎其羞用智虑也[22]，假乎其轻俗诽誉也[23]。以天为法，以德为行[24]，以道为宗[25]。与物变化而无所终穷，精充天地而不竭，神覆宇宙而无望[26]。莫知其始，莫知其终，莫知其门，莫知其端，莫知其源[27]。其大无外，其小无内[28]。此之谓至贵。士有若此者，五帝弗得而友[29]，三王弗得而师，去其帝王之色[30]，则近可得之矣[31]。

> 此段全用韵语。

> 无内无外，道无所不在。

[注释]

[1]固：固然，本来。骄：傲慢，看不起人。　[2]相骄：互相傲视。　[3]奚时：何时。相得：指相投。　[4]儒墨之议：指儒、墨相互诽议。齐荆之服：指齐国、楚国相互不服。　[5]帝：其上似有脱文。"士所归"三句意思是，士人所归附，天下之人会跟随他们，这样就可以成就帝业。　[6]"帝也者"二句：帝，是天下人所亲附的。"适"字上当有"所"字。这里是用声训来说明意义，古音帝、适都是锡部字，声音相近。　[7]这两句也是用声训，王、往，古韵同属阳部，声母同为喻三，声音相近。"往"字上当有"所"字。　[8]倨：傲，傲慢。　[9]骋：放纵。夸：自大，夸耀。　[10]布衣：指平民百姓。瘁：忧伤。摄：用作动词，

感到屈辱。　[11]慑:恐惧。　[12]狠:同"恳",诚恳。自有:指有道,得到大道。　[13]觉:悟,彻悟。有以:有原因。这句意思是,得道之人,大彻大悟,遇事不疑,是有原因的。　[14]桀:突出。渝:改变。　[15]循:顺,遵循。这句意思是,得道之人,遵循大道,与阴阳一起变化。　[16]忽(cōng)忽:明白的样子。　[17]空空:诚实的样子。巧故:欺诈之事。　[18]迷:通"弥"(依俞樾说),远。　[19]昏:暗,此为幽深。测:尽。言深不可尽。　[20]确:刚强,坚定。庳(bēi):低下。这句意思是,得道之人,意志坚定,节操高尚不低下。　[21]就(yóu)就:犹豫的样子。这里指行事谨慎。[22]鹄:通"浩",大。这句意思是,得道之人,光明正大,羞于运用智谋。　[23]假:通"遐(xiá)",远。　[24]行(xíng):品行。这个意义旧读xìng。　[25]宗:根本。　[26]无望:望不到边际,没有边际。以上自"得道之人"至此,都是歌颂和赞美得道之人的高尚品德、广阔胸怀、精神境界。　[27]"莫知其始"五句:是说"得道之人"所具有的"道",没有谁知道它们的开始,没有谁知道它们的终极,没有谁知道它们的门径,没有谁知道它们的开端,没有谁知道它们的起源。　[28]"其大无外"二句:意思是,道大到没有外延,小到没有内核。这是说道无所不在。　[29]友:用作动词,指与之交友。下文"师"用法同。　[30]去:去掉。帝王之色:指帝王尊贵的神态。　[31]"去其帝王之色":是说只有去掉帝王尊宠的神色,才能够以贤人为师为友。

尧为天子,而不骄得道之布衣,礼贤如是,可谓至公。

尧不以帝见善绻[1],北面而问焉[2]。尧,天子也;善绻,布衣也。何故礼之若此其甚也[3]?善绻,得道之士也。得道之人,不可骄也。尧论其德行达智而弗若[4]，故北面而问焉。此之谓至公。非至公其孰能礼贤？

周公旦，文王之子也，武王之弟也，成王之叔父也。所朝于穷巷之中，瓮牖之下者七十人[5]。文王造之而未遂[6]，武王遂之而未成，周公旦抱少主而成之[7]。故曰成王不唯以身下士邪？

齐桓公见小臣稷[8]，一日三至弗得见。从者曰："万乘之主，见布衣之士，一日三至而弗得见，亦可以止矣。"桓公曰："不然，士骜禄爵者[9]，固轻其主，其主骜霸王者，亦轻其士。纵夫子骜禄爵，吾庸敢骜霸王乎[10]？"遂见之，不可止。世多举桓公之内行[11]，内行虽不修，霸亦可矣。诚行之此论[12]，而内行修，王犹少[13]。

桓公对君主与士人的分析，十分到位。

[注释]

[1]善绻（quǎn）：尧时的贤人，得道之士。　[2]北面：面向北。古代以面向南为尊，故而天子面南而坐，臣子面北而朝。尧见善绻，不以天子的身份，只面北而问，表示对善绻的尊重。　[3]何故礼之若此其甚也：为什么如此过分地礼遇他呢？　[4]论：衡量，判断。这句意思是，尧衡量自己的德行智慧不如善绻。　[5]瓮牖：用破瓮遮蔽窗户，形容穷困简陋。　[6]造：

始，开始。遂：成。指完成礼贤下士的事。　[7]抱：指侍奉。少
主：指周成王。周成王即位时年幼，周公旦临朝听政，完成礼
贤下士的事。　[8]小臣稷：春秋时期齐国隐士，复姓小臣，名
稷。　[9]骜：通"傲"，傲视。　[10]庸：何，怎么。"士骜禄
爵者"六句意思是，士人傲视爵禄的，自然傲视君主；君主傲视
霸王的，也轻视士人。纵使小臣稷傲视爵禄，我怎么敢傲视霸王
呢？　[11]内行：指私生活。　[12]诚：果真。　[13]"诚行之此论"
三句：意思是，果真按上边所说去做，而私生活又好，就是称王
也还不止呢！

　　子产相郑[1]，往见壶丘子林[2]，与其弟子坐
必以年[3]，是倚其相于门也[4]。夫相万乘之国而
能遗之[5]，谋志论行而以心与人相索[6]，其唯子
产乎[7]！故相郑十八年，刑三人，杀二人。桃
李之垂于行者[8]，莫之援也[9]；锥刀之遗于道者，
莫之举也[10]。

子产相郑，郑
国之太平景象。

　　魏文侯见段干木[11]，立倦而不敢息。反见
翟黄[12]，踞于堂而与之言[13]。翟黄不说，文侯
曰："段干木官之则不肯[14]，禄之则不受；今女
欲官则相位，欲禄则上卿[15]。既受吾实[16]，又
责吾礼[17]，无乃难乎[18]！"故贤主之畜人也[19]，
不肯受实者其礼之。礼士莫高乎节欲，欲节则令

魏文侯取得功
名的根本，在于礼
士。

行矣[20]。文侯可谓好礼士矣。好礼士，故南胜荆于连堤[21]，东胜齐于长城[22]，虏齐侯，献诸天子，天子赏文侯以上闻[23]。

［注释］

[1]子产：春秋时期郑国相国公孙侨，字子产。　[2]壶丘子林：郑国高士，复姓壶丘，名子林。　[3]年：年齿，年龄。指按年龄长幼排座次。　[4]是：此。倚：置。"子产相郑"四句意思是，子产做郑国相的时候，去拜见壶丘子林，与壶丘子林的弟子坐，一定按照年龄排序，这是把相国的尊贵放到门外了。　[5]遗之：指遗弃相国的架子。　[6]索：求索，探讨。　[7]"夫相万乘之国而能遗之"三句：意思是，辅佐万乘之国，能够扔掉相国的架子，谈论志向，议论品行，用真心与人探讨，大概只有子产能做到吧！　[8]行（háng）：道路。　[9]援：引，攀拉。　[10]举：拾取。　[11]魏文侯：战国时期魏国始立之侯，公元前446至前396年在位。段干木：战国时期魏国隐士。　[12]反：同"返"，返回。翟黄：魏文侯时的上卿。　[13]踞：即"箕踞"，古代一种不礼貌的坐法。坐时，臀部与两腿着地，状似簸箕，故称"箕踞"，简称"踞"。　[14]官之：给他官做。下文"禄之"即给他俸禄。　[15]"段干木官之则不肯"四句：意思是，段干木，让他做官而不肯做，给他俸禄而不接受；现在你想做官就身居相位，想得到俸禄就有上卿之爵。　[16]实：指官位和爵禄。　[17]责：求，要求。　[18]无乃：表示反问，大约相当于现在的"恐怕"。"既受吾实"三句意思是，你既然接受了我给予的官位和爵禄，又要求对你以礼相待，恐怕很难吧。　[19]畜：养，这里指对待。　[20]"礼士莫高乎节欲"二句：意思是，礼遇士人没有比

节制私欲更好的了，能节制私欲，命令就可以实行了。 [21]连堤：楚国地名。 [22]长城：指齐国境内的长城。 [23]上闻：指始立为侯，其名可以上闻于天子。

[**点评**]

下贤，意思是礼贤下士。君主只有尊贤礼士，才能得到贤士的辅助，才能成就王业、霸业。

文章用大量篇幅赞美有道之士的道德节操，他们不把贵贱贫富放在心上，他们"以天为法，以德为行，以道为宗。与物变化而无所终穷，精充天地而不竭，神覆宇宙而无望"。文章阐明贤士与君主的关系，"有道之士，固骄人主；人主之不肖者，亦骄有道之士"，骄有道之士的君主是不肖之主。而贤明的君主，"士虽骄之，而己愈礼之"。这样，士怎能不归顺呢？士归顺了，天下随之归顺，这样，君主方可成就王霸之业。

文章点明论旨，并进行理论阐述之后，又列举历代帝王、君主及贤相礼遇有道之士的事例进一步加以论证，帝尧北面见善绻，周公旦抱少主朝穷巷，齐桓公一日三次拜见小臣稷，子产以弟子身份往见壶丘子林，魏文侯见段干木立倦不敢息等等，说明礼贤重在心诚至公及去帝王之色。

察　今

八曰：

上胡不法先王之法[1]？非不贤也，为其不可得而法[2]。先王之法，经乎上世而来者也，人或益之[3]，人或损之[4]，胡可得而法？虽人弗损益，犹若不可得而法[5]。东夏之命[6]，古今之法，言异而典殊[7]。故古之命多不通乎今之言者，今之法多不合乎古之法者。殊俗之民，有似于此。其所欲同[8]，其所为异。口惛之命不愉[9]，若舟车衣冠滋味声色之不同。人以自是，反以相诽。天下之学者多辩，言利辞倒[10]，不求其实，务以相毁，以胜为故[11]。先王之法，胡可得而法？虽可得，犹若不可法。

反复论述先王之法不可法。

［注释］

[1]上：指君主。胡：何，为什么。法：前"法"字为动词，效法。后"法"字为名词，法规，法令。　[2]为：因为。不可得：不可能。　[3]益：增加。　[4]损：减少。　[5]犹若：仍然。　[6]东：指东夷，东方的少数民族。夏：指华夏，中原各国。命：名，指事物的名称。　[7]言异：语言不同。典：指典章制度。　[8]各本"所"下有"为"字，今据陶鸿庆说删。　[9]口惽（wěn）：同"口吻"。命：指名称。口惽之命，指各方言口语中的命名。愉：通"谕"（依杨树达说），晓谕，理解。这句意思是，各地方言口语中事物的名称不同，很难听懂。　[10]利：犀利。倒：颠倒。　[11]故：事。"天下之学者多辩"五句意思是，天下的学者多善于辩论，言语犀利，辞令颠倒，不求符合实际，只要互相诋毁，以取胜对方为能事。

凡先王之法，有要于时也^[1]，时不与法俱至^[2]，法虽今而至，犹若不可法。故择先王之成法^[3]，而法其所以为法^[4]。先王之所以为法者，何也？先王之所以为法者，人也，而己亦人也。故察己则可以知人，察今则可以知古。古今一也，人与我同耳。有道之士，贵以近知远，以今知古，以所见知所不见^[5]。故审堂下之阴^[6]，而知日月之行，阴阳之变；见瓶水之冰，而知天下之寒，鱼鳖之藏也；尝一脟肉^[7]，而知一镬之味^[8]，一

法要于时，必与时俱进。

《淮南子·说山》"脟"作"脔"。

鼎之调^[9]。

[注释]

[1]要于时：合乎时代需要。要，合。　[2]时不与法俱至：时代没有和法一起流传下来。　[3]择：通"释"，舍，舍弃。成法：现成的法律，旧法。　[4]法其所以为法：效法他制定法律的依据。　[5]各本"以"下有"益"字，今据陶鸿庆说删。　[6]阴：阴影，即太阳和月亮照物的影子。　[7]臠（luán）：通"脔"，切成块的肉。　[8]镬（huò）：古代烹煮食物的器具，与鼎同类。有足的叫鼎，无足的叫镬。　[9]调：调和。

荆人欲袭宋，使人先表澭水^[1]。澭水暴益^[2]，荆人弗知，循表而夜涉^[3]，溺死者千有余人，军惊而坏都舍^[4]。向其先表之时可导也^[5]，今水已变而益多矣，荆人尚犹循表而导之，此其所以败也。今世之主法先王之法也，有似于此。其时已与先王之法亏矣^[6]，而曰此先王之法也而法之，以此为治^[7]，岂不悲哉？

水益而仍循表夜涉，此喻守先王之成法，不知变化，甚为贴切。

[注释]

[1]表：标记，这里用作动词，做标记。澭水：古水名，故道已淤塞，当在今河南境内。　[2]暴益：突然涨水。　[3]循：沿着。涉：蹚水过河。　[4]军惊而坏都舍：军队惊慌好像城中的房舍倒塌一样。而，如。坏，坍塌。　[5]向：从前。可导：可以沿着标

记过河。　[6] 亏：通"诡"（依王念孙说），异。　[7] 毕本脱"此"字，今据元至正本、张登云本、姜璧本补。

故治国无法则乱，守法而弗变则悖，悖乱不可以持国。世易时移，变法宜矣。譬之若良医，病万变，药亦万变。病变而药不变，向之寿民[1]，今为殇子矣[2]。故凡举事必循法以动[3]，变法者因时而化，若此论则无过务矣[4]。夫不敢议法者，众庶也[5]；以死守法者[6]，有司也[7]；因时变法者，贤主也。是故有天下七十一圣[8]，其法皆不同。非务相反也，时势异也。故曰良剑期乎断，不期乎镆铘[9]；良马期乎千里，不期乎骥骜[10]。夫成功名者，此先王之千里也。

至理名言。

能因时变法，是为贤主。

《说文》："骥，千里马也。""骜，骏马也。"

[注释]

[1] 寿民：长寿之民。　[2] 殇（shāng）子：未成年而死者。　[3] 举事：做事，行事。这里指施行政事。　[4] 过务：错事。务，事。　[5] 众庶：众人，指百姓。庶，众。　[6] 各本"守"下脱"法"字，依毕沅校语补。　[7] 有司：有关官吏。　[8] 七十一圣：指古代七十一位君主。圣，圣人，这里指君主。　[9] 期：期望。镆铘：宝剑名。　[10] 骥、骜：皆骏马、千里马。

楚人有涉江者，其剑自舟中坠于水，遽契其

舟^[1]，曰："是吾剑之所从坠^[2]。"舟止，从其所契者入水求之^[3]。舟已行矣，而剑不行，求剑若此，不亦惑乎？以故法为其国^[4]，与此同。时已徙矣，而法不徙，以此为治，岂不难哉？

有过于江上者，见人方引婴儿而欲投之江中，婴儿啼。人问其故，曰："此其父善游。"其父虽善游，其子岂遽善游哉^[5]？以此任物^[6]，亦必悖矣。荆国之为政，有似于此。

反复强调法必与时俱进。

[**注释**]

[1]遽（jù）：迅速，急忙。契（qì）：刻。 [2]是吾剑之所从坠：这是我的剑掉下水的地方。 [3]求：寻找。 [4]各本"以"下有"此"字，今据王念孙、许维遹说删。 [5]岂遽：岂，难道。 [6]各本脱"以"字，今据王念孙、许维遹说补。

[**点评**]

察今，即考察当今社会。这篇文章旨在阐发因时变法的思想，强调治国立法要顺应时代的变化，主张法后王，而否定法先王。

法度对于一个国家是十分重要的，治国无法则乱。但法度不能一成不变，而要与时俱进。

文章反复论述法与时的关系。先王之法是适应时代产生的，"先王之法，有要于时也"，"天下七十一圣，其法皆不同。非务相反也，时势异也"。七十一圣的先王之法，适应时势的变化而有所变化。贤明的君主，是因时变法的，"治国无法则乱，守法而弗变则悖，悖乱不可以持国"。由此进一步论述先王之法为什么不可法，"先王之法，经乎上世而来者也，人或益之，人或损之，胡可得而法？虽人弗损益，犹若不可得而法"。更主要的是，"时不与法俱至，法虽今而至，犹若不可法"，先王的法度流传至今，而时代没有与法俱至，时代变化了，所以不能再用先王之法。要"择先王之成法，而法其所以为法"，即舍弃先王现成的法度，而效法他制定法度的依据，这个依据就是时势。

文章列举各种事例说明因循守旧、不知变化会造成恶果。如："譬之若良医，病万变，药亦万变。病变而药不变，向之寿民，今为殇子矣。"再如，循表涉澭、刻舟求剑、引婴投江等都是因为墨守成规、不知变化而招致的失误。在这几则寓言之后，作者都与时事相联系，"循表涉澭"之后说，"今世之主法先王之法也，有似于此"，"以此为治，岂不悲哉"。"刻舟求剑"之后说，"以故法为其国，与此同。时已徙矣，而法不徙，以此为治，岂不难哉"。"引婴投江"之后说，"荆国之为政，有似于此"。文章的结论是，"世易时移，变法宜矣"。

从这篇讲述变法的文章中，我们似乎嗅到了吕不韦要改变秦国旧法的气息。

审分览

审　分

一曰：

凡人主必审分[1]，然后治可以至，奸伪邪辟之涂可以息[2]，恶气苛疾无自至[3]。夫治身与治国，一理之术也。今以众地者[4]，公作则迟，有所匿其力也[5]；分地则速，无所匿迟也[6]。主亦有地，臣主同地，则臣有所匿其邪矣[7]，主无所避其累矣[8]。

凡为善难，任善易[9]。奚以知之？人与骥俱走[10]，则人不胜骥矣；居于车上而任骥[11]，则

以地为喻，明君臣不可同为一事。

以人骥为喻，明人主不可为人臣之事。

骥不胜人矣。人主好治人官之事[12]，则是与骥俱走也，必多所不及矣。夫人主亦有居车[13]，无去车，则众善皆尽力竭能矣，谄谀诐贼巧佞之人无所窜其奸矣[14]，坚穷廉直忠敦之士毕竞劝骋骛矣[15]。人主之车，所以乘物也[16]。察乘物之理，则四极可有[17]。不知乘物，而自怙恃[18]，奋其智能[19]，多其教诏，而好自以[20]，若此则百官恫扰[21]，少长相越[22]，万邪并起，权威分移，不可以卒[23]，不可以教，此亡国之风也。

[注释]

[1]审分：明察君臣的职分。分，名分，职分。　[2]涂：道路，途径。此义后来多作"途"。息：灭，消失。这里指堵塞。　[3]苛疾：恶病。无自：无从。　[4]今以众地：如果用众人耕种土地。今，如果。地，用作动词，耕种土地。　[5]匿：隐匿。"今以众地者"三句：意思是，如果用众人种地，大家一起耕作就迟缓，是因为可以隐匿力气。　[6]"分地则速"二句：意思是，分给个人耕作就迅速，是因为不会隐匿力气而有所迟缓了。　[7]邪：私。　[8]累：负累，烦劳。　[9]任善：任用善人。　[10]走：跑。这句意思是，人和千里马一起跑。　[11]任骥：指驾驭千里马。　[12]人官：官吏。　[13]毕本"居车"作"车居"，今据各本乙正。居车，居于车上。下文"去车"，指下车，离开车。　[14]诐（bì）贼：邪僻，邪恶。窜：藏匿。　[15]坚穷：刚强困窘。敦：敦厚。毕：尽。劝：勉励。骋骛：用力奔跑。这里指竭力效劳。　[16]乘：载，装

载。“人主之车”二句意思是，君主的车是用来载物的。 [17] 四极：四方边远之地。“察乘物之理”二句意思是，明察载物的道理，四方边远之地都可占有了。 [18] 怙恃：依仗，凭借。 [19] 奋：毕本及各本作“夺”，今据陈昌齐、王念孙等说改。奋，矜恃，矜夸。 [20] 自以：自用，凭自己的意图行事。 [21] 恫（dòng）：恐惧。扰：乱，骚乱。 [22] 相越：相互超越界限。少长相越，指长幼失序。 [23] 卒：终，止。

王良之所以使马者[1]，约审之以控其辔[2]，而四马莫敢不尽力。有道之主，其所以使群臣者亦有辔。其辔何如？正名审分，是治之辔已[3]。故按其实而审其名，以求其情；听其言而察其类，无使放悖[4]。夫名多不当其实，而事多不当其用者，故人主不可以不审名分也。不审名分，是恶壅而愈塞也[5]。壅塞之任，不在臣下，在于人主。尧舜之臣不独义[6]，汤禹之臣不独忠，得其数也[7]；桀纣之臣不独鄙[8]，幽厉之臣不独辟[9]，失其理也[10]。

此喻甚为恰当。

［注释］

[1] 王良：春秋时期晋国善于驾驭马的人。所以使马：驾驭马的方法。 [2] 约审之：简要了解马的习性。约，简要。控：控制，操纵。辔：马缰绳。 [3] “正名审分”二句：意思是，辨正名称，

详察职分,这是君主掌控臣下的缰绳。已,句末语气词。　[4]放:放纵。悖:悖逆。　[5]"不审名分"二句:意思是,不详察名称与职分,这是厌恶壅闭反而更加堵塞。壅,壅闭。　[6]尧舜之臣不独义:尧舜的臣下不只有懂义的。意思是,尧舜的臣下也有不懂义的。独,只,仅。　[7]得其数:指驾驭得法。数,术,方法。"尧舜之臣不独义"三句意思是,尧舜的臣下不全是仁义的,汤禹的臣下不全是忠诚的,尧舜禹汤之所以能成就王业,是因为他们驾驭臣下的方法得当啊。　[8]鄙:鄙陋。　[9]辟:同"僻",邪僻。　[10]失其理:失去对臣下的治理。

百官名分不定、职责不分,专用威怒刑罚,则必乱。

今有人于此,求牛则名马 [1],求马则名牛,所求必不得矣,而因用威怒,有司必诽怨矣,牛马必扰乱矣。百官,众有司也;万物,群牛马也。不正其名,不分其职,而数用刑罚 [2],乱莫大焉。夫说以智通而实以过悗 [3];誉以高贤而充以卑下 [4];赞以洁白而随以污德 [5];任以公法而处以贪枉 [6];用以勇敢而堙以罢怯 [7]。此五者,皆以牛为马、以马为牛,名不正也。故名不正,则人主忧劳勤苦,而官职烦乱悖逆矣。国之亡也,名之伤也,从此生矣。白之顾益黑 [8],求之愈不得者,其此义邪!

[注释]

[1]求：找，寻找。名：称，称名。　[2]数（shuò）：屡次，频繁。　[3]说：谈论。智通：智慧通达。过：当为"遇"之讹。遇，通"愚"，愚昧（依王念孙说）。悗（mán）：迷惑。这句意思是，谈论一个人智慧通达而他实际上愚昧迷惑。　[4]充：实。这句意思是，赞誉一个人高尚贤德而他实际上卑鄙低下。　[5]污德：污秽的品德。这句意思是，称赞一个人品德清白而他随之表露出污德。　[6]任：委任。公法：国法。这句意思是，委任一个人执行国法而他却贪赃枉法。　[7]用：任用。埋（yīn）：堵塞，充塞。罢：通"疲"，疲弱。这句意思是，一个人凭勇敢得到任用而内心却充斥疲弱怯懦。　[8]白之顾益黑：想使它白反而更黑。顾，反而。

故至治之务[1]，在于正名。名正则人主不忧劳矣，不忧劳则不伤其耳目之主[2]。问而不诏[3]，知而不为[4]，和而不矜[5]，成而不处[6]，止者不行[7]，行者不止，因形而任之[8]，不制于物，无肯为使[9]，清静以公，神通乎六合[10]，德耀乎海外[11]，意观乎无穷[12]，誉流乎无止。此之谓定性于大湫[13]，命之曰无有[14]。故得道忘人，乃大得人也[15]，夫其非道也[16]？知德忘知，乃大得知也[17]，夫其非德也？至知不几，静乃明几也，夫其不明也[18]？大明不小事，假乃理事也，夫其不假也[19]？莫人不能，全乃备能也，

高诱注："好问而行之，不自专独为教诏。"

此言为君之道在于正名而无为。

夫其不全也[20]？是故于全乎去能，于假乎去事，于知乎去几，所知者妙矣[21]。若此则能顺其天，意气得游乎寂寞之宇矣，形性得安乎自然之所矣[22]。全乎万物而不宰[23]，泽被天下而莫知其所自姓[24]，虽不备五者，其好之者是也。

徐灏《说文注笺》："姓之本义谓生，故古通作生。其后因生以赐姓，遂为姓氏字。"

[注释]

[1]至治之务：国家大治的根本事务。务，事。　[2]耳目之主：耳目之性。高诱注："主犹性也。"　[3]诏：上对下命令。这句意思是，（君主）询问臣下意见而不独断下诏令。以下几句都是针对君主而言。　[4]知而不为：知道如何做而不亲自去做。　[5]和：调和，协调。矜：自夸。这句意思是，能协调外物而不自夸。　[6]处：居，指居功。这句意思是，成功而不居功。　[7]行：用作使动，使之行。这句是说，静止的东西不让它运动。下句类此，运动的东西不让它停止。　[8]形：形态，特点。任：任用，利用。这句意思是，依据外物的特点去利用它。　[9]无肯为使：不为物役（依陶鸿庆说），不被外物役使。　[10]六合：指天地四方。　[11]海外：指四海之外，与"六合"都是极言广大。　[12]意：意念，思想。　[13]性：命。大湫（qiū）：大的空洞。湫，空洞。　[14]无有：无形，指"道"言。道无形，故曰"无有"。　[15]"故得道忘人"二句：意思是，得道则无为，无为则忘人；无为而得治，众皆仰慕，所以能大得人。　[16]夫（fú）：指示代词，相当于"彼"。其：语气词，表反问。也：句末语气词，表反问。这句意思是，那怎么不算道呢？下文"夫其非德也"等，句式与此同。　[17]"知德忘知"二句意思是，自知有德，不在

乎让人知道，人皆仰慕，所以更能为人所知。　[18]"至知不几（jī）"三句：意思是，大智慧不亲自察看，安静处之，就如同明察了。那怎么不算明呢？几，察。　[19]"大明不小事"三句：意思是，圣明之人不亲力亲为，凡大事才去处理。那怎么不算大呢？小，似为衍文（谭戒甫说）。　[20]"莫人不能"三句：意思是，真人不事事皆能，多所用人，能力就齐备了。那怎么不算全呢？莫，疑当作"真"（俞樾说）。真人，即得道之人。　[21]"是故于全乎去能"四句：意思是，多所用人就不必事事皆能，能做大事就不必亲力亲为，有大智慧就不用处处察看，这样，所知就微妙了。妙，微妙。高诱注："妙，微也。"　[22]"若此则能顺其天"三句：意思是，像这样，就能顺应天性，意念可以遨游在寂寞的宇宙中了，身心可以安适在天然处所中了。　[23]宰：主宰。　[24]所自姓：从何处来。姓，毕本作"始"，元本等各本皆作"姓"，毕径改而未言所据，今从元本等各本。

[**点评**]

本篇讲述君主要正名审分，也就是要摆正君臣的名分关系。

文章反复强调："人主必审分，然后治可以至。""至治之务，在于正名。"可见，审分正名对于君主是何等重要。审分正名是国家大治的根本要务，只有做好审分正名，国家大治才可能实现。

文章用耕作的众地与分地和人与骥俱走等事例，说明君臣各有职分，要各司其职，人主不能好治人官之事。文章又以王良使马为例，说明人主不可以不审名分，"不审名分，是恶壅而愈塞也"。审分正名是驾驭臣下的关键。

"所以使马者，约审之以控其辔，而四马莫敢不尽力"，"有道之主，其所以使群臣者亦有辔。其辔何如？正名审分，是治之辔已"。如何审分正名，文中说："按其实而审其名，以求其情；听其言而察其类，无使放悖。"这就是审分正名的方法。

人主做到审分正名则不忧劳，不忧劳则不伤其耳目之性，如此，"则能顺其天，意气得游乎寂寞之宇矣，形性得安乎自然之所矣"。

本篇综合了道家、法家、名家等各家思想，浑然一体，充分体现了吕氏"虚君实臣"的政治主张。

勿 躬

四曰：

人之意苟善，虽不知，可以为长。故李子曰[1]："非狗则不得兔，兔化而狗，则不为兔[2]。"人君而好为人官，有似于此[3]。其臣蔽之[4]，人时禁之[5]；君自蔽，则莫之敢禁。夫自为人官，自蔽之精者也[6]。被簪日用而不藏于箧[7]，故用则衰[8]，动则暗[9]，作则倦[10]。衰、暗、倦，三者非君道也。

高诱注："作君而好治人官职，似兔化而为狗也。"

高诱注："举动作臣安社稷利民之事，未必能独当，是自见蒙暗也。"

人君而为人官之事，则必衰、暗、倦，此决非为君之道。

[注释]

[1]李子：指战国初期法家代表人物李悝。他曾任魏文侯相，主持变法，使魏国成为当时的强国。　[2]"非狗则不得兔"三句：意思是，没有狗就不能捕获兔子，兔子要变成狗，与狗一样，就不能捕到兔子了。　[3]"人君而好为人官"三句：意思是，君

主如果做应该由官吏做的事，与这种情况很类似。就是说，君主与臣下一样（反过来也就是臣下与君主一样）了，君主也就没有臣下可以驾驭了。而，若，如果。人官，官吏。　[4]蔽：蒙蔽。　[5]时：不时，不断。　[6]精：甚。高诱注："精，甚。"　[7]袯篲（fú huì）：扫帚。篋（qiè）：箱子。扫帚每天要用，所以不藏在箱子里。　[8]用则衰：指君主思虑人臣之事，心智就会衰竭。　[9]动则暗：指君主亲为人臣之事，就会被蒙蔽而昏暗。　[10]作则倦：指君主亲做人臣之事，就会疲惫不堪。

《淮南子·修务》："苍颉作书。"又曰："史皇产而能书。"高诱注："史皇，苍颉，生而见鸟迹，知著书，故曰史皇，或曰颉皇。"

此为虚君之义也。君养其神、修其德而已矣。

　　大桡作甲子[1]，黔如作虏首[2]，容成作历[3]，羲和作占日[4]，尚仪作占月[5]，后益作占岁[6]，胡曹作衣[7]，夷羿作弓[8]，祝融作市[9]，仪狄作酒[10]，高元作室[11]，虞姁作舟[12]，伯益作井[13]，赤冀作臼[14]，乘雅作驾[15]，寒哀作御[16]，王冰作服牛[17]，史皇作图[18]，巫彭作医[19]，巫咸作筮[20]。此二十官者，圣人之所以治天下也[21]。圣王不能二十官之事，然而使二十官尽其巧，毕其能，圣王在上故也。圣王之所不能也，所以能之也；所不知也，所以知之也[22]。养其神、修其德而化矣，岂必劳形愁虑弊耳目哉[23]？是故圣王之德，融乎若月之始出[24]，极烛六合[25]，而无所穷屈[26]；昭乎若日之光，变化万物，而无所不行[27]；神合乎太一[28]，生无所屈，而意不可障[29]；精通乎鬼神，深微玄妙。而莫见其形。今日南面[30]，百邪自正，而天下皆反其情[31]，黔首毕乐其志[32]，安育其性，而莫为不成。故善为君者，矜服性命之情[33]，而百官已治矣，黔首已亲矣，名号已章矣[34]。

[注释]

[1]大桡（náo）：传说中黄帝之臣，始创甲子纪日。作：始，始作。　[2]黔如：当是人名，其事不详。虏首：当作"蔀首"（依毕沅校语）。蔀首，古代历法，十九年七闰，称作"章"；四章为蔀，一蔀七十六年，其最初一年的冬至为起算点，称为"蔀首"。　[3]容成：传说中黄帝之臣，始创历法。　[4]羲和：传说中黄帝之臣，掌管天文历法。占日：观察太阳的运行，作为制定历法的根据。　[5]尚仪：也作"常仪"，相传为娵訾氏女，帝喾妃，始占月之晦朔弦望。占月：观察月亮的运行规律，以制定历法。　[6]后益：相传为尧舜时东夷族首领。后，君，君主。占岁：观察岁星运行的情况，以制定历法。　[7]胡曹：传说中黄帝之臣，衣服的创制者。　[8]夷羿：又称"后羿"，相传为夏代东夷族首领，弓箭的发明者。　[9]祝融：颛顼氏之后，曾为高辛氏火官，死后被尊为火神。市：市肆，市场。《古史考》认为"神农作市……祝融修市"。　[10]仪狄：夏禹时人，相传为酒的创制者。　[11]高元：何时人不详，相传为房室的创制者。　[12]虞姁（xū）：何时人不详，相传为舟船的创制者。　[13]伯益：又称"伯翳""柏翳"，舜之臣，又助禹治水，舜赐姓嬴，为嬴姓始祖。　[14]赤

冀：相传为伏羲氏之臣，创制杵臼。一说为黄帝之臣。　[15]乘雅：一作"乘杜"。相传发明用马驾车。　[16]寒哀：一作"韩哀"。相传发明驾驭的技术。　[17]冰：疑当作"亥"（王国维说）。王亥，相传发明用牛驾车。　[18]史皇：即苍颉，相传为黄帝的史官，创制文字。图：图画，与文字同体。　[19]巫彭：传说中的神医。《山海经·海内西经》："开明东有巫彭。"郭璞注："神医也。"　[20]巫咸：相传为商王太戊的大臣，发明用蓍草占卜。筮：用蓍草占卜。　[21]"此二十官者"二句：意思是，这二十位能人，是圣王用来治理天下的依靠。二十官，指上文所讲二十位能人。　[22]"圣王之所不能也"四句：意思是，圣王不能做的，有办法能做到；不知道的，有办法能知道。按，圣王之所以能做到这一点，在于用人，使人尽其智、毕其能。　[23]虑：毕本及各本脱，今据许维遹说补。劳形愁虑：劳苦身形，忧愁思虑。弊：损伤。　[24]融乎：明亮的样子。月：毕本作"日"，元本及各本皆作"月"，毕误改，今依元本及各本。　[25]极：尽，遍。烛：照，照耀。　[26]无所穷屈：没有尽头。穷屈，尽，竭。　[27]"昭乎若日之光"三句：意思是，他光明像太阳的光芒，化育万物，没有做不到的。昭乎，光明的样子。　[28]太一：即"道"，创造并充满天地万物的精气。　[29]"神合乎太一"三句：意思是，精神与道融合，天性无所屈折，而意念无所障蔽。　[30]南面：指君主面南而治。[31]反其情：指恢复原来的本性。[32]黔首：秦人对百姓的称呼。　[33]矜：恭谨。服：顺应。　[34]章：彰明，彰显。

　　管子复于桓公曰[1]："垦田大邑[2]，辟土艺粟[3]，尽地力之利，臣不若甯速[4]。请置以为大田[5]。登降辞让，进退闲习[6]，臣不若隰朋[7]，请置以为大行[8]。蚤入晏出[9]，犯君颜色，进谏必忠，不辟死亡，不重贵富，臣不若东郭牙[10]，请置以为大谏臣[11]。平原广域[12]，车不结轨[13]，士不旋踵[14]，鼓之[15]，三军之士视死如归，臣不若王子城父[16]，请置以为大司马[17]。决狱折中[18]，不杀不辜，不诬无罪，臣不若弦章[19]，请置以为大理[20]。君若欲治国强兵，则五子者足矣[21]；君欲霸王，则夷吾在此。"桓公曰："善。"令五子皆任其事，以受令于管子。十年，九合诸侯，一匡天下[22]，皆夷吾与五子之能也。管子，人臣也，不任己之不能，而以尽五子之能，况于人主乎？人主知能不能之可以君民也[23]，则幽诡愚险之言无不职矣[24]，百官有司之事毕力竭智矣[25]。五帝三王之君民也，下固不过毕力竭智也[26]。夫君人而知无恃其能勇力诚信，则近之矣。

管仲知人，亦知己，知己之不足与长处，故可成大事。

管仲任五子而一匡天下，在于桓公任管仲也。

[注释]

[1]复：回复，禀告。　[2]大：扩大。　[3]辟：开辟。艺：种植。　[4]甯（nìng）速：即甯戚。春秋时期卫国人，为人

挽牛车至齐，饭牛而歌，对齐桓公讲治理境内的办法，桓公拜
为大夫。　[5]大田：官名，田官之长。　[6]闲习：熟练。闲，
通"娴"。　[7]隰（xí）朋：齐大夫，帮助管仲辅佐齐桓公成就
霸业。　[8]大行：官名，负责接待宾客。《周礼》称为"大行
人"。　[9]蚤：通"早"。晏：晚。　[10]东郭牙：齐桓公之臣。
本书《审应览·重言》记东郭牙事，其时为役者。　[11]大谏臣：
官名，掌进谏事。　[12]域：原作"城"，据毕沅校语改。广域，
广阔的区域。　[13]结：交结，交错。车不结轨，指兵车行进有序，
车轨没有交错。车两轮间曰轨。　[14]士不旋踵：士兵不调转方
向逃跑。旋，转，调转方向。踵，脚后跟。　[15]鼓：动词，击
鼓。古代击鼓表示进攻。　[16]王子城父：齐桓公之臣。　[17]大
司马：官名，掌管军事。　[18]决狱：判决狱讼。折中：调解诉讼，
使不偏颇。　[19]弦章：齐桓公之臣。　[20]大理：官名，法
官，掌管狱讼。　[21]五子：指甯速等五人。　[22]匡：正，匡
正。　[23]能不能：上"能"字用作使动，使不能为能，即把不
能转化为能。　[24]幽：隐蔽。诡：诡诈。愚：欺骗。险：险恶。职：
通"识"，辨识。　[25]"人主知能不能之可以君民也"三句：意
思是，君主知道把不能转化为能可以统治百姓，那么，就可以辨
识隐蔽、诡诈、欺骗、险恶的言论了，各种官吏对他们职掌的事
情就可以尽力竭智了。　[26]下：指臣下。固：本来。"五帝三王"
二句：意思是，五帝三王治理百姓时，臣下本来不过尽力竭智
而已。

凡君也者，处平静，任德化，以听其要[1]。
若此则形性弥赢[2]，而耳目愈精；百官慎职，而
莫敢愉綖[3]；人事其事，以充其名[4]。名实相保，

之谓知道。

[注释]

[1]"凡君也者"四句：意思是，凡是当君主的，处于平静之中，用德教化人民，治理根本的事务。听，治理。　[2]赢：毕本及各本皆作"嬴"，今据王念孙说改。赢，充盈。赢与下文精、绖、名为韵，古韵耕部。　[3]愉：同"偷"，苟且。绖：当为"绖"之误（依王念孙说）。绖，宽缓、缓慢。　[4]充：实，符合。"若此则形性弥赢"六句意思是，像这样，形体精神更加充盈，而耳目越发聪明；百官谨慎对待职守，而不敢苟且懈惰；人人做好自己应做的事，以符合自己的名分。

[点评]

这篇是讲君道。勿躬，是要求君主不要事事躬亲，特别是不要亲躬人臣当为之事。

文章一开始以李子狗兔的比喻，要求人君不要好为人官，强调指出，"自为人官，自蔽之精者也"；并且用人们日常使用的扫帚为例，说明"用则衰，动则暗，作则倦"的道理，而"衰、暗、倦"不是为君之道。

文章用两个十分典型的例子说明君主的为君之道。

文章列举"大桡作甲子"等古代二十个能人的发明创造，指出"圣王不能二十官之事，然而使二十官尽其巧，毕其能"，"圣王之所不能也，所以能之也；所不知也，所以知之也"。如何做到"所以能之""所以知之"呢？君主应该"养其神、修其德而化"，就是说，君主要修养自身的精神道德，从而化育万物。

　　文章还列举了管仲任用宵速、隰朋等五位大臣分管一方事务，自己则统筹为之，致使齐桓公九合诸侯、一匡天下之事。这说明，像管仲这样的人臣都需要利用下属的能力，更何况君主呢。"管子，人臣也，不任己之不能，而以尽五子之能，况于人主乎？""君人而知无恃其能勇力诚信，则近之矣。"

　　文章最后总结全篇主旨，再次提出君主的所为，"君也者，处平静，任德化，以听其要"，"若此则形性弥赢，而耳目愈精；百官慎职，而莫敢愉綖；人事其事，以充其名"。

不 二

七曰:

听群众人议以治国[1]，国危无日矣。何以知其然也? 老耽贵柔[2]，孔子贵仁[3]，墨翟贵廉[4]，关尹贵清[5]，子列子贵虚[6]，陈骈贵齐[7]，阳生贵己[8]，孙膑贵势[9]，王廖贵先[10]，兒良贵后[11]。

有金鼓[12]，所以一耳[13]；必同法令[14]，所以一心也；智者不得巧，愚者不得拙，所以一众也；勇者不得先，惧者不得后，所以一力也。故一则治，异则乱；一则安，异则危；夫能齐万不同[15]，愚智工拙皆尽力竭能，如出乎一穴者[16]，其唯圣人矣乎[17]！无术之智，不教之能，而恃

吕氏述十家之特点，意在综合各家精华以为己意。此下有脱文。

强速贯习[18]，不足以成也[19]。

[注释]

[1]群众人：即众人。　[2]老耽：又作老聃，即老子。道家创始人。相传《道德经》为其所作，其中重要思想是柔弱胜刚强，他说："弱之胜强，柔之胜刚。""天下之至柔，驰骋天下之至坚。"　[3]孔子：儒家创始人，名丘，字仲尼。儒家经典《论语》就是孔子的弟子及再传弟子记录孔子言行的著作。其中的核心思想是"仁"。　[4]墨翟：墨家创始人，史称墨子。相传《墨子》一书是他所作。书中有节用、节葬、非乐等篇，体现了墨子节俭的思想，所以说墨翟贵廉。一说"廉"是"兼"之误，因其主张兼爱、非攻、尚同等。　[5]关尹：春秋末期道家人物，传说曾做过函谷关尹，故称关尹。一说姓关，名喜。《庄子·天下》说关尹"寂乎若清"。《汉书·艺文志》说道家"清虚以自守"。所以说关尹贵清。高诱注："关尹，关正也。名喜，作《道书》九篇。"　[6]子列子：即列子，列御寇，战国时期道家人物。《庄子·应帝王》说列子"亦虚而已"。《尸子·广泽》亦谓"列子贵虚"。　[7]陈骈：即田骈，战国时期齐国人，彭蒙弟子，与慎到同为道家之一派，曾游稷下，作《道书》二十五篇。贵齐：齐死生、等古今。　[8]阳生：即杨朱，战国时期魏国人，主张"全性保真，不以物累形"，孟子说他"拔一毛而利天下不为也"。所以说他"贵己"。　[9]孙膑：战国时期兵家人物，齐国人，孙武后人，因被膑足而称孙膑。1972年山东临沂银雀山汉墓出土汉简有关"孙膑兵法"之类，其中多次讲到势对用兵的意义，所以说孙膑贵势。　[10]王廖：战国时期兵家人物。他主张作战当事先谋划，所以说"贵先"。　[11]兒（ní）良：战国时期兵家人物。他主张打仗应后发制人，不为主而为客。所以说"贵后"。此句后当有

脱文，毕本补"此十人者，皆天下之豪士也"十一字，与上文不甚合，且各本皆无，今从各本删之。　[12]金鼓：作战时，鸣金表示收兵，击鼓表示进攻，二者都是用以指挥军队，使其行动统一。　[13]一：用作动词，统一。　[14]必：当作"也"，属上读（依孙锵鸣、蒋维乔等说）。　[15]齐万不同：使各种不同的事物整齐、同一。齐，用作使动，使……齐。　[16]如出乎一穴：如同从同一孔洞出发。穴，旧校作"空"，孔也，穴亦孔，义同。　[17]矣：句尾语气词，表示已然。乎：句末语气词，表示感叹。矣乎连用，可加强语气。"夫能齐万不同"四句：意思是，能够使各种不同事物同一，愚蠢的、智慧的、工巧的、笨拙的都能用尽力量和才能，如同从一个地方出发，大概只有圣人能做到吧！　[18]强速：强健敏捷。贯习：习惯，熟悉。贯，同"惯"，习。　[19]"无术之智"四句：意思是，没有权谋的智慧，不曾教化的能力，只凭借强健敏捷和熟练，不足以成就事业。

［点评］

"不二"是没有第二、没有两个的意思。其意在强调统一，强调集中。

文章一开始就提出，"听群众人议以治国，国危无日矣"，意思是，听众人议论而没有主见，不能吸收众长而形成自己的见解，以此治理国家，国家必定危亡。它随后举出老耽、孔子、墨翟等十家的主要观点，目的在于强调要吸收各家长处，形成自己统一的意见，而不能散乱地十家都听，那样无法将国家治理好。"能齐万不同，愚智工拙皆尽力竭能，如出乎一穴者，其唯圣人矣乎"，吕不韦就是要成为这个"能齐万不同"的圣人。

下面一段文字，更加清楚地表达了强调集中统一的思想。"有金鼓，所以一耳；必同法令，所以一心也；智者不得巧，愚者不得拙，所以一众也；勇者不得先，惧者不得后，所以一力也。故一则治，异则乱；一则安，异则危"，只有集中统一，才能"治"，才能"安"，否则就会"乱"，就会"危"。这种强调集中统一的思想正是秦统一六国意图的表现。

这篇文章讲到老耽等十家的特点，"老耽贵柔，孔子贵仁，墨翟贵廉，关尹贵清，子列子贵虚，陈骈贵齐，阳生贵己，孙膑贵势，王廖贵先，兒良贵后"，这为研究先秦诸子思想提供了十分宝贵的资料，具有重要意义。

审应览

精　谕

三曰：

圣人相谕不待言[1]，有先言言者也[2]。

不言之言乃精气相通。

海上之人有好蜻者[3]，每居海上[4]，从蜻游，蜻之至者百数而不止，前后左右尽蜻也，终日玩之而不去[5]。其父告之曰："闻蜻皆从女居[6]，取而来，吾将玩之。"明日之海上[7]，而蜻无至者矣。

此喻精谕之理，奇微而当。

[**注释**]

[1]谕：告知，晓谕。　[2]先言言者：上"言"为名词，言语；下"言"为动词，同"谕"，告知，晓谕。　[3]海上：海边。上，边。蜻：通"青"，青鸟，水鸟的一种。《列子》作"鸥"。　[4]居：处。毕沅谓"每"下当有"朝"字，是。　[5]玩之：与之玩耍。去：离开。　[6]女（rǔ）：你。此义后作"汝"。　[7]之：往。

胜书说周公旦曰[1]："廷小人众，徐言则不闻[2]，疾言则人知之。徐言乎，疾言乎？"周公旦曰："徐言。"胜书曰："有事于此，而精言之而不明[3]，勿言之而不成[4]。精言乎，勿言乎？"周公旦曰："勿言。"故胜书能以不言说，而周公旦能以不言听。此之谓不言之听。不言之谋，不闻之事，殷虽恶周，不能疵矣[5]。口嗌不言[6]，以精相告，纣虽多心，弗能知矣。目视于无形，耳听于无声，商闻虽众[7]，弗能窥矣[8]。同恶同好，志皆有欲[9]，虽为天子，弗能离矣[10]。

孔子见温伯雪子[11]，不言而出。子贡曰："夫子之欲见温伯雪子好矣[12]，今也见之而不言，其故何也？"孔子曰："若夫人者[13]，目击而道存矣[14]，不可以容声矣[15]。"故未见其人而知

《察今》作"口惽"，"嗌"与"惽"同。

其志，见其人而心与志皆见，天符同也[16]。圣人之相知，岂待言哉？

道存于心，不言而知。

[注释]

[1]胜书：人名。　[2]徐言：缓慢轻声说。下文"疾言"，急速大声说。　[3]而：如果。精：精微，隐微。不明：说不明白。　[4]勿：不。不成：办不成事。　[5]疵：挑剔，责难。"不言之谋"四句意思是，不说出的计谋，听不到的事情，殷虽然厌恶周，也不能挑剔责难。　[6]嚠（wěn）：同"吻"。　[7]闻：指探听消息的人，耳目。　[8]窥：窥见，见。"目视于无形"四句意思是，眼睛在无形中能看，耳朵在无声中能听，商纣的耳目虽然众多，也无法窥见到周的秘密。　[9]志：私意。欲：欲望。　[10]"同恶同好"四句：意思是，说者与听者好恶相同，意念有相同的欲望，即使是天子，也不能把他们隔离。　[11]温伯雪子：与孔子同时的有道之士。　[12]好：当作"久"（依毕沅校语。毕引孙云《庄子·田子方》作"久"）。　[13]夫人：那个人。夫，指示代词。　[14]目击：用眼睛看。击，触，接触。这句意思是，用眼睛一看就知道"道"存在于他的身上。　[15]容声：容纳声音。"若夫人者"三句是说，像那个人，一看就知道是有道之人，用不着说话了。　[16]天符：天道。符，道。同：相合。这句是说，这是因为彼此都与天道相合。

白公问于孔子曰[1]："人可与微言乎[2]？"孔子不应。白公曰："若以石投水[3]，奚若[4]？"孔子曰："没人能取之[5]。"白公曰："若以水投

高诱云："喻微言若石沉没水中，人不知。"

水，奚若？”孔子曰："淄、渑之合者[6]，易牙尝而知之[7]。"白公曰："然则人不可与微言乎？"孔子曰："胡为不可？唯知言之谓者为可耳[8]。"白公弗得也。知谓则不以言矣[9]。言者谓之属也[10]。求鱼者濡[11]，争兽者趋[12]，非乐之也[13]。故至言去言，至为无为。浅智者之所争则末矣[14]。此白公之所以死于法室[15]。

《吕子》杨升庵曰："此言微言不如不言，不言又不如知言。"按，"知言"乃"知言之谓"也。

思想是内在的，言语是思想的表达。知道什么意思了，还用得着说吗？

以精相喻，不待言语行为。

[注释]

[1]白公：楚国大夫，名胜，楚平王之孙，太子建之子。　[2]微言：不明言，以暗谕示意。太子建因受陷害而死。白公为报父仇，欲杀令尹子西等。此"微言"，盖指此事。　[3]若以石投水：比喻微言像石头投入水中，无人知晓。　[4]奚若：如何，怎么样。　[5]没人：会潜水的人。没，潜入水中。　[6]淄、渑：齐国境内的两条水名。合：汇合。　[7]易牙：齐桓公近臣，能分别淄、渑两水的不同味道。　[8]谓：旨趣，思想。这句意思是，只有知道言语的真实意义才可以与微言。　[9]不以言：当作"不以言言"。这句意思是，白公不懂这些，知道言语的真实意义就不用言语表达了。　[10]言者谓之属：言语是思想的从属。属，属类，从属。　[11]求：寻找。濡（rú）：沾湿。　[12]趋：快走，快跑。　[13]"求鱼者濡"三句：意思是，捕鱼的会沾湿衣服，逐兽的要快速奔跑，并不是他们乐意沾湿衣服、快速奔跑啊。此以得鱼、得兽喻谓，以濡、趋喻言，以此说明言与谓的关系。　[14]末：微末，渺小。　[15]法室：刑室，监狱。这句意

思是，这就是白公死于狱中的原因。即他不懂"至言去言，至为无为"的道理。

　　齐桓公合诸侯，卫人后至。公朝而与管仲谋伐卫[1]，退朝而入[2]，卫姬望见君[3]，下堂再拜，请卫君之罪。公曰："吾于卫无故[4]，子曷为请[5]？"对曰："妾望君之入也，足高气强，有伐国之志也。见妾而有动色，伐卫也。"明日君朝，揖管仲而进之。管仲曰："君舍卫乎？"公曰："仲父安识之[6]？"管仲曰："君之揖朝也恭，而言也徐，见臣而有惭色，臣是以知之。"君曰："善。仲父治外，夫人治内，寡人知终不为诸侯笑矣。"桓公之所以匿者不言也，今管子乃以容貌音声，夫人乃以行步气志。桓公虽不言，若暗夜而烛燎也[7]。

[注释]

[1]朝：动词，上朝。　[2]入：指进入内宫。　[3]卫姬：齐桓公夫人，卫人，故称"卫姬"。　[4]故：事，指战争之事。　[5]子曷为请：你为什么替卫君请罪呢？　[6]安识之：怎么知道的？　[7]烛燎：皆为火炬。这里用作动词，点燃火炬。段玉裁《说文》"烛"字注："在地曰燎，执之曰烛。"按，这个故事说明容貌音声、行步气志都可以表达思想，而不用言语。

晋襄公使人于周曰[1]："弊邑寡君寝疾[2]，卜以守龟[3]，曰：'三涂为祟[4]。'弊邑寡君使下臣愿藉途而祈福焉[5]。"天子许之，朝，礼使者事毕，客出。苌弘谓刘康公曰[6]："夫祈福于三涂，而受礼于天子，此柔嘉之事也[7]，而客武色，殆有他事，愿公备之也。"刘康公乃儆戎车卒士以待之[8]。晋果使祭事先[9]，因令杨子将卒十二万而随之[10]，涉于棘津[11]，袭聊、阮、梁蛮氏[12]，灭三国焉。此形名不相当，圣人之所察也，苌弘则审矣。故言不足以断事[13]，唯知言之谓者为可[14]。

不能只听其言，还要看清其真实意图。

[注释]

[1]晋襄公：据《左传》及高诱注，"襄公"当为"顷公"之误。　[2]弊邑：谦称自己的国家。寡君：臣子对别国谦称自己国家的君主。寝疾：卧病。　[3]守龟：指占卜用的龟甲。　[4]三涂：三涂山，在今河南嵩县西北。这里指其山神。祟：鬼神制造的灾祸。　[5]藉途：借路。藉，同"借"。　[6]苌弘：周景王、敬王的大夫。刘康公：周定王之子，封于刘，谥号为"康公"。　[7]柔嘉：温柔而美好。　[8]儆(jǐng)：戒备。戎车：兵车。　[9]祭事先：先举行祭祀的事。　[10]杨子：晋国的将领。将：率领。　[11]棘津：当即孟津（服虔说）。古黄河渡口，故址在今河南孟县南。　[12]聊、阮、梁：皆蛮夷小国，盖属于陆浑之戎。　[13]毕

本及各本"事"上有"小"字，今据陶鸿庆说删。 [14] 为可：毕本及各本作"可为"，今据王念孙说改。这句是重复本文的论点，言语不足以决断事情，只有懂得所表达的思想才可以断事，而思想可以通过行为、面色来表现。

[点评]

《季秋纪》有《精通》篇，其"精通"是指人的精气相通，互相感应，"身在乎秦，所亲爱在于齐，死而志气不安，精或往来也"。这里所谓"精谕"，是说人们的思想可以通过神情状态表现出来，从而使人知晓，不必通过语言。精谕的重点在于谕，精通的重点在于通，这是二者的区别所在。

文章开头第一句就明白地提出论旨："圣人相谕不待言，有先言言者也"，圣人相互晓谕不必通过言语，因为在言语之前已有使人晓谕的东西存在了。

文章列举了大量事例说明这个道理。蜻鸟的例子，与前文"精通"有些相似，下边举出胜书说周公、孔子见温伯雪子、白公问孔子等三个例子，都意在说明"圣人之相知，岂待言哉"，明确提出"至言去言，至为无为"的主张，这显然带有道家思想的意味。

最后两个例子，齐桓公谋伐卫，卫姬通过桓公的行步气志看出他打算伐卫的心志，而管仲又通过桓公的容貌音声看出他放弃伐卫的打算；苌弘说刘康公，苌弘看到晋国使臣面有武色而知道其有"他事"，因而劝刘康公戒备，终使刘康公免遭祸患。所以最后得出结论，"言不足以断事，唯知言之谓者为可"。

具 备

八曰：

今有羿、蠭蒙、繁弱于此[1]，而无弦，则必不能中也。中非独弦也，而弦为中之具也[2]。夫立功名亦有具，不得其具，贤虽过汤、武，则劳而无功矣。汤尝约于郼、薄矣[3]，武王尝穷于毕、裎矣[4]，伊尹尝居于庖厨矣[5]，太公尝隐于钓鱼矣[6]。贤非衰也，智非愚也，皆无其具也[7]。故凡立功名，虽贤，必有其具，然后可成。

此喻甚当。

条件对于成功太重要了。

[注释]

[1]羿：即后羿，传说中夏代东夷族首领，以善射著称。蠭（páng）蒙：传说中夏代善射者，曾学射于羿。繁弱：良弓

名。　[2]毕本"中"上有"弓"字，今据俞樾说删。具：器具。"中非独弦也"二句：指条件。意思是，射中不只靠弦，而弦是射中的器具。　[3]约：穷困。郼（yī）、薄（bó）：汤做诸侯时的封地和都城。薄，或作亳。　[4]毕、裎（chéng）：周文王初建都之地，故址在今陕西咸阳东北。裎，又作程。　[5]居于庖厨：指伊尹曾为庖厨之臣。陆德明《庄子·庚桑楚》释文："伊尹，好厨，故汤用为庖人也。"　[6]太公：指姜太公吕望。姜太公曾钓于渭水，得遇文王。　[7]"贤非衰也"三句：是说汤、武、伊尹、太公等在困厄时，不是他们的贤能衰损，也不是其智力愚笨，而是没有具备兴起的条件。

宓子贱治亶父[1]，恐鲁君之听谗人[2]，而令己不得行其术也，将辞而行，请近吏二人于鲁君与之俱[3]。至于亶父，邑吏皆朝。宓子贱令吏二人书。吏方将书[4]，宓子贱从旁时掣摇其肘[5]，吏书之不善，则宓子贱为之怒。吏甚患之，辞而请归。宓子贱曰："子之书甚不善，子勉归矣[6]！"二吏归报于君，曰："宓子不可为书。"君曰："何故？"吏对曰："宓子使臣书，而时掣摇臣之肘，书恶而有甚怒[7]，吏皆笑宓子。此臣所以辞而去也。"鲁君太息而叹曰："宓子以此谏寡人之不肖也。寡人之乱宓子[8]，而令宓子不得行其术，必数有之矣[9]。微二人[10]，寡人几过[11]。"遂发所爱而令之亶父[12]，告宓子曰："自今以来[13]，亶父非寡人之有也，子之有也。有便于亶父者，子决为之矣。五岁而言其要[14]。"宓子敬诺，乃得行其术于亶父。三年，巫马旗短褐衣弊裘而往观化于亶父[15]，见夜渔者，得则舍之。巫马旗问焉，曰："渔为得也，今子得而舍之，何也？"对曰："宓子不欲人之取小鱼也。所舍者小鱼也。"巫马旗归，告孔子曰："宓子之德至矣，使民暗行若有严刑于旁[16]。敢问宓子何以至于此？"孔子曰："丘尝与之言曰：'诚乎此者刑乎彼[17]。'宓子必行此术于亶父也。"夫宓子之得行此术也，鲁君后得之也[18]。鲁君后得之者，宓子先有其备也。先有其备，岂遽必哉[19]？此鲁君之贤也[20]。

宓子贱与鲁君可谓聪明！

[注释]

[1]宓子贱：孔子弟子宓不齐，字子贱。亶父：即单父，春秋时期鲁国邑名，在今山东单县。　[2]谗人：这里指谗人之言。　[3]近吏：近臣，指鲁君身边的近臣。与之俱：跟他一起去。　[4]方将：正在。　[5]时：不时，时时。掣（chè）：牵拉，拽。　[6]勉：勉力，尽力。这里"勉归"的意思是，尽快回去。　[7]书恶：写得不好。有：同"又"。　[8]毕本及各本

脱"宓"字，今据陶鸿庆、许维遹说补。　[9] 数（shuò）：屡次，多次。　[10] 微：表示假设否定，如果没有。　[11] 几（jī）：几乎。　[12] 所爱：亲近喜欢的人。之：往。　[13] 自今以来：从今以后。　[14] 要：簿书。这句是说，五年后拿簿书向我报告。　[15] 巫马旗：又作"巫马期"，孔子弟子。短褐：古代平民所穿的半身粗毛衣服。这里用作动词。衣：动词，穿。弊裘：破旧的皮衣。弊，破。化：指巫马旗施行教化的情况。　[16] 暗行：暗中的行为，独自的行为。"宓子之德至矣"二句意思是，巫马旗告诉孔子说："宓子之德达到极点了，百姓独自行为时好像有严酷的刑罚在身旁。"　[17] 诚乎此者刑乎彼：指诚于心而表现于外。刑，同"形"，表现。　[18]"夫宓子之得行此术也"二句：意思是，宓子之所以能够实行这个主张，是因为鲁国君主后来领悟到了这一点。　[19] 岂遽：难道。"鲁君后得之者"四句意思是，鲁国君主后来领悟到这一点，是因为宓子事先有所准备。事先有所准备，难道就一定能让鲁君领悟吗？　[20] 此鲁君之贤也：这就是鲁国君主的贤明啊。

　　三月婴儿，轩冕在前[1]，弗知欲也；斧钺在后[2]，弗知恶也；慈母之爱谕焉[3]，诚也[4]。故诚有诚乃合于情[5]，精有精乃通于天[6]。乃通于天，水木石之性，皆可动也，又况于有血气者乎？故凡说与治之务莫若诚[7]。听言哀者，不若见其哭也；听言怒者，不若见其斗也。说与治不诚，其动人心不神[8]。

真诚之重要！做事只有真诚才能通天性，才能动人心。

[注释]

[1]轩冕：古代卿大夫的车、服。轩，古代大夫以上所乘之车。冕，古代大夫以上所戴的礼帽。　[2]斧钺（yuè）：古代兵器，也用作刑具。钺比斧大，形似斧。　[3]谕：明白，理解。　[4]"三月婴儿"七句：意思是，婴儿不知爱轩冕，不知恶斧钺，但对慈母的爱却能领悟，这是因为婴儿的心是赤诚的。　[5]有：同"又"。情：真情。　[6]精：精微。有：同"又"。"故诚有诚乃合于情"二句意思是，赤诚又赤诚才能合乎真情，精微又精微才能通于天性。　[7]说（shuì）：劝说别人。治：治理，指治理政务。务：事。这句意思是，大凡劝说别人与治理政务，要做的事没有比赤诚更重要了。　[8]动：感动。不神：指不能感化人。神，化。"说与治不诚"二句意思是，劝说别人与治理国家不赤诚，就不能感化人心。

[点评]

文章题为"具备"，是条件齐备的意思，具即条件。文章一开始以羿、蠭蒙等射箭为喻，有良弓而无弦，则必不能中，弦即射中的"具"，即条件，从而引出"立功名亦有具"的论旨。接着，用古代圣贤因条件不具备而处于困境的实例，说明"凡立功名，虽贤，必有其具，然后可成"的道理。

文章用大部分篇幅叙述宓子贱治理亶父的故事。宓子贱的成功在于其"先有其备"。"掣肘"一事，成为事情的核心。宓子贱以"掣肘"提示鲁君不要干预，而使其能行其术。鲁君领悟，云："有便于亶父者，子决为之矣。"为宓子贱治亶父创造了条件。而鲁君之所以能够领悟宓子贱的用意，是因为宓子贱先有其备。文章又以渔者舍小鱼之事，说明孔子的"诚乎此者刑乎彼"，也就是说行其术要靠自身的诚心。"故君子诚乎此而谕乎彼，感乎己而发乎人，岂必强说乎哉。"（《精通》）

　　文章最后以婴儿感悟母爱为喻，进一步阐明自身至诚的重要。"诚有诚乃合于情，精有精乃通于天"，"凡说与治之务莫若诚"。功名的建立，要靠必备的条件，而条件又要靠自身的赤诚来创造。

　　俗话说"成功只属于有准备的人"，此语在这篇得到了充分的体现。

离俗览

上　德

三曰：

为天下及国[1]，莫如以德，莫如行义。以德
以义，不赏而民劝[2]，不罚而邪止。此神农、黄
帝之政也。以德以义，则四海之大，江河之水，
不能亢矣[3]；太华之高[4]，会稽之险[5]，不能障
矣；阖庐之教[6]，孙、吴之兵[7]，不能当矣[8]。
故古之王者，德回乎天地[9]，澹乎四海[10]，东
西南北，极日月之所烛[11]。天覆地载，爱恶不

以德治国，乃
治国之根本，赏罚
或可不必。

臧^[12]，虚素以公^[13]，小民皆之^[14]，其之敌而不知其所以然^[15]，此之谓顺天。教变容改俗，而莫得其所受之^[16]，此之谓顺情。故古之人，身隐而功著，形息而名彰^[17]，说通而化奋^[18]，利行乎天下，而民不识^[19]，岂必以严罚厚赏哉？严罚厚赏，此衰世之政也。

对严罚厚赏的批判。

[注释]

[1]为：治理。　[2]劝：受到鼓励，此指受到鼓励而做好事。　[3]亢（kàng）：抵御。　[4]太华（huà）：即西岳华山。　[5]会稽（kuài jī）：即会稽山，在浙江绍兴东南。　[6]阖庐：春秋末期吴国君主。又作"阖闾"。教：教化。指阖庐训练士民作战能力之事。　[7]孙：指孙武，春秋末期军事家，齐国人，著有《孙子兵法》十三篇。曾助吴王阖庐伐楚破郢。吴：指吴起，战国时期军事家，卫国人，曾为鲁将、魏将，后至楚，为令尹，实行变法。楚悼王死后，被权贵射杀。　[8]当：抵挡。　[9]回：运转。　[10]澹：通"赡"，足。　[11]烛：照耀。　[12]恶：毕本作"思"，各本皆作"恶"，今依各本改。按，各本"恶"下有旧校云：一作思。臧（cáng）：藏匿。这个意义后来写作"藏"。　[13]虚素：即处虚服素，恬淡质朴之意。　[14]皆：通"偕"，同，一同。　[15]此句恐有讹误。谭戒甫认为"其之敌"三字为上文"之"字注语"之，适也"，"也"字误作"其"而移于前，"适"又改成"敌"。"其之敌"三字当为衍文。"小民皆之"二句意思是，小民同君主一道以公正处事而不知为什么这样。　[16]"教变容改俗"二句：意思是，王的教化改变了小民的容貌和习俗，而小民自己却不知受了教化。教，指王的教化。

得，知。高诱注："得犹知也。"　[17]形息：指身死。高诱注："身没于前，名明于后世。"　[18]说通而化奋：主张通达，教化大行。说，思想，主张。奋，发扬，盛起。　[19]"故古之人"六句：意思是，古代的人，自身隐匿而功劳卓著，形体消亡而名声彰显，主张通达而教化大行，利民之事充满天下而百姓不知道。识，知。

三苗不服[1]，禹请攻之，舜曰："以德可也。"行德三年，而三苗服。孔子闻之，曰："通乎德之情，则孟门、太行不为险矣[2]。故曰德之速，疾乎以邮传命[3]。"周明堂金在其后[4]，有以见先德后武也[5]。舜其犹此乎！其臧武通于周矣[6]。

高诱注："三苗，远国，在豫章之彭蠡也。"《淮南子·俶真》高诱注："三苗盖谓帝鸿氏之裔子浑敦，少昊氏之裔子穷奇，缙云氏之裔子饕餮。三族之苗裔，故谓之三苗。"

《孟子·公孙丑上》："孔子曰：'德之流行，速于置邮而传命。'"

[**注释**]

[1]三苗：古部族名，在江、淮、荆州（今河南南部至湖南洞庭湖、江西鄱阳湖一带）。　[2]孟门：山名，在今山西、陕西交界处。一说为太行山的险塞。高诱注："孟门，太行之险也。"太行：山名，在今山西、河北交界处。险：险阻。　[3]疾：速。邮：古代传递文书、供应食宿车马的驿站。　[4]明堂：古代天子宣布政令和举行典礼的地方。金在其后：指金属乐器等陈列在后边。　[5]见（xiàn）：显示。先德后武：依五行说，金主杀气，以为"武"的象征。金在后，所以说"先德后武"。　[6]臧：隐藏。通：达，贯通。"舜其犹此乎"二句意思是，舜大概就是这样吧！他不把尚武的精神和做法流传到周代。

晋献公为丽姬远太子[1]。太子申生居曲沃[2]，公子重耳居蒲[3]，公子夷吾居屈[4]。丽姬谓太子曰："往昔君梦见姜氏[5]。"太子祠而膳于公[6]，丽姬易之[7]。公将尝膳，姬曰："所由远[8]，请使人尝之。"尝人[9]，人死；食狗[10]，狗死。故诛太子。太子不肯自释[11]，曰："君非丽姬，居不安，食不甘。"遂以剑死[12]。公子夷吾自屈奔梁[13]。公子重耳自蒲奔翟[14]。去翟过卫[15]，卫文公无礼焉[16]。过五鹿[17]，如齐[18]，齐桓公死。去齐之曹[19]，曹共公视其骈胁[20]，使袒而捕池鱼[21]。去曹过宋，宋襄公加礼焉[22]。之郑，郑文公不敬[23]，被瞻谏曰[24]："臣闻贤主不穷穷[25]。今晋公子之从者，皆贤者也。君不礼也，不如杀之。"郑君不听。去郑之荆，荆成王慢焉[26]。去荆之秦，秦缪公入之[27]。晋既定[28]，兴师攻郑，求被瞻。被瞻谓郑君曰："不若以臣与之。"郑君曰："此孤之过也。"被瞻曰："杀臣以免国，臣愿之。"被瞻入晋军，文公将烹之[29]，被瞻据镬而呼曰[30]："三军之士皆听瞻也：自今以来[31]，无有忠于其君，忠于其君者将烹。"文公谢焉[32]，罢师，归之于郑[33]。且被瞻忠于其

君，而君免于晋患也；行义于郑，而见说于文公
也[34]。故义之为利博矣[35]。

[注释]

[1]晋献公：春秋时期晋国国君。丽姬：即骊姬。晋献公伐骊戎，获骊姬。骊姬有宠，生奚齐，欲立之，故害太子申生。　[2]曲沃：春秋时期晋国别都，在今山西闻喜东北。　[3]公子重耳：晋献公之庶子，即后来的晋文公。蒲：春秋时期晋国地名，在今山西隰县西北。　[4]公子夷吾：晋献公庶子，即后来的晋惠公。屈：春秋时期晋国地名，在今山西吉县北。　[5]昔：通"夕"，夜。姜氏：即齐姜，太子申生之生母，其时已死。　[6]祠：祭祀。膳：进献食物。这句意思是，申生祭祀姜氏，并将祭品进献给其父献公。　[7]易之：用有毒的食物调换了申生所献的膳食。　[8]所由远：来的地方遥远。申生自曲沃进膳，而晋献公在都城绛，所以说"所由远"。　[9]尝人：使人尝。尝，用作使动。　[10]食狗：让狗吃。食，用作使动。姜璧本、张登云本"狗"作"犬"，下句同。　[11]释：解释，说明。　[12]以剑死：用剑自杀。以，用。　[13]梁：春秋时期国名，嬴姓，后为秦穆公所灭。　[14]翟（dí）：同"狄"，古部族名。　[15]去：离开。过卫：路过卫国。　[16]卫文公：春秋时期卫国君主。初名辟疆，后改名毁。卫宣公之孙，昭伯顽之子。公元前659年至前635年在位。无礼：指不以礼接待公子重耳。　[17]五鹿：春秋时期卫国地名，在今河南濮阳东北。　[18]如：往。　[19]之：往。曹：春秋时期国名。　[20]曹共公：春秋时期曹国君主。骈胁：肋骨相连的一种畸形。　[21]袒：脱衣露出上身。　[22]宋襄公：春秋时期宋国国君。公元前650年至前637年在位。加礼：以礼相

待。加，施加。　[23]郑文公：春秋时期郑国国君。公元前672年至前628年在位。不敬：指不尊重重耳。　[24]被瞻：郑国大夫。他书亦作"叔詹"。　[25]不穷穷：不穷迫于困窘。上"穷"为动词，穷迫。下"穷"为名词，困厄，困窘。　[26]荆成王：即楚成王，春秋时期楚国国君，公元前671年至前626年在位。慢：怠慢，不敬。　[27]秦缪公：即秦穆公。春秋时期秦国君主，公元前659年至前621年在位。入之：使重耳回到晋国为君。入，用作使动。之，指公子重耳。　[28]晋既定：指重耳即位，晋国安定以后。　[29]烹：煮，这里指烹人的刑罚。　[30]据：抓住。镬（huò）：煮食物的器具，也用作刑具。与鼎同类，较鼎大而无足。　[31]自今以来：从今以后。　[32]谢：谢罪，道歉。　[33]归之于郑：把被瞻送回郑国。　[34]说（yuè）：喜欢。此义后来写作"悦"。　[35]"且被瞻忠于其君"五句：意思是，被瞻忠于他的君主，使君主免于来自晋国的忧患；他在郑国按义行事，而能取悦于晋文公。可见行义带来的利益太博大了。

墨者钜子孟胜[1]，善荆之阳城君[2]。阳城君令守于国[3]，毁璜以为符[4]，约曰："符合听之[5]。"荆王薨[6]，群臣攻吴起，兵于丧所[7]，阳城君与焉[8]。荆罪之[9]，阳城君走。荆收其国[10]。孟胜曰："受人之国，与之有符。今不见符，而力不能禁[11]，不能死，不可。"其弟子徐弱谏孟胜曰[12]："死而有益阳城君，死之可矣；无益也，而绝墨者于世，不可。"孟胜曰："不然。

吾于阳城君也，非师则友也，非友则臣也。不死，自今以来，求严师必不于墨者矣，求贤友必不于墨者矣，求良臣必不于墨者矣。死之，所以行墨者之义而继其业者也[13]。我将属钜子于宋之田襄子[14]。田襄子，贤者也，何患墨者之绝世也？"徐弱曰："若夫子之言，弱请先死以除路[15]。"还殁头前于孟胜[16]。因使二人传钜子于田襄子。孟胜死，弟子死之者百八十。三人以致令于田襄子[17]，欲反死孟胜于荆[18]，田襄子止之曰："孟子已传钜子于我矣，当听[19]。"遂反死之。墨者以为不听钜子不察[20]。严罚厚赏，不足以致此。今世之言治，多以严罚厚赏，此上世之若客也[21]。

此记墨家之法、之义乃各家所无。

[**注释**]

[1] 钜子：也作"巨子"。战国时期墨家称其学派内有重大贡献的人为"钜子"，这个称号由前任传给下一任。　[2] 阳城君：战国时期楚国贵族。　[3] 国：指阳城君的封邑。　[4] 璜：玉器名，形状像半个璧。符：作为信物的凭证。　[5] 符合听之：符对合后才能听从命令。　[6] 荆王：指楚悼王，战国时期楚国国君，公元前 401 年至前 381 年在位。薨：战国时诸侯死称薨。秦以后高级官吏死亦可称薨。　[7] 兵于丧所：在停尸的地方动起了兵器。兵，用作动

词。楚悼王任用吴起变法，侵犯到权贵的利益，悼王死，权贵射杀吴起，吴起伏于悼王尸上而死。　[8]与（yù）：参与。　[9]荆罪之：权贵射杀吴起，吴起伏于悼王尸上，箭碰到悼王尸体。楚肃王即位后，依照楚国法律，要对参与的人治重罪。　[10]荆收其国：楚王没收阳城君的封邑。　[11]力不能禁：指自己的力量不能禁止楚王没收阳城君的封邑。　[12]徐弱：孟胜的弟子。　[13]"死之"二句：意思是，为此而死，正是履行墨家的道义而继续墨家的事业啊。　[14]属（zhǔ）：托付。田襄子：战国时期宋国的墨者。　[15]除路：清除道路。　[16]还（xuán）：转过身去。歾头：刎颈。前于孟胜：于孟胜前，在孟胜跟前。　[17]三人：当作"二人"，即传孟胜令之二人。以：同"已"。　[18]反：同"返"，返回。这句意思是，打算返回楚国为孟胜而死。　[19]当听：毕本作"不听"，元至正本、明李瀚本等各本皆作"当听"，今据各本改。"孟子已传"二句意思是，孟胜已经把钜子传给我，你应当听从我。　[20]这句的解释众说纷纭。我以为上句毕沅改"当听"为"不听"，是其"不听"连下读，作"不听，遂反死之"，上句"当听"仍当有，整句作："田襄子止之曰：'孟子已传钜子于我矣，当听。'不听，遂反死之。"实则"不听"二字错入下文，若此，下句则为"墨者以为钜子不察"，即"墨者以为田襄子不知墨家的规矩（即传令的二人仍以孟胜为钜子）"。　[21]若客：二字当为误字。元本及各本正文作"若客"，又有校语"一作若客也"。校语作"若客"，正文自不当作"若客"。许维遹谓正文当作"苛察"，姑从之。"今世之言治"三句意思是，当今说到治国，多用严刑厚赏，这就是古代认为的以苛酷为明察啊。

[**点评**]

上德，即崇尚道德之义。本篇旨在论述德、义是治理天下和国家的根本。文章开宗明义，提出论旨："为天下及国，莫如以德，莫如行义。"治理天下及国家，没有比用德和义更重要了。做到以德、义治国，就能"不赏而民劝，不罚而邪止"。以德、义治国，任何东西都不能阻挡、抗拒。文章列举舜以德服三苗；被瞻忠君行义受到晋文公的赏识；墨者钜子孟胜行义为阳城君而死，其弟子百八十人又为之殉等三个实例说明德、义的重要。

　　文章对墨者的记述，使我们对战国时期墨家的规矩、制度有了深切的了解。墨家不同于其他各家，他设立钜子的职务，以管辖本学派的弟子；他的弟子以为钜子殉难为荣。孟胜之死，就有一百八十人为之殉难，这也让我们从侧面看出，战国以后墨家为什么很快衰落的原因。

　　文章主张以德、义治国，同时反对严罚厚赏，文中说："故古之人，身隐而功著，形息而名彰，说通而化奋，利行乎天下，而民不识，岂必以严罚厚赏哉？严罚厚赏，此衰世之政也。"而"今世之言治，多以严罚厚赏"，这正是吕不韦对秦国一直以来独尊法家的批评，也是对秦王政的告诫。

恃君览

骄恣

七曰：

亡国之主，必自骄，必自智[1]，必轻物。自骄则简士[2]，自智则专独，轻物则无备。无备召祸，专独位危，简士壅塞[3]。欲无壅塞，必礼士；欲位无危，必得众；欲无召祸，必完备。三者，人君之大经也[4]。

晋厉公侈淫[5]，好听谗人，欲尽去其大臣而立其左右。胥童谓厉公曰[6]："必先杀三郤[7]。

四句环环相扣，言简而义明。

族大多怨，去大族不逼[8]。公曰：“诺。”乃使长鱼矫杀郤犨、郤锜、郤至于朝[9]，而陈其尸[10]。于是厉公游于匠丽氏[11]，栾书、中行偃劫而幽之[12]。诸侯莫之救，百姓莫之哀。三月而杀之。人主之患，患在知能害人，而不知害人之不当而反自及也[13]。是何也？智短也。智短则不知化，不知化者举自危[14]。

高诱云：“不当，谓害贤近不肖。自及，死于匠丽氏。”

智短，前之自智，自智则智必短。

[注释]

[1] 自智：自认为聪明。　[2] 简：怠慢，轻忽。　[3] 壅塞：指听闻闭塞。高诱注：“士不尽规，故壅塞无闻知。”　[4] 经：道，原则。“三者”二句意思是，这三者，是人君治理天下最根本的原则。　[5] 晋厉公：春秋时期晋国君主。公元前580年至前573年在位。　[6] 胥童：晋大夫，劝晋厉公杀三郤，后被栾书、中行偃杀死。　[7] 三郤：即下文之郤犨、郤锜、郤至。三郤为晋国的大族。　[8]“族大多怨”二句：意思是，家族大就会怨恨公室，除去大族，公室就不会被逼迫了。逼，逼迫。　[9] 长鱼矫：晋厉公佞臣。　[10] 陈其尸：陈列他们的尸体以示众。　[11] 匠丽氏：晋国嬖臣，居于晋旧都翼。又作“匠骊氏”。　[12] 栾书：即栾武子，名书。晋大夫。中行偃：即荀偃，名伯游。晋大夫。幽：囚，囚禁。　[13]“人主之患”三句：意思是，人主的忧患，在于知道能害人，而不知道害人不当反而害到自己。自及，祸害及于自身。　[14]“智短则不知化”二句：意思是，智慧短浅就不知道变化，不知道变化，一举一动都会危及自己。举，举动，行动。

　　魏武侯谋事而当[1]，攘臂疾言于庭曰[2]："大夫之虑，莫如寡人矣！"立有间[3]，再三言[4]。李悝趋进曰[5]："昔者楚庄王谋事而当[6]，有大功，退朝而有忧色。左右曰：'王有大功，退朝而有忧色，敢问其说[7]？'王曰：'仲虺有言[8]，不穀说之[9]。曰："诸侯之德，能自为取师者王，能自取友者存，其所择而莫如己者亡。"今以不穀之不肖也，群臣之谋又莫吾及也，我其亡乎！'"曰[10]："此霸王之所忧也，而君独伐之[11]，其可乎！"武侯曰："善。"人主之患也，不在于自少，而在于自多。自多则辞受[12]，辞受则原竭[13]。李悝可谓能谏其君矣，壹称而令武侯益知君人之道[14]。

《荀子·尧问》亦记此事，彼李悝作吴起。

高诱注："不受谋臣之言而自谋之，则谋虑之言竭尽也。"

　　[注释]

　　[1]魏武侯：战国时期魏国国君，魏文侯之子，名击。谋事而当：谋划事情恰当。　[2]攘臂：捋起衣袖，露出上臂。疾言：大声说。　[3]有间：一会儿，片刻。　[4]再三言：说了两三遍。　[5]李悝（kuī）：战国时期法家代表人物，曾为魏文侯相。　[6]楚庄王：春秋时期楚国君主，公元前613年至前591年在位。　[7]敢问其说：冒犯地问这有什么说法？　[8]仲虺（huī）：相传为商汤的左相。　[9]不穀：春秋战国时期，诸侯自称。

说（yuè）：喜欢。这个意义后来写作"悦"。　[10]下文仍是李悝所言。上文为李悝转述楚庄王事，下文表述李悝自己的意见，故另起一曰字。　[11]伐：自夸，夸耀。　[12]自多：自贤，自我推重。辞受：拒绝应该接受的意见。辞，推辞，拒绝。　[13]原竭：源泉枯竭。指进言之路堵塞。　[14]壹称：一番话。

齐宣王为大室[1]，大益百亩[2]，堂上三百户[3]。以齐之大，具之三年而未能成[4]。群臣莫敢谏王。春居问于宣王曰[5]："荆王释先王之礼乐而乐为轻[6]，敢问荆国为有主乎[7]？"王曰："为无主。""贤臣以千数而莫敢谏，敢问荆国为有臣乎？"王曰："为无臣。""今王为大室，其大益百亩，堂上三百户。以齐国之大，具之三年而弗能成。群臣莫敢谏，敢问王为有臣乎？"王曰："为无臣。"春居曰："臣请辟矣[8]！"趋而出。王曰："春子[9]！春子！反[10]！何谏寡人之晚也？寡人请今止之[11]。"遽召掌书曰[12]："书之！寡人不肖，而好为大室。春子止寡人。"箴谏不可不熟。莫敢谏者[13]，非弗欲也。春居之所以欲之与人同，其所以入之与人异[14]。宣王微春居[15]，几为天下笑矣[16]。由是论之，失国之主，

方法对于所要达到的目的十分重要。

多如宣王，然患在乎无春居。故忠臣之谏者，亦从入之[17]，不可不慎。此得失之本也。

[注释]

[1]齐宣王：战国时期齐国君主，齐威王之子，公元前319年至前301年在位。大室：大的宫室。元至正本及明李瀚各本"大"皆作"太"，毕本改作"大"。惠栋批注："大室，明堂也。"　[2]益：增多，超过。　[3]户：门户。　[4]具：备办，修建。　[5]春居：齐宣王之臣。　[6]释：舍，舍弃。为轻：因此而轻浮。　[7]主：指贤主，下文"为有臣乎"，臣指敢谏之贤臣。　[8]臣请辟：我请求您准许我离开吧。辟，躲避，躲开。这个意义后来写作"避"。　[9]春子：对春居的敬称。　[10]反：同"返"，回来。　[11]今：即，立刻。"何谏寡人之晚也"二句意思是，你怎么这么晚才劝谏我啊，我立刻停止修建大宫室。　[12]遽：赶快，立刻。掌书：掌管书写记事的官。　[13]者：毕本及各本作"若"，今依王念孙、俞樾说改。　[14]"春居之所以欲之与人同"二句：意思是，春居想要做的与别人相同，他所采用的方法与别人不同。所以入之，使人接受的方法。　[15]微：如果没有。　[16]几：几乎。　[17]"故忠臣之谏者"二句：意思是，敢于劝谏的忠臣，也应该顺势进行劝谏。入之，指劝谏。

赵简子沈鸾徼于河[1]，曰："吾尝好声色矣，而鸾徼致之[2]；吾尝好宫室台榭矣，而鸾徼为之；吾尝好良马善御矣，而鸾徼来之[4]。今吾好士六年矣，而鸾徼未尝进一人也。是长吾

严惩佞臣！

过而绌吾善也^[5]。"故若简子者，能厚以理督责
于其臣矣。以理督责于其臣，则人主可与为善，
而不可与为非；可与为直^[6]，而不可与为枉^[7]。
此三代之盛教。

[注释]

[1] 沈（chén）：没入水中。此义后多写作"沉"。鸾徼：赵简
子之臣。河：黄河。   [2] 致之：使之至。   [3] 御：指驾车马的
人。   [4] 来之：使之来。   [5] 绌（chù）吾善：毕本及各本无"善"
字，据毕沅、蒋维乔等说补。绌，减损。"吾尝好声色矣"九句
意思是，我曾经喜好音乐女色，鸾徼给我弄来；我曾经喜好宫室
台榭，鸾徼给我建造；我曾经喜好好马良御，鸾徼给我找来。现
在我爱好贤士六年了，鸾徼却未曾进献一人。这是助长我的过错
而减损我的长处啊。   [6] 直：正直。   [7] 枉：枉邪。

[点评]

本文题为"骄恣"，即骄傲恣肆之义。

文章的主旨在于劝说君主要防止骄傲恣肆。开篇即
云："亡国之主，必自骄，必自智，必轻物。"这如同霹
雳，一上来就让自骄、自智、轻物的君主受到巨大的震
动。自骄、自智、轻物，是亡国之主的作为。接着便分
析三者的危害。自骄就会简慢贤士，自智就会独断专行，
轻物就会于事无备。其结果必然使听闻闭塞，君位危殆，
招致祸患。文章进一步指出避免这些危害的办法，要想
听闻通达，一定要礼贤下士；要想君位牢固，一定要广

得民心；要想不招来祸患，一定要充分准备。最后指出，这三者是为君的根本原则。

文章用晋厉公、魏武侯、齐宣王、赵简子四个具体实例，从不同角度、不同层面阐发上述思想。晋厉公奢侈放纵，又听信谗言，斩杀大臣，最后落得被囚被杀的结果。魏武侯自谓高明，以为没有大臣能赶上他。幸亏有李悝劝谏，才使他意识到错误，"益知君人之道"。齐宣王建造大宫室，三年不成而无人敢谏。春居用巧妙的办法劝止了齐宣王，免遭"天下笑"。这都说明广开视听、采纳贤人意见的重要性。赵简子对只会讨好主上的佞臣施以严厉的惩罚，沉之于河，说明以理督责其臣对于防止骄恣的意义。

文章论旨明确，论证富有说服力。

开春论

爱 类

五曰：

仁于他物，不仁于人，不得为仁。不仁于他物，独仁于人，犹若为仁[1]。仁也者，仁乎其类者也。故仁人之于民也，可以便之[2]，无不行也[3]。

神农之教曰[4]："士有当年而不耕者[5]，则天下或受其饥矣；女有当年而不绩者[6]，则天下或受其寒矣。"故身亲耕，妻亲绩，所以见致民利也[7]。贤人之不远海内之路[8]，而时往来乎

吕氏为"仁"所下的定义。

王公之朝，非以要利也^[9]，以民为务故也^[10]。人主有能以民为务者，则天下归之矣。王也者^[11]，非必坚甲利兵、选卒练士也，非必隳人之城郭、杀人之士民也^[12]。上世之王者众矣，而事皆不同^[13]，其当世之急、忧民之利、除民之害同^[14]。

[**注释**]

[1]犹若：仍然。　[2]便：利。　[3]行：为。"故仁人之于民也"三句意思是，仁人对于百姓，可以给他们带来利益的，没有不做的。　[4]教：教令。《淮南子·齐俗》引作"神农之法"，或据此。下面引语盖出于古农书而托名神农。　[5]士：指男子。当年：成年，壮年。　[6]绩：绩麻，即将沤好的麻纤维析成缕状，再搓捻成线。这里泛指纺织。　[7]见（xiàn）：显示，表明。致民利：给人民带来利益。　[8]远：用作动词，以……为远。　[9]要（yāo）：求。　[10]以民为务：以利民为要事。[11]王（wàng）：动词，称王，统一天下。[12]隳（huī）：毁坏。"王也者"三句的意思是，称王天下，不一定非要靠坚固的铠甲、锋利的兵器和经过挑选训练的士卒，不一定非要毁坏敌方的城郭、杀戮敌方的臣民。[13]事：指治国。[14]当：承担。"上世之王者众矣"三句意思是，前代称王的人很多，他们的治国方法不同，但他们承担社会的急难、忧虑百姓的利益、去除人民的危害是相同的。

公输般为高云梯[1]，欲以攻宋。墨子闻之，自鲁往，裂裳裹足[2]，日夜不休，十日十夜而至于郢。见荆王曰："臣北方之鄙人也[3]，闻大王将攻宋，信有之乎[4]？"王曰："然。"墨子曰："必得宋乃攻之乎？亡其不得宋且不义犹攻之乎[5]？"王曰："必不得宋且有不义[6]，则曷为攻之[7]？"墨子曰："甚善。臣以宋必不可得。"王曰："公输般，天下之巧工也。已为攻宋之械矣[8]。"墨子曰："请令公输般试攻之[9]，臣请试守之。"于是公输般设攻宋之械，墨子设守宋之备。公输般九攻之[10]，墨子九却之[11]，不能入。故荆辍不攻宋。墨子能以术御荆免宋之难者，此之谓也[12]。

《墨子·公输》《淮南子·修务》"云梯"上无"高"字。

"自鲁往"，《墨子·公输》作"起于齐"，《淮南子·修务》作"自鲁趎"。毕沅谓本篇是。

[注释]

[1] 公输般：古代著名巧匠，鲁国人，或称鲁般、鲁班。高诱注："公输，鲁般之号也。在楚为楚王设攻宋之具也。"云梯：古代攻城的器具。因其高而名。《淮南子·修务》高诱注："云梯，攻城具，高长，上与云齐，故曰云梯。" [2] 裂：撕裂。 [3] 鄙：鄙远，偏远之地。 [4] 信：确实。 [5] 亡（wú）其：选择连词，还是。"必得宋乃攻之乎"二句意思是，您是一定要得到宋国才去攻打它呢，还是得不到宋国且得到不义的名声仍要攻打它

呢？ [6]有：通"又"。 [7]曷为：为什么。曷，同"何"。 [8]为：制造。械：器具。 [9]试：尝试。 [10]九：泛指多次。 [11]却：退。这里用作使动，使之退却。"公输般九攻之"二句意思是，公输般多次进攻，墨子多次打退他。 [12]"墨子能以术御"二句：意思是，墨子能够用技艺抵御楚国而免除宋国的灾难，说的就是这件事。术，技艺，指其守城之备。御，止。

圣王通士[1]，不出于利民者无有。昔上古龙门未开[2]，吕梁未发[3]，河出孟门[4]，大溢逆流，无有丘陵沃衍、平原高阜[5]，尽皆灭之[6]，名曰鸿水[7]。禹于是疏河决江[8]，为彭蠡之障[9]，干东土[10]，所活者千八百国。此禹之功也。勤劳为民，无苦乎禹者矣。

大禹治水，勤劳为民，世代传颂。

[注释]

[1]通士：通达之士。指知识渊博、通达事理的读书人。[2]龙门：山名。在今山西河津西北，传说禹曾凿龙门以通河水。《禹贡》："导河积石，至于龙门。" [3]吕梁：山名，在今山西离石。一说为《禹贡》之"梁山"，在今陕西韩城。发：开凿。高诱注："发，通也。" [4]孟门：山名，在今山西吉县西。 [5]无有：无论。沃衍：肥沃而平坦的土地。高阜：高山。 [6]灭：淹没。 [7]鸿水：大水。 [8]疏：疏通。决：打开缺口，疏导水流。 [9]彭蠡：湖泽名，即今鄱阳湖。障：堤防。 [10]干：干燥。用作使动，使……干燥。

匡章谓惠子曰[1]："公之学去尊[2]，今又王齐王[3]，何其到也[4]？"惠子曰："今有人于此，欲必击其爱子之头，石可以代之……[5]"匡章曰："公取之代乎？其不与？""施取代之[6]。子头，所重也；石，所轻也。击其所轻以免其所重，岂不可哉！"匡章曰："齐王之所以用兵而不休，攻击人而不止者，其故何也？"惠子曰："大者可以王，其次可以霸也。今可以王齐王而寿黔首之命[7]，免民之死，是以石代爱子头也，何为不为[8]？"民寒则欲火，暑则欲冰，燥则欲湿，湿则欲燥。寒暑燥湿相反，其于利民一也。利民岂一道哉！当其时而已矣[9]。

民之需因时而异，必当其时而利之。

[注释]

[1]匡章：战国时人，与孟子同时。惠子：即惠施，战国时人，曾为魏惠王相，与庄子友善。以下文字何为匡章言，何为惠子言，众说纷纭，今姑以毕本为解，不作删改。　[2]学：学说，思想。去尊：去除尊贵、尊位。　[3]王齐王：尊齐王为王。前"王"字用作动词，以……为王。　[4]到：同"倒"，颠倒。　[5]此惠子言未毕，被匡章打断。　[6]施：惠施自称。　[7]黔首：秦称百姓为黔首。　[8]何为（wèi）不为（wéi）：前"为"字是介词，后"为"字是动词。"今可以王齐王而寿黔首之命"四句意思是，现在可以尊齐王为王而延长百姓的寿命，免去人民的死亡，这是

用石头代替爱子之头，为什么不做呢？　　[9]当：适合。这句是说，寒暑燥湿，都有对人民有利的时候，要看什么时候需要什么。

[**点评**]

本文题为"爱类"，即爱其同类，也就是文中所说的"仁"。

文章对于"仁"的定义是，"仁也者，仁乎其类者也"，也就是说，仁是仁爱人民，给人民带来利益。文章还从"仁乎其类"的思想出发，认为"仁于他物，不仁于人，不得为仁"，但"不仁于他物，独仁于人，犹若为仁"。

文章首先从理论上阐明"仁人之于民也，可以便之，无不行也"。仁人对有利于人民的事，没有不去做的。特别指出前世君主，都能以忧民利民为本。"上世之王者众矣，而事皆不同，其当世之急、忧民之利、除民之害同。"

文章随后用大量事例论述"圣王通士，不出于利民者无有"。圣王如神农，"身亲耕，妻亲绩，所以见致民利"；大禹"疏河决江，为彭蠡之障，干东土"，救活一千八百个国家的人民；通士如墨子，奔走十日十夜，裂裳裹足，阻止楚国攻宋，免除了宋国的灾难；惠施以尊齐王为王来换取"寿黔首之命，免民之死"。这些利民的形式虽不同，但实质是一样的，关键是适合当时百姓的需要。"利民岂一道哉！当其时而已矣。"

"仁"是儒家思想的核心，"兼爱"是墨家思想的主旨，本文将其融合起来，天衣无缝。对于名家惠施"去尊"的言论，也取来为己所用，兼容并包的杂家风格展现无遗。

慎行论

疑　似

三曰：

使人大迷惑者，必物之相似也。玉人之所患，患石之似玉者；相剑者之所患[1]，患剑之似吴干者[2]；贤主之所患，患人之博闻辩言而似通者[3]。亡国之主似智，亡国之臣似忠。相似之物，此愚者之所大惑，而圣人之所加虑也[4]，故墨子见歧道而哭之[5]。

陈昌齐《吕氏春秋正误》云："淮南·说林训》云：'杨子见逵路而哭之，为其可以南可以北；墨子见练丝而泣之，为其可以黄可以黑。'此'墨子'下脱'见练丝而泣之，为其可以黄可以黑。杨子'十六字，又以'为其可以南可以北'八字混入注内。"

［注释］

[1]相：察看，辨别鉴定。 [2]吴干：宝剑名。相传为春秋时期吴国人干将所铸，故称"吴干"，又称"干将"。 [3]辩言：能言善辩。此指通达事理。 [4]加虑：多虑。加，多。 [5]墨子见歧道而哭之：墨子看见岔路而哭泣，是因为可以去这个方向，也可以去那个方向，捉摸不定，所以哭泣。高诱注："为其可以南，可以北。"一说高注当为正文。

周宅酆、镐[1]，近戎人。与诸侯约：为高葆祷于王路[2]，置鼓其上，远近相闻。即戎寇至[3]，传鼓相告，诸侯之兵皆至救天子。戎寇当至[4]，幽王击鼓，诸侯之兵皆至，褒姒大说[5]，喜之。幽王欲褒姒之笑也，因数击鼓，诸侯之兵数至而无寇。至于后戎寇真至，幽王击鼓，诸侯兵不至，幽王之身乃死于丽山之下[6]，为天下笑。此夫以无寇失真寇者也。贤者有小恶以致大恶，褒姒之败，乃令幽王好小说以致大灭[7]。故形骸相离，三公九卿出走。此褒姒之所用死[8]，而平王所以东徙也[9]，秦襄、晋文之所以劳王劳而赐地也[10]。

惠栋批注："此非相似，引之不伦。"

［注释］

[1]宅：居。酆（fēng）：周文王时的都城，在今陕西西安鄠邑区东。字又作"丰"。镐（hào）：周武王时的都城，在今陕西长

安区西南。又称镐京、宗周。　[2]葆：城堡。祷：通"墙"（依王念孙、俞樾说），高土堡。王路：大路。这句意思是，在大路筑起高土堡。　[3]即：如果。　[4]当：通"尝"，曾经。　[5]褒姒：周幽王宠妃，本为褒国女子，幽王伐褒时所获。　[6]丽山：即骊山，在今陕西临潼东南。　[7]小说（yuè）：小的高兴，指取悦于褒姒。大灭：指身死国灭。　[8]所用：即"所以"。　[9]平王：周平王，名宜臼，幽王之子，申后所生。公元前770年至前720年在位。幽王死，平王为避戎乱，迁都于洛邑（今河南洛阳），此后称东周。东徙：东迁。　[10]秦襄：秦襄公。犬戎与申国攻周，杀幽王，襄公救周；平王东迁，襄公以兵送平王，平王封襄公为诸侯，赐岐以西之地，秦始列为诸侯。晋文：晋文侯，名仇。犬戎杀幽王，晋文侯、郑武公辅助平王东迁。劳王：即勤王。下"劳"字当为衍文（依王念孙说）。

　　梁北有黎丘部[1]，有奇鬼焉，喜效人之子姓昆弟之状[2]，邑丈人有之市而醉归者[3]，黎丘之鬼效其子之状，扶而道苦之[4]。丈人归，酒醒，而诮其子曰[5]："吾为汝父也，岂谓不慈哉[6]？我醉，汝道苦我，何故？"其子泣而触地曰[7]："孽矣[8]！无此事也。昔也往责于东邑[9]，人可问也。"其父信之，曰："嘻！是必夫奇鬼也！我固尝闻之矣。"明日端复饮于市[10]，欲遇而刺杀之。明旦之市而醉，其真子恐其父之不能反

部，《后汉书·张衡列传》李贤注引《吕氏春秋》作"乡"。惠栋批注："汉时犹有冀部、益部之称。"

也[11]，遂逝迎之[12]。丈人望其真子，拔剑而刺之。丈人智惑于似其子者，而杀其真子。夫惑于似士者而失于真士，此黎丘丈人之智也。

[注释]

[1]梁：周时诸侯国，后为秦所灭。黎丘部：梁国北部地名。　[2]子姓：毕本及各本作"子姪"，今据王引之说改。子姓，子孙。　[3]丈人：老人的通称。之：往。　[4]道苦之：在路上折磨他。道，用作状语，在道上。苦之，用作使动，使之痛苦。　[5]诮（qiào）：责备。　[6]谓：为，算作。　[7]触地：以头触地。　[8]孽：妖孽。这里用作动词，遇到妖孽。　[9]昔：昨天。责（zhài）：债。这里用作动词，讨债。这个意义后来写作"债"。　[10]端：特地，故意。　[11]反：同"返"，返回，指回家。　[12]逝：往。

疑似之迹[1]，不可不察，察之必于其人也[2]。舜为御[3]，尧为左[4]，禹为右[5]，入于泽而问牧童[6]，入于水而问渔师[7]，奚故也？其知之审也[8]。夫孪子之相似者[9]，其母常识之，知之审也。

[注释]

[1]疑：似。　[2]其人：指了解和熟悉情况的人。　[3]御：御者，驾车的人。　[4]左：车左，指车的主人。　[5]右：车右，指车上的卫士。　[6]泽：水草交错存在的地方。《风俗通·山泽》：

"水草交厝名之为泽。"　[7]渔师：有经验的渔夫。　　[8]审：知道的详细、清楚。　　[9]李子：元至正本、明李瀚本等各本作"人子"，毕沅改作"李子"，是。但未言所据。梁玉绳云："据《战国策·韩策》《淮南子·修务》，'人子'当作'李子'。"

[**点评**]

疑似，疑亦似也，本文在于论述疑似之物最易使人迷惑，因此要认真辨察。

文章一开始即指出，物之相似者，可以造成人们大的迷惑。"使人大迷惑者，必物之相似也。"接着由玉人、相剑者、贤主所忧虑的相似之物和人，说到"亡国之主似智，亡国之臣似忠"，圣人对相似之物也要多加思考，所以"墨子见歧道而哭之"。

文章用周幽王烽火戏诸侯、黎丘丈人杀其真子的事例，详细阐述了"以无寇失真寇"，"惑于似其子者，而杀其真子"的危害以及辨察疑似之物的重要意义。

文章最后指出辨察疑似之物的方法。"疑似之迹，不可不察，察之必于其人也"，所谓"必于其人"，就是一定要向了解情况的人请教。要想知道长相相似的双胞胎的区别，一定要向他的母亲请教，因为母亲最了解自己的孩子。即使是圣人也当如此，尧、舜、禹进入沼泽要请教牧童，进入水乡要请教渔夫。只有这样才可以避免迷惑。

察 传

六曰：

夫得言不可以不察。数传而白为黑，黑为白。故狗似玃[1]，玃似母猴[2]，母猴似人，人之与狗则远矣。此愚者之所以大过也。

闻而审[3]，则为福矣，闻而不审，不若无闻矣。齐桓公闻管子于鲍叔[4]，楚庄闻孙叔敖于沈尹筮[5]，审之也。故国霸诸侯也。吴王闻越王句践于太宰嚭[6]，智伯闻赵襄子于张武[7]，不审也，故国亡身死也。

至理。闻言必审！

[注释]

[1] 玃（jué）：兽名，似猕猴而体型较大。 [2] 母猴：沐猴，

即猕猴。母，通"沐"。　[3] 而：假设连词，如果。审：审察，详察。　[4] 管子：指管仲。鲍叔：即鲍叔牙。　[5] 孙叔敖：楚庄王相，助其称霸诸侯。沈尹筮：楚国大夫。沈是他的封邑，尹是他的官名。他将孙叔敖推荐给楚庄王。　[6] 吴王：吴王夫差。太宰嚭（pǐ）：即伯嚭，为吴王夫差的太宰，故称"太宰嚭"。夫差战胜越国之后，太宰嚭受越国贿赂，劝吴王准许越国求和，致使越国最后灭掉吴国。　[7] 智伯：名瑶，春秋末期晋国四卿之一。赵襄子：名无恤，晋国六卿之一。张武：智伯家臣，劝智伯联合韩、魏围赵襄子于晋阳，后韩、魏、赵三家暗中联合灭了智伯。

凡闻言必熟论[1]，其于人必验之以理。鲁哀公问于孔子曰[2]："乐正夔一足[3]，信乎？"孔子曰："昔者舜欲以乐传教于天下[4]，乃令重黎举夔于草莽之中而进之[5]，舜以为乐正。夔于是正六律[6]，和五声[7]，以通八风[8]，而天下大服。重黎又欲益求人[9]，舜曰：'夫乐，天地之精也[10]，得失之节也[11]，故唯圣人为能和。和[12]，乐之本也。夔能和之以平天下，若夔者一而足矣。'故曰'夔一足'，非'一足'也。"

宋之丁氏，家无井而出溉汲[13]，常一人居外。及其家穿井[14]，告人曰："吾穿井得一人。"有闻而传之者曰："丁氏穿井得一人。"国

此言如何审察所闻。

人道之[15]，闻之于宋君[16]。宋君令人问之于丁氏，丁氏对曰："得一人之使，非得一人于井中也[17]。"求闻之若此[18]，不若无闻也。

宋君可以不惑矣。

子夏之晋[19]，过卫，有读史记者曰[20]："晋师三豕涉河[21]。"子夏曰："非也，是己亥也[22]。夫'己'与'三'相近，'豕'与'亥'相似[23]。"至于晋而问之，则曰"晋师己亥涉河"也。

[注释]

[1]熟论：深入考察、辨别。　[2]鲁哀公：春秋时期鲁国君主，名蒋，鲁定公之子。　[3]乐正夔：乐正为乐官之长，夔为人名。　[4]传教：传布教化。古人认为音乐可以移风易俗，故用它传布教化。　[5]重黎：人名。相传为颛顼氏之后，尧时掌管时令，后为舜臣。草莽：草野，指民间。　[6]六律：音乐的六个基本音调。古人用不同的竹管定出十二个基本音调，分阴阳各六，阳为律，阴为吕。　[7]五声：即宫、商、角、徵、羽五音。　[8]通：调和。八风：八方之风。参见《有始》。　[9]益求人：多找些像夔一样的人。益，多。　[10]精：精华。　[11]节：关键。古人重视音乐，认为它是治理国家的关键。　[12]和：毕本及各本脱此字，今据许维遹说补。"故唯圣人为能和"三句意思是，只有圣人能使音乐和谐，和谐，是音乐的根本。　[13]溉：灌注。汲：从井中取水。这里"溉汲"连用就是从井中打水的意思。　[14]穿：掘，挖。　[15]道：说。　[16]闻之于宋君：使宋君听说此事。闻，用作使动，使之闻。之，指丁氏穿井得人之事。　[17]使：

使用。"得一人之使"二句：意思是，穿井得到一人的使用，不用常年派一人在外取水了。使，使用。 [18]闻：毕本及各本皆作"能"，今据毕沅校改。 [19]子夏：孔子弟子卜商，字子夏。之：往。 [20]史记：记载历史的书。 [21]豕：猪。涉河：过黄河。 [22]己亥：古代用天干、地支纪日，指己亥这一天。 [23]古文"己"字与"三"字，"豕"字与"亥"字形近，故易混。此句马叙伦认为可能是注文误入正文。

辞多类非而是，多类是而非[1]。是非之经[2]，不可不分。此圣人之所慎也。然则何以慎？缘物之情及人之情以为所闻[3]，则得之矣[4]。

此亦言如何审察所闻。

[注释]

[1]"辞多类非而是"二句：意思是，言辞有很多看似错误实际正确，有很多看似正确实际错误。类，像。 [2]经：界限。 [3]缘：顺着。为：动词，这里是审察的意思。 [4]"缘物之情"二句：意思是，顺着自然的规律与人事的情理来考察听到的传闻，这样就可以接近真实的情况了。

[点评]

察传，就是审察传言，以判断其是否正确。

文章开宗明义阐明论旨，"夫得言不可以不察"。传言易讹，"数传而白为黑，黑为白"。文章所举"狗似玃，玃似母猴，母猴似人，人之与狗则远矣"，成为千古警句。

文章列举生活中的事例，如乐正夔一足、穿井得一

人、三豕涉河等等，说明察传的意义。文章强调察传，
也有建言君主的意思。"齐桓公闻管子于鲍叔，楚庄闻孙
叔敖于沈尹筮，审之也。故国霸诸侯也。吴王闻越王句
践于太宰嚭，智伯闻赵襄子于张武，不审也，故国亡身
死也。"

如何审察传言，用什么方法审察传言？文章认为，
"必验之以理"，"缘物之情及人之情以为所闻"，即从实
际出发而不妄作猜测。这在当时已算是难能可贵了，我
们不必用现代的科学方法去苛求古人。

贵直论

知　化

三曰：

夫以勇事人者，以死也[1]。未死而言死，不论[2]。以[3]，虽知之，与勿知同[4]。凡智之贵也，贵知化也[5]。人主之惑者则不然。化未至则不知；化已至，虽知之，与勿知一贯也[6]。

事有可以过者[7]，有不可以过者。而身死国亡，则胡可以过[8]？此贤主之所重，惑主之所轻也。所轻，国恶得不危？身恶得不困？危困之

智者贵在知化。

道，身死国亡，在于不先知化也。吴王夫差是也。子胥非不先知化也 [9]，谏而不听，故吴为丘墟 [10]，祸及阖庐 [11]。

[注释]

[1] "夫以勇事人者" 二句：意思是，用勇力侍奉他人的，是用死来侍奉人。　[2] "未死而言死" 二句：意思是，尚未为人死难而说能死难，人们无法理解。论，知，理解。　[3] 以：同 "已"，指已死之后。　[4] "虽知之" 二句：意思是，即使理解了，也跟不理解是一样的。　[5] 化：变化。指事物发展变化的趋势。　[6] 一贯：一样，一回事。　[7] 过：过错，失误。　[8] "而身死国亡" 二句：意思是，如身死国亡的大事，怎么可以有过失呢？　[9] 子胥：即伍子胥，名员，原为楚大夫，其父伍奢被楚君杀害，他逃至吴国，吴封之于申。　[10] 丘墟：废墟。　[11] 阖庐：春秋时期吴国国君，名光，吴王夫差之父。夫差败于越国，越国灭其社稷，夷其宗庙，阖庐不得祭祀，故曰 "祸及阖庐"。

吴王夫差将伐齐，子胥曰："不可。夫齐之与吴也，习俗不同，言语不通，我得其地不能处 [1]，得其民不得使 [2]。夫吴之与越也，接土邻境，壤交道属 [3]，习俗同，言语通，我得其地能处之，得其民能使之，越于我亦然。夫吴越之势不两立。越之于吴也，譬若心腹之疾也，虽无作[4]，其伤深而在内也。夫齐之于吴也，疥癣之病也，不苦其已也[5]，且其无伤也。今释越而伐齐[6]，譬之犹惧虎而刺猏[7]，虽胜之，其后患未央[8]。"太宰嚭曰："不可。君王之令所以不行于上国者[9]，齐、晋也。君王若伐齐而胜之，徙其兵以临晋，晋必听命矣。是君王一举而服两国也，君王之令必行于上国。"夫差以为然，不听子胥之言，而用太宰嚭之谋。子胥曰："天将亡吴矣，则使君王战而胜；天将不亡吴矣，则使君王战而不胜。"夫差不听。子胥两祛高蹶而出于廷[10]，曰："嗟乎！吴朝必生荆棘矣[11]！"夫差兴师伐齐，战于艾陵[12]，大败齐师，反而诛子胥[13]。子胥将死，曰："与[14]！吾安得一目以视越人之入吴也[15]？"乃自杀。夫差乃取其身而流之江[16]，抉其目[17]，著之东门[18]，曰："女胡视越人之入我也[19]？"居数年，越报吴，残其国，绝其世[20]，灭其社稷，夷其宗庙[21]。夫差身为禽[22]。夫差将死，曰："死者如有知也，吾何面以见子胥于地下？"乃为幎以冒面死[23]。夫患未至，则不可告也；患既至，虽知之无及矣。故

此"心腹之疾""疥癣之病"，可见"病"非甚于"疾"也。

佞言似是而非，惑夫差，灭吴国。

王念孙以为"幎"与"幦"同。惠栋以为即《士丧礼》之"幎目"。

夫差之知惭于子胥也，不若勿知。

[注释]

[1]处：居处。　[2]下"得"字：能。孙人和依上句"不能处"，谓此当作"能"。得即能也，不必改字。使：役使。　[3]道：毕本及各本作"通"，今据陶鸿庆说改。属（zhǔ）：连，连接。　[4]作：发作。　[5]不苦其已：不以其甚为苦。苦，困苦，此处用作动词，以……为困苦。已，甚，严重。　[6]释越：指放弃越国不打。　[7]惧虎：害怕虎患。猏：同"豜"，三岁的兽。　[8]未央：未尽。央，尽。　[9]上国：指中原各国。　[10]袪（qū）：举，撩起。这里指撩起衣袖。高蹶：高蹈。走路时把脚抬得很高。两袪高蹶，形容很生气的样子。　[11]朝：朝廷。荆棘：丛生的灌木。意思是，朝廷将变成荒野了。　[12]艾陵：春秋时期齐国地名，在今山东莱芜东。　[13]反：返回。指回到吴国。　[14]与：其义不详。众说纷纭。陈奇猷读为"吁"，叹词，姑依之。　[15]这句意思是，我怎么能有一只眼睛看着越人进入吴国呢？　[16]身：指尸体。流之江：使其在江中漂流。　[17]抉：挖。　[18]著：附着，这里指挂。　[19]女：通"汝"，你。　[20]绝：断，断绝。世：世系，指世系相传的族系。　[21]夷：平，铲平。宗庙：祖庙。　[22]禽：同"擒"，捉住。　[23]幎（mì）：指覆盖用的巾。《小尔雅·广服》："大巾谓之幎。"冒：覆盖。面：毕本作"而"，今据元至正本、明李瀚本等各本改。

[点评]

本篇题名"知化"，即预先知道事物变化的趋势和规律。文章一开始就明确提出中心观点："凡智之贵也，贵知化也。"

　　文章用吴王夫差不听伍子胥劝谏，一意孤行而身死国亡的事例，说明君主贵在知化。"危困之道，身死国亡，在于不先知化也。"知化一定要"先"，预先知道事物的变化趋势，才能早做准备，采取针对性措施；事后"诸葛亮"，是没用的。"化已至，虽知之，与勿知一贯也"，"患既至，虽知之无及矣"。

　　文章在叙述夫差执意攻打齐国，不听伍子胥劝谏而招致身死国亡的过程中，着意强调君主虚心纳谏的意义。

不苟论

贵 当

六曰：

名号大显，不可强求，必繇其道[1]。治物者不于物于人，治人者不于人于君[2]，治君者不于君于天子，治天子者不于天子于欲，治欲者不于欲于性。性者，万物之本也，不可长，不可短，因其固然而然之[3]，此天地之数也[4]。窥赤肉而乌鹊聚[5]，狸处堂而众鼠散[6]，衰绖陈而民知丧[7]，竽瑟陈而民知乐[8]，汤武修其行而天下从，

治理必由其本。

所言甚精。

桀纣慢其行而天下畔[9]，岂待其言哉？君子审在己者而已矣。

[注释]

[1]繇：由，从。　[2]人：毕本及各本作"事"，今据陈昌齐说改。这句意思是，治理人民的不在于人民本身而在于君主。以下句式同。　[3]因：顺着。固然：本来的样子。这句意思是，顺着万物本来的样子而使之这样。　[4]数：规律。　[5]赤肉：鲜肉。泛指动物的肉。乌：毕本作"鸟"，今据元至正本、明张登云本等改。乌鹊：乌鸦。　[6]狸：狸猫。　[7]衰绖（cuī dié）：丧服。衰，丧服的上衣。绖，服丧者头上或腰间系的麻布带子。　[8]竽笙：乐器。"窥赤肉而乌鹊聚"四句的意思是，看见鲜肉乌鸦就会聚集；狸猫在厅堂老鼠就会逃散；丧服一出现，人们就知道有丧事；竽笙一摆出，人们就知道有喜事。　[9]慢：简慢，轻忽。畔：同"叛"，背叛。

荆有善相人者，所言无遗策[1]，闻于国。庄王见而问焉。对曰："臣非能相人也，能观人之友也。观布衣也，其友皆孝悌纯谨畏令[2]，如此者。其家必日益[3]，身必日荣，此所谓吉人也[4]。观事君者也，其友皆诚信有行好善，如此者，事君日益，官职日进，此所谓吉臣也。观人主也，其朝臣多贤，左右多忠，主有失，皆交争证谏[5]，如此者，国日安，主日尊，天下日服。此所谓吉主也。臣非能相人也，能观人之友也。"庄王善之，于是疾收士[6]，日夜不懈，遂霸天下。故贤主之时见文艺之人也[7]，非特具之而已也[8]，所以就大务也[9]。夫事无大小，固相与通[10]。田猎驰骋弋射走狗[11]，贤者非不为也，为之而智日得焉，不肖主为之而智日惑焉。志曰[12]："骄惑之事[13]，不亡奚待？"

观其友而知其人，甚是。

[注释]

[1]遗策：失策。这句意思是，他所说的没有不对的。 [2]悌：尊敬兄长。纯谨：忠厚谨敬。畏令：指畏惧上方的指令。 [3]益：增加。指增加财富。 [4]毕本及各本"此"作"矣"，属上读，今据许维遹说改。 [5]交争证谏：都争着劝谏。交，交相，都。证，谏，劝谏。 [6]疾：用力。收士：聚集士人。《尔雅·释诂》："收，聚也。" [7]时：时时。文艺之人：擅长各种技艺的人。 [8]非特：不只。具之：具备这些。"故贤主之时见文艺之人也"二句意思是，贤主见擅长各种技艺之人，不止用这些充充数而已。 [9]就大务：成就大事。就，成，成就。务，事。 [10]固相与通：本来都是相互连通的。 [11]田：打猎。弋射：以绳系矢而射猎。走狗：使狗跑，让其追逐猎物。 [12]志：古代记事的书。 [13]骄惑之事：即"事骄惑"，做骄惑之事。"之"代前置宾语。事，做。王念孙云："之事，是事也。""骄惑之事"二句意思是，总做骄傲昏惑之事，不灭亡还等什么呢？

齐人有好猎者，旷日持久而不得兽，入则愧其家室[1]。出则愧其知友州里[2]。惟其所以不得之故[3]，则狗恶也[4]。欲得良狗，则家贫无以[5]。于是还疾耕[6]。疾耕则家富，家富则有以求良狗，狗良则数得兽矣，田猎之获常过人矣。非独猎也，百事也尽然。霸王有不先耕而成霸王者[7]，古今无有。此贤者不肖之所以殊也[8]。贤不肖之所欲与人同，尧、桀、幽、厉皆然，所以为之异[9]。故贤主察之，以为不可，弗为；以为可，故为之。为之必繇其道，物莫之能害，此功之所以相万也[10]。

治事必由其本。

反复强调为之必繇其道。

[注释]

[1]入：指在家中。与"出"相对，"出"指在外边。　[2]州里：乡里。　[3]惟：思，思考。　[4]恶：不好。"惟其所以不得之故"二句意思是，想一下得不到兽的原因，是因为猎狗不好。　[5]无以：指没有用来买狗的钱。高诱注："无以买狗。"　[6]还疾耕：回家奋力耕作。　[7]耕：此承上文言，指成就霸王前的艰苦奋斗。　[8]"者"字陈昌齐谓为衍文，是。下文"贤不肖"无"者"字，可证。　[9]"贤不肖之所欲与人同"三句：意思是，贤明与不肖的君主希望得到的与人相同，帝尧、夏桀、周幽王、周厉王都是这样，但他们为达到目的的做法不同。　[10]"为之必繇其道"三句：意思是，做事一定要遵循正道，外物没有什么能妨害他，这

就是贤主的功业超过不肖之主万倍的原因。相万，相差万倍。

［点评］

本篇题名"贵当"，意思是处事以恰当为贵。处事恰当，即"为之必繇其道"，也就是说，要走正确的道路，要有正确的方法。文章认为，做事要务本，要抓住根本。

文章一开始就明确指出，治国之本在于修身，修身之本在于顺性，而性是万物之本，只能因应，不能违背。它说："性者，万物之本也，不可长，不可短，因其固然而然之，此天地之数也。""汤武修其行而天下从，桀纣慢其行而天下畔。"汤武、桀纣的不同，在于是"修其行"，还是"慢其行"，也就是说，要"审在己者"。

文章用"荆有善相人者""齐人有好猎者"两个事例阐明主旨。前者通过荆人相人而观其友的故事，说明交友的重要，强调君主要多贤臣，多忠臣，"有失，皆交争证谏"，这样才能成就王霸之业。后者通过齐人疾耕得兽的故事，强调欲达目的，必须从根本入手，经过艰苦奋斗，才能成就王霸之业。"霸王有不先耕而成霸王者，古今无有。"这些对后人都有启发意义。

似顺论

别　类

二曰：

知不知，上矣[1]。过者之患，不知而自以为知。物多类然而不然[2]，故亡国僇民无已[3]。夫草有莘有藟[4]，独食之则杀人，合而食之则益寿[5]。万堇不杀[6]，漆淖水淖[7]，合两淖则为蹇[8]，湿之则为干[9]。金柔锡柔[10]，合两柔则为刚，燔之则为淖[11]。或湿而干，或燔而淖，类固不必，可推知也[12]？

物不可以简单类推。

　　小方，大方之类也[13]；小马，大马之类也；小智[14]，非大智之类也[15]。

[注释]

　　[1]上：上等，这里用作动词，算作上等。"知不知"二句意思是，知道自己所不知道的，就算是上等了。　　[2]类：似，类似。然：是。　　[3]僇：通"戮"，杀戮，这里用作被动，指被杀戮。已：止。"物多类然而不然"二句意思是，事物很多像是这样而实际不是这样，所以国家被灭亡、人民被杀戮的事没有休止。　　[4]莘（xīn）、蘺（lěi）：都是有毒的药草。　　[5]"夫草有莘有蘺"三句：意思是，药草中有莘有蘺，单独服用能毒死人，两味药合起来服用则能延长寿命。　　[6]万（萬）：即"虿（蠆）"字，毒虫，俗称蝎子，可螫人致死，亦可药用。堇（jǐn）：药草名，又名紫堇，有毒。毕沅说即乌头。这句意思是，被蝎子螫过，敷上紫堇，则可以解毒，不致死。《淮南子·说林》："蝮蛇螫人，傅以和堇则愈。"　　[7]淖：泥淖。这里指液体。　　[8]蹇（jiǎn）：凝结，干硬。漆遇到水就会硬结。　　[9]这句意思是，使漆湿则反而变干了。　　[10]金：指铜。铜和锡都比较软。　　[11]燔（fán）：烧。"合两柔则为刚"二句意思是，铜和锡混合就变坚硬，用火烧就会融化成液体。　　[12]"或湿而干"四句：意思是，有的加湿反而变坚硬，有的燃烧却融化成液体，物类本来就不是固定不变的，怎么能去类推呢？必，一定。这里指固定不变。也，通"耶"，表示疑问语气。　　[13]"小方"二句：意思是，小的方形跟大的方形是同一类的。小方，小的方形。大方，大的方形。　　[14]小智：小的智慧。指"好小察而不通乎大理也"，如下文公孙绰、高阳应之类。　　[15]大智：指"通乎大理"的大智慧。所以说，小智不是与大智同一类的。

鲁人有公孙绰者[1]，告人曰："我能起死人[2]。"人问其故，对曰："我固能治偏枯[3]，今吾倍所以为偏枯之药[4]，则可以起死人矣。"物固有可以为小，不可以为大，可以为半，不可以为全者也。

相剑者曰："白所以为坚也[5]，黄所以为牣也[6]，黄白杂则坚且牣，良剑也。"难者曰[7]："白所以为不牣也，黄所以为不坚也，黄白杂则不坚且不牣也。又柔则锩[8]，坚则折。剑折且锩，焉得为利剑？"剑之情未革[9]，而或以为良，或以为恶，说使之也[10]。故有以聪明听说[11]，则妄说者止[12]；无以聪明听说，则尧、桀无别矣[13]。此忠臣之所患也，贤者之所以废也[14]。

此喻令人笑，然亦启人智。不可简单类推。

[注释]

[1]公孙绰：人名。《淮南子·览冥》作"王孙绰"。此曰鲁人，《览冥》高诱注谓周人，一曰卫人。　[2]起死人：使死人复生。起，用作使动。　[3]固：本来。偏枯：半身不遂。　[4]倍：加倍。为：治。　[5]白：指锡。锡呈现偏白色。锡加入铜中可使合金坚硬。　[6]黄：指铜。铜呈现黄色。牣：通"韧"，柔韧。　[7]难：责难，质疑。　[8]锩：刀剑刃卷曲。　[9]情：实际情况。革：改变。　[10]说：解释，议论。"剑之情未革"四句意思是，剑本

身的情况没有改变，有的认为好，有的认为不好，这是不同议论使它这样啊。 [11]聪明：指理性的智慧。 [12]妄说：胡乱议论。 [13]"故有以聪明听说"四句：意思是，用理性智慧去听他人议论，那么胡乱议论的就会停止；不用理性智慧去听他人议论，那么尧与桀就没有区别了。 [14]废：废弃。指贤者不被任用。"此忠臣之所患也"二句意思是，这就是忠臣所忧虑的，以及贤者不被任用的原因啊。

义，小为之则小有福，大为之则大有福。于祸则不然，小有之不若其亡也[1]。射招者欲其中小也[2]，射兽者欲其中大也。物固不必，安可推也？

高阳应将为室家[3]，匠对曰[4]："未可也。木尚生[5]，加涂其上[6]，必将挠[7]。以生为室，今虽善，后将必败[8]。"高阳应曰："缘子之言[9]，则室不败也。木枯则益劲，涂干则益轻[10]，以益劲任益轻[11]，则不败。"匠人无辞而对，受令而为之。室之始成也善，其后果败。高阳应好小察而不通乎大理也[12]。

骥、骜、绿耳背日而西走[13]，至乎夕则日在其前矣。目固有不见也，智固有不知也，数固有不及也[14]。不知其说所以然而然[15]，圣人因而兴制^[16]，不事心焉^[17]。

[注释]

[1]亡：无。　[2]招：箭靶。射中的靶子越小，越显得射术高明。　[3]高阳应：人名，姓高阳，名应，宋人。室家：房舍。按，高诱读“家”字属下。今依俞樾等读。　[4]匠：木匠。许维通谓“匠”下当有“人”字，下文亦云“匠人”，《韩非子》《淮南子》皆作“匠人”。许说是。　[5]生：指木材湿，没有干透。　[6]涂：泥。　[7]挠：弯曲。　[8]败：毁，坏。此处指倒塌。高诱注：“家匠所谓，直于辞而合事实者也。”　[9]缘：顺着，依循。　[10]木枯则益劲，涂干则益轻：毕本及各本均作“木益枯则劲，涂益干则轻”，今依王念孙说改。劲，强劲有力。　[11]任：承担。　[12]这句意思是，高阳应喜欢在小处细究而不通晓大道理。　[13]骥、骜：千里马。绿耳：又作骤骓，良马名，相传为周穆王八骏之一。　[14]数：术，道术。　[15]这句意思是，不知道那种说法为什么如此但确实如此。　[16]兴制：制定制度。　[17]事心：用心，指凭主观判断。

[点评]

本篇题为“别类”，即辨别物类，对事物的类别进行具体分析。

这是《吕氏春秋》关于认识论的一篇重要文章。它反复强调的是事物及其类别不是固定不变的，而是在随时发生变化，因此不能用简单类推的方法去认识和解决问题。它说：“类固不必，可推知也？”又说：“物固不必，安可推也？”

　　文章用莘和藘、万和堇、漆和水、金和锡为例，说明事物各有自己的特性，而且都处于不断变化之中，在一定条件下，这种变化又是千差万别的。因此不能固执于事物的个性而加以类推，类推的结果会产生很多错误，甚至闹出笑话。漆和水都是液体，但是合在一起，就变得很坚硬。一个药方可以治疗半身不遂，但不能说把治半身不遂的药加倍就能起死回生。

　　文章主张用耳目去感知外部事物、判断言论，不要妄说。"有以聪明听说，则妄说者止；无以聪明听说，则尧、桀无别矣。"对于一时不能知其所以然的事物，应该顺应其自然，不要任意主观猜测。"目固有不见也，智固有不知也，数固有不及也。不知其说所以然而然，圣人因而兴制，不事心焉。"

　　文章对"类"的认识，对事物在一定条件下转化的认识，对具体事物进行具体分析的思想，都有重要的价值，应该引起重视。

分　职

四曰：

先王用非其有如己有之^[1]，通乎君道者也。夫君也者，处虚服素而无智^[2]，故能使众智也^[3]。智反无能^[4]，故能使众能也^[5]。能执无为，故能使众为也。无智无能无为，此君之所执也。人主之所惑者则不然^[6]，以其智强智^[7]，以其能强能，以其为强为。此处人臣之职也。处人臣之职而欲无壅塞，虽舜不能为。

武王之佐五人^[8]，武王之于五人者之事无能也，然而世皆曰取天下者武王也。故武王取非其有如己有之，通乎君道也。通乎君道，则能令智

吕氏所言君道，在于用非其有如己有之。

能否通君道，以其所为分辨之。

者谋矣，能令勇者怒矣[9]，能令辩者语矣[10]。

[注释]

[1]非其有：不是自己所具有，如下文之众智、众能、众为。这句意思是，先王能把不是自己所具有的看作自己所具有的。　[2]处虚：居处于清虚。服素：执守素朴。服，执。毕本及各本作"素服"，今据王念孙说乙正。无智：没有智慧，实乃大智。即俗云大智若愚。　[3]众智：众人的智慧。　[4]反：回归。无能：没有才能，实有大能。即俗云大巧若拙。　[5]众能：众人的才能。　[6]人主之所惑者：王念孙认为"所"字衍，当是。　[7]强（qiǎng）：勉强。　[8]五人：指周公旦、召公奭、太公望、毕公高、苏公忿生。　[9]怒：奋发，振奋。　[10]辩者：善于言辞的人。语：谈论，议论。

夫马者，伯乐相之[1]，造父御之[2]，贤主乘之[3]，一日千里。无御相之劳而有其功[4]，则知所乘矣[5]。今召客者[6]，酒酣，歌舞鼓瑟吹竽，明日不拜乐己者而拜主人[7]，主人使之也。先王之立功名有似于此。使众能与众贤，功名大立于世，不予佐之者，而予其主，其主使之也。譬之若为宫室，必任巧匠，奚故？曰：匠不巧则宫室不善。夫国，重物也，其不善也岂特宫室哉[8]！巧匠为宫室，为圆必以规，为方必以矩，为平直必以准绳。功已就^[9]，不知规矩绳墨，而赏巧匠也^[10]。宫室已成，不知巧匠，而皆曰："善，此某君、某王之宫室也。"此不可不察也^[11]。

以上皆言能用非其有，可无其劳而有其功。

［注释］

[1]伯乐：人名，秦穆公之臣，善相马。相：看，察看。指察看马的优劣。　[2]造父：人名，周穆王之臣，善驾驭车马。御：驾驭车马。　[3]乘之：乘马车，非谓乘马。　[4]功：功效。指日行千里。　[5]所乘：车马，指乘车马之道。"无御相之劳而有其功"二句意思是，没有察看和驾驭的辛劳，而能收到日行千里的功效，这是知道乘车马之道。　[6]召：请。　[7]拜：谢。乐己者：指那些使自己快乐的歌舞鼓瑟吹竽的人。　[8]特：仅，只。"夫国"三句意思是，国家是重要之物，治理不好它，其严重后果岂能用房舍修建不好来相比。　[9]功：事，指建造宫室之事。就：成，完成。　[10]赏巧匠也：毕本及各本作"赏匠巧匠之"，今据毕校改。"功已就"三句意思是，建宫室的事做完，人主不管规矩绳墨，而赏赐巧匠。　[11]这句意思是，像上述这些情况，不可以不详细体察啊。

人主之不通主道者则不然。自为之则不能^[1]，任贤者则恶之^[2]，与不肖者议之^[3]。此功名之所以伤^[4]，国家之所以危^[5]。

枣，棘之有^[6]；裘，狐之有也^[7]。食棘之枣，衣狐之皮^[8]，先王固用非其有而己有之^[9]。汤武

一日而尽有夏商之民[10]，尽有夏商之地，尽有夏商之财。以其民安，而天下莫敢之危[11]；以其地封，而天下莫敢不说[12]；以其财赏，而天下皆竞[13]。无费乎郼与岐周而天下称大仁[14]，称大义，通乎用非其有[15]。

汤、武知用非其有而获天下拥戴。

[注释]

[1]之：毕本及各本作"人"，今据毕沅校改。　[2]恶（wù）：厌恶，畏惧。　[3]"自为之则不能"三句：意思是，人主自己做做不了，任用贤人又担心，还与不肖者议论他们。　[4]伤：毁坏。　[5]"此功名之所以伤"二句：意思是，这是功名之所以毁坏，国家之所以倾危的原因。　[6]棘：酸枣树丛。　[7]这句意思是，皮大衣是狐皮做的。　[8]皮：指用狐皮制成的皮大衣。蒋维乔谓当为"裘"，可不必。　[9]固：固然，当然。而：如。　[10]一日：指很短的时间。　[11]莫敢之危：没有谁敢危害他。"之"是"危"的宾语。　[12]说（yuè）：喜悦，高兴。此义后来写作"悦"。"以其地封"二句意思是，他们把夏商的土地封给诸侯，天下没有谁敢不高兴。　[13]竞：奋进，努力做。　[14]费：耗费。郼（yī）：商统一天下前的都城。岐周：周统一天下前的封地。　[15]"无费乎郼与岐周"三句：意思是，没有耗费商周一点东西而天下称颂他们大仁，称颂他们大义，这是他们通达利用非其所有的缘故。

白公胜得荆国[1]，不能以其府库分人。七日，石乞曰[2]："患至矣，不能分人则焚之，毋令人以害我^[3]。"白公又不能。九日，叶公入^[4]，乃发太府之货予众^[5]，出高库之兵以赋民^[6]，因攻之。十有九日而白公死。国非其有也，而欲有之，可谓至贪矣。不能为人^[7]，又不能自为^[8]，可谓至愚矣。譬白公之啬，若枭之爱其子也^[9]。

此言白公胜不能用非其有而致祸。

[**注释**]

[1]白公胜：春秋时期楚国人，楚平王太子建之子，杀令尹子西、司马子期而据有楚国。荆国：楚国。　[2]石乞：白公胜之臣。　[3]"患至矣"三句：意思是，祸患到了，不能分给他人就烧掉，不要让别人用它危害我们。　[4]叶公：楚国叶县大夫沈诸梁。春秋时期楚国县的长官称公。入：指进入国都。　[5]太府：楚国贮存财物的仓库。货：财物。予：给予。　[6]高库：楚国盛武器的地方。兵：武器。赋：给予。　[7]为人：指以府库分人。　[8]自为：指焚烧府库以防他人害我。　[9]枭：猫头鹰。据说猫头鹰爱其子，其子长大后食其母。"譬白公之啬"二句意思是，给白公的吝啬打个比方，就像猫头鹰爱其子，而最后被其子吃掉一样。高诱注："枭爱养其子，子长而食其母也。白公爱荆国之财而杀其身也。"

卫灵公天寒凿池^[1]，宛春谏曰^[2]："天寒起役^[3]，恐伤民。"公曰："天寒乎？"宛春曰："公衣狐裘，坐熊席，陬隅有灶^[4]，是以不寒。今民衣弊不补，履决不组^[5]，君则不寒矣，民则寒矣。”公曰：“善。”令罢役^[6]。左右以谏曰^[7]：“君凿池，不知天之寒也，而春也知之。以春之知之也而令罢之，福将归于春也，而怨将归于君^[8]。”公曰：“不然。夫春也，鲁国之匹夫也，而我举之，夫民未有见焉。今将令民以此见之。且春也有善于寡人有也^[9]，春之善非寡人之善欤^[10]？”灵公之论宛春，可谓知君道矣。

卫灵公能纳谏而拒谗言，可谓明智之君。

君者固无任^[11]，而以职受任^[12]。工拙，下也^[13]；赏罚，法也；君奚事哉？若是则受赏者无德，而抵诛者无怨矣^[14]，人自反而已^[15]。此治之至也。

[注释]

[1] 卫灵公：春秋时期卫国君主，名元，卫襄公之子。公元前534 年至前 493 年在位。　[2] 宛春：卫灵公之臣。　[3] 起役：兴建工程。役，事，出劳力之事。这里指凿池的工程。　[4] 陬隅（zōu yú）：角落。　[5] 决：断裂。组：编织。　[6] 罢役：停止工程。　[7] 左右：指卫灵公的近臣。　[8] 这几句显然是离间卫灵公与宛春的关系。福，指好处。　[9] 且：毕本及各本作"曰"，今据毕沅校改。于：如。这句意思是，况且宛春有善行如同我有一样。　[10] 这句意思是，宛春的善行不就是我的善行吗？以上卫灵公一段话，有力地批评了左右的离间，所以说他知君道。　[11] 固：本来。无任：没有具体职责。　[12] 以职受任：

把官职授予官吏担任。　[13]"工拙"二句：意思是，事情做得好坏是臣下的事。工拙，指事情做得好坏。下，指臣下。　[14]抵诛：抵罪处死。"赏罚"五句意思是，赏罚由臣下依法而行，与君无关，所以说受赏、抵诛对君主都无德、无怨。　[15]自反：反躬自省。

[点评]

这是一篇阐述君道的文章。所谓"分职"，就是名分和职责。君臣的名分不同，职责也不同，不能相混淆。

文章这里讲的君道，主要是君"用非其有如己有之"。君主要处虚服素，要做到无智、无能、无为，只有这样，才能使众智、众能、众为。君主不能强智、强能、强为，因为那是臣下的职责。君主如果处臣下之职，国家就会壅塞难治，就会发生危难。

文章多方设喻，从正反两方面反复论证君主"用非其有如己有之"的为君之道。周武王于周公旦、太公望等五人之能皆不如，然其能用五人而取天下，正因为其通乎君道。汤、武有夏商而使其民安，以其地封，以其财赏，从而赢得"天下称大仁，称大义"，也是通乎君道的结果。卫灵公听宛春进谏，停止天寒凿池，并拒绝谗言，正是因为他认识到宛春之有善如同己之有善的道理。文章用白公胜作为反面例证，不能为人，又不能自为，愚蠢之至，其灭亡是必然的。

文章最后再次强调本文的主旨，"君者固无任，而以职受任"。君主没有具体的职责，而要根据臣下职位授予他们责任。这与全书"虚君实臣"的思想是一致的。

士容论

上　农

三曰：

古先圣王之所以导其民者，先务于农[1]。民农非徒为地利也[2]，贵其志也[3]。民农则朴，朴则易用，易用则边境安，主位尊。民农则重[4]，重则少私义[5]，少私义则公法立[6]，力专一。民农则其产复[7]，其产复则重徙[8]，重徙则死其处而无二虑。民舍本而事末则不令[9]，不令则不可以守，不可以战[10]。民舍本而事末则其产约[11]，

此言上农之利。

其产约则轻迁徙，轻迁徙则国家有患皆有远志，无有居心[12]。民舍本而事末则好智，好智则多诈，多诈则巧法令[13]，以是为非，以非为是。

此言舍农之害。

[注释]

[1]"古先圣王之所以"二句：意思是，古代先王引导其百姓的方法，首先是致力于农业。务，致力。　[2]农：用作动词，从事农业。地利：土地生产出的物产。　[3]贵：用作使动，使……贵。"民农非徒为地利也"二句意思是，人民从事农业不止是为了取得土地生产出的物产，而是使他们的意志更加高远。　[4]重：持重，厚道。　[5]私义：私下议论。义，通"议"，议论。　[6]立：确立。　[7]产：家产。复：丰厚。　[8]重徙：看重迁徙，不轻易迁徙。重，用作动词，以……为重。　[9]本：根本，指农业。末：指工商业。不令：不听从命令。　[10]战：与上文"守"相对，指进攻。　[11]约：简约，少而价值高。与农民的财产土地等相比，较易于携带。　[12]"轻迁徙"二句：意思是，轻易迁徙，当国家有患难的时候，都有远离的想法而没有留下安居的心思。远志，远离的想法。居心，安居的心思。　[13]巧法令：在法令面前耍机巧。

后稷曰[1]："所以务耕织者，以为本教也[2]。"是故天子亲率诸侯耕帝藉田[3]，大夫士皆有功业[4]。是故当时之务[5]，农不见于国[6]，以教民尊地产也[7]。后妃率九嫔蚕于郊[8]，桑于公田[9]，是以春秋冬夏皆有麻枲丝茧之功[10]，以力妇教也[11]。是故丈夫不织而衣，妇人不耕而食，男女贸功以长生[12]，此圣人之制也[13]。

故敬时爱日[14]，非老不休，非疾不息，非死不舍[15]。上田夫食九人[16]，下田夫食五人，可以益，不可以损[17]。一人治之，十人食之[18]，六畜皆在其中矣[19]。此大任地之道也[20]。

男耕女织乃中国几千年之传统。

此与《礼记·王制》相合。

[注释]

[1]后稷：本为周的始祖弃，尧令弃为稷（农官），周人尊之为后稷。后，君。这里后稷是假托，所引当为古农书言。　[2]本教：根本的教化。　[3]帝藉田：古代供天子举行亲耕仪式的土地，因藉民力耕作，故称藉田。其收获供祭天之用。参看《孟春》篇及注。　[4]功业：指大臣在天子的藉田礼上都有各自的劳动，《孟春》说："天子三推，三公五推，卿、诸侯、大夫九推。"　[5]当时：当农时之时。务：要务，紧要的事。　[6]见（xiàn）：出现。国：国都。"是故当时之务"二句意思是，当农活正忙的时候，农民不出现在国都之中。　[7]地产：土地出产的五谷。　[8]九嫔（pín）：宫中女官，亦为天子之妾。蚕：用作动词，养蚕。　[9]桑：用作动词，采桑。公田：或指天子的藉田，或为井田中区。　[10]枲（xǐ）：麻，不结子的麻。功：事，工作。　[11]力：致力，尽力。妇教：妇女的教化。"是以春秋冬夏"二句意思是，因此一年都有绩麻缲丝纺织的工作，以此来致力于妇女的教化。　[12]贸功：交换工作所得。贸，交换。功，劳动所得。长生：生存，互以为生。　[13]制：制度，法制。　[14]敬：慎。爱：珍惜。这句意思是，爱惜农时，不失农时。　[15]舍：

舍弃。 [16]上田：上等田地。夫：一个农夫，这里指一夫所耕种的田地。按周制，一夫受田百亩。这句意思是，上等田，一夫所耕要供九人生活。 [17]损：减少。"可以益"二句是说，农夫所耕田供养的人数可以增加，不可以减少。 [18]"一人治之"二句：一个农夫耕作，供十个人食用。"上田夫食九人"，加上农夫本人为十人。 [19]六畜皆在其中矣：六畜的饲养都包括在一夫所得之内。古代农夫所受上等田或下等田，都配有不同的牧地，这样就可以做到均等了。 [20]任地：使用土地。这句意思是，这是充分利用土地的方法。

故当时之务，不兴土功，不作师徒[1]，庶人不冠弁、娶妻、嫁女、享祀[2]，不酒醴聚众[3]，农不上闻[4]，不敢私籍于庸[5]，为害于时也。然后制野禁[6]。苟非同姓，农不出御[7]，女不外嫁[8]，以安农也。野禁有五：地未辟易[9]，不操麻[10]，不出粪[11]；齿年未长[12]，不敢为园囿[13]；量力不足，不敢渠地而耕[14]；农不敢行贾[15]；不敢为异事[16]；为害于时也。然后制四时之禁[17]：山不敢伐材下木，泽人不敢灰僇[18]，缳网罝罦不敢出于门[19]，罛罟不敢入于渊[20]，泽非舟虞不敢缘名[21]，为害其时也。若民不力田，墨乃家畜[22]。国家难治，三疑乃极[23]。是谓背本反则，失毁其国[24]。

[注释]

[1]作：起，兴。师徒：军队。不作师徒，意为不兴兵打仗。　[2]庶人：众人，百姓。冠弁：用作动词，举行冠礼。弁，皮冠。古代男子二十岁举行加冠礼，表示成人。享祀：祭祀。享亦祀，献于神曰享。　[3]不酒醴聚众：不设酒宴聚集众人。醴，甜酒。　[4]上闻：赐爵的一种，得此种爵则名可通于官府。[5]私籍于庸：私自养佣人以代耕。"农不上闻"二句意思是，农民没有取得上闻的赐爵，不能私自雇佣人力代耕。　[6]野禁：乡野的禁令。范耕研说此句当在下文"野禁有五"之上。于鬯谓下文"野禁有五"当在此句之下。二人皆谓此二句相连。　[7]出御：从外地娶妻。御，娶妻。　[8]女：未婚女子。"苟非同姓"三句意思是，如果不是因为都是同姓的关系，男子不得从外地娶妻，女子不得嫁到外地。古代有同姓不婚之礼。一般有异姓存在，男子要在邑间娶妻，女子要在邑间嫁人；如果都是同姓，则不受此制约。　[9]辟易：耕垦，整治。指耕垦平整土地。　[10]操麻：从事绩麻的工作。　[11]出粪：清除污秽以粪田。　[12]齿年：年龄。　[13]园：种植果树的地方。囿：养禽兽的地方。"齿年未长"二句意思是，年岁不老，不敢从事园囿的工作。因园囿工作轻，故禁止青壮年去做。　[14]渠地：扩大土地。渠，大，此处用作使动，使……大。　[15]贾（gǔ）：商贾。　[16]异事：非农事，农业以外的事。　[17]四时之禁：四季中各个季节应遵守的禁令。以下所说都是不当其时所不能做的，如此是为了保护草木禽兽生长繁衍，维护生态平衡，同时不影响农业生产。　[18]泽人：掌管川泽的官。灰僇：割草烧灰。灰，用作动词，将草木烧成灰。僇，通"戮"，杀，这里指割草。　[19]缳（huàn）：捕兽的套，罗网。

罝（jū）：捕兽网。罦（fú）：捕鸟网。　[20] 罛（gū）、罟（gǔ）：都是捕鱼的网。　[21] 舟虞：掌管舟船的官。缘名：指借舟虞的名分。这句意思是，不是掌管舟船的舟虞，任何人不得借舟虞的名分行船。　[22] 墨：通"没"，没收。家畜：家中积蓄（依夏纬瑛说）。"若民不力田"二句意思是，如果农民不尽力耕田，就没收你家中的积蓄。　[23] 三：指农、工、商三类人。疑：通"拟"，比拟，仿效。"国家难治"二句意思是，国家难于治理，是农工商三者相僭越到了极点的缘故。　[24]"是谓背本反则"二句：意思是，这叫做背离根本，违反法则，使国家丧失毁灭。则，法则。

凡民自七尺以上[1]，属诸三官[2]：农攻粟[3]，工攻器，贾攻货[4]。时事不共，是谓大凶[5]。夺之以土功，是谓稽[6]，不绝忧唯[7]，必丧其粃[8]；夺之以水事，是谓籥[9]，丧以继乐[10]，四邻来虐[11]；夺之以兵事[12]，是谓厉[13]，祸因胥岁[14]，不举铚艾[15]。数夺民时，大饥乃来[16]。野有寝耒[17]，或谈或歌，旦则有昏，丧粟甚多[18]。皆知其末[19]，莫知其本真[20]。

民可从事农工贾，重农而不废工贾。此吕不韦与商鞅之别也。

以上极言侵夺农时的危害。

[注释]
[1] 七尺：古代尺的长度与今不同，战国一尺相当于今天 23.1 厘米，七尺则 161.7 厘米，合今 4.85 尺，是当时成年人的基本身高。　[2] 属：归属。三官：指农、工、商三种职业。　[3] 攻粟：生产粮食。攻，治，从事。粟，小米，代指谷物。　[4] 货：

财物，货物。 [5]"时事不共"二句：意思是，农时与农事不一致，这叫做大凶。时，指农时。事，指农事。共，同，一致。 [6]"夺之以土功"二句：意思是，用土木工程侵夺农时，这叫做延迟，耽误农时。土功，土木工程。稽，延迟，指耽误农时。 [7]不绝忧唯：忧思不断。唯，通"惟"，思，思虑。 [8]丧：失，失去。粃（bǐ）：瘪谷，谷粒不成。元本等作"秕"。"不绝忧唯"二句意思是，农民因为土功耽误农时，忧思不断，一定连粃谷也收不成。 [9]"夺之以水事"二句：意思是，用治水之事侵夺农时，这叫做冒进。水事，治水之事。籥（yuè），通"跃"，跳跃，这里有冒进的意思（依夏纬瑛说）。 [10]丧：失，指失去收成。乐：欢乐。治水本是欢乐的，但侵夺农时，随之而来的是丧失收成。 [11]虐：毕本及各本作"虚"，今据俞樾说改。虐，残害。 [12]兵事：指战争。 [13]厉：凶戾。 [14]胥：表示范围，全，皆。胥岁即全年。 [15]铚（zhì）：收割用的短镰。艾（yì）：通"刈"，收割。"夺之以兵事"四句意思是，用战争侵夺农事，叫做凶戾，灾祸就会整年不断，根本无法举镰收割。 [16]饥：此处为"饑"字，义为饥荒；与"飢"字不同，"飢"义为饥饿。今二字皆简化作"饥"。"数夺民时"二句意思是，屡次侵夺农时，大的饥荒就要到来了。 [17]寝耒：闲置的农具。耒，泛指农具。 [18]"野有寝耒"四句意思是，田野里有闲置不用的农具，人们或谈论，或唱歌，从早晨到晚上，都不干活，损失的粮食很多。旦，早晨。昏，晚上。 [19]末：末节。 [20]本：根本，指重农。真：或为衍文。

[点评]

这篇文章是《吕氏春秋》关于农业思想和农业技术的四篇文章的第一篇，主要阐述农业对于国家的意义和重要性。

文章首先阐明先王把重农摆在导民最优先的地位，"古先圣王之所以导其民者，先务于农"。重农不只是为了取得土地生产之利，更是为了人民的淳朴易用、安居重徙以及国家的稳定富强，消除动乱。作者认为，重农是一项重要的治国方略。因此，他提出的各种禁令、政策都是围绕这一点展开的。在农忙时节，"不兴土功，不作师徒，庶人不冠弁、娶妻、嫁女、享祀，不酒醴聚众，农不上闻，不敢私籍于庸"。他制定了非常具体的野禁和四时之禁，都是避免危害农时。同时还有惩罚措施，如果农民不尽力耕作，就没收你的积蓄。

文章强调重农，是把农业摆在重要位置，并不是不要工商业。文章说："民自七尺以上，属诸三官：农攻粟，工攻器，贾攻货。"这是说，成年男子可以从事这三种工作，只是农业居首，是根本。农、工、商三者应各行其事，不相僭越，特别是工商不能侵害农业。文章开始所言本末，应该也是这个意思。

这篇文章之后，《吕氏春秋》尚有《任地》《辩土》《审时》等三篇，本书未选。这几篇文章都是关于农业的论述，其中屡次提到"后稷曰"，可能是托名后稷的农书。《汉书·艺文志》载，战国时期农家著作有《神农》《野老》等，但都已失传，托名后稷的农书，未见于《艺文志》，可能在当时即已失传。《吕氏春秋》这四篇文章保留了古代农书的思想，并有所改造提升。这四篇文章是现存最早的关于古代农业思想和农业技术的资料，对于研究先秦农学史，有着十分重要的价值。

校勘所据旧刻本

底　本　清乾隆五十三年（1788）毕沅灵岩山馆刊本
参校本　元至正六年（1346）嘉兴路儒学刊本及至正间嘉禾学宫刊
　　　　明补修本
　　　　明弘治十一年（1498）李瀚刊本
　　　　明嘉靖七年（1528）许宗鲁刊本
　　　　明万历七年（1579）张登云刊本
　　　　明万历七年姜璧维扬资政左室刊本
　　　　明万历二十四年（1596）刘如宠刊本
　　　　明万历三十三年（1605）汪一鸾刊本
　　　　明万历间宋邦乂刊本
　　　　明万历四十八年（1620）凌毓枏刊朱墨套印本　明凌稚隆批
　　　　明朱梦龙刊本
　　　　明黄之寀刊本
　　　　明天启间吴勉学刊本
　　　　明崇祯七年（1634）王锡衮刊本

主要参考文献

《子藏・杂家部・吕氏春秋卷》 方勇总编纂 国家图书馆出版社 2017 年版（1949 年前有关《吕氏春秋》的文献皆收于其内，不再单列）

《春秋左传正义》（晋）杜预注 （唐）孔颖达疏 中华书局《十三经注疏》本

《国语》（三国吴）韦昭注 上海古籍出版社 1978 年版

《战国策注释》 何建章注释 中华书局 1990 年版

《庄子集释》（清）郭庆藩辑 王孝鱼整理 中华书局 1978 年版

《荀子集解》（清）王先谦撰 中华书局《诸子集成》本

《礼记正义》（汉）郑玄注 （唐）孔颖达疏 中华书局《十三经注疏》本

《月令章句》（汉）蔡邕撰 江阴南菁书院 1888 年刻本

《淮南子校释》 张双棣撰 北京大学出版社 2013 年增订本

《山海经校注》 袁珂校注 上海古籍出版社 1980 年版

《黄帝内经集注》（清）张志聪集注　方春阳　黄远媛　李官火　姚兰英点校　浙江古籍出版社 2002 年版

《说文解字注》（汉）许慎撰（清）段玉裁注　上海古籍出版社 1981 年版

《广雅疏证》（清）王念孙撰　江苏古籍出版社 1984 年版

《经义述闻》（清）王引之撰　江苏古籍出版社 2000 年版

《吕氏春秋校释》　陈奇猷校释　学林出版社 1984 年版

《吕氏春秋新校释》（战国）吕不韦著　陈奇猷校注　上海古籍出版社 2002 年版

《〈吕氏春秋·上农〉等四篇校释》　夏纬瑛校释　农业出版社 1979 年版

《先秦农家言四篇别释》　王毓瑚著　农业出版社 1981 年版

《吕氏春秋中的音乐史料》　吉联抗辑译　上海文艺出版社 1978 年版

《吕氏春秋选注》　王范之　中华书局 1981 年版

《吕氏春秋注疏》　王利器注疏　巴蜀书社 2002 年版

《吕氏春秋译注》　张双棣、张万彬、殷国光、陈涛注译　北京大学出版社 2011 年修订本

《〈吕氏春秋〉：兼收并蓄的杂家》　刘元彦著　生活·读书·新知三联书店 2008 年版

《〈吕氏春秋〉与〈淮南子〉思想研究》　牟钟鉴著　齐鲁书社 1987 年版

《吕不韦评传》　洪家义著　南京大学出版社 1995 年版

《吕氏春秋研究》　王范之著　内蒙古大学出版社 1993 年版

《战国史》　杨宽著　上海人民出版社 1955 年版

《中国哲学史新编》　冯友兰著　人民出版社 1964 年版

《中国古代音乐史稿》　杨荫浏著　人民音乐出版社 1981 年版

《中国古代天文文物论集》　中国社会科学院考古研究所编　文物出版社 1989 年版

《两汉思想史》（第二卷）　徐复观著　华东师范大学出版社 2001 年版

《论〈吕氏春秋〉的结构体系》　吕艺　《北京大学学报（社科版）》1990 年第 5 期

《吕氏春秋对社会秩序的理解与构建》　庞慧著　中国社会科学出版社 2009 年版

《中华传统文化百部经典》已出版图书

书　名	解读人	出版时间
周易	余敦康	2017 年 9 月
尚书	钱宗武	2017 年 9 月
诗经（节选）	李　山	2017 年 9 月
论语	钱　逊	2017 年 9 月
孟子	梁　涛	2017 年 9 月
老子	王中江	2017 年 9 月
庄子	陈鼓应	2017 年 9 月
管子（节选）	孙中原	2017 年 9 月
孙子兵法	黄朴民	2017 年 9 月
史记（节选）	张大可	2017 年 9 月
传习录	吴　震	2018 年 11 月
墨子（节选）	姜宝昌	2018 年 12 月
韩非子（节选）	张　觉	2018 年 12 月
左传（节选）	郭　丹	2018 年 12 月
吕氏春秋（节选）	张双棣	2018 年 12 月
荀子（节选）	廖名春	2019 年 6 月
楚辞	赵逵夫	2019 年 6 月
论衡（节选）	邵毅平	2019 年 6 月
史通（节选）	王嘉川	2019 年 6 月
贞观政要	谢保成	2019 年 6 月
战国策（节选）	何　晋	2019 年 12 月
黄帝内经（节选）	柳长华	2019 年 12 月
春秋繁露（节选）	周桂钿	2019 年 12 月
九章算术	郭书春	2019 年 12 月
齐民要术（节选）	惠富平	2019 年 12 月
杜甫集（节选）	张忠纲	2019 年 12 月
韩愈集（节选）	孙昌武	2019 年 12 月
王安石集（节选）	刘成国	2019 年 12 月
西厢记	张燕瑾	2019 年 12 月

书　名	解读人	出版时间
聊斋志异（节选）	马瑞芳	2019 年 12 月
礼记（节选）	郭齐勇	2020 年 12 月
国语（节选）	沈长云	2020 年 12 月
抱朴子（节选）	张松辉	2020 年 12 月
陶渊明集	袁行霈	2020 年 12 月
坛经	洪修平	2020 年 12 月
李白集（节选）	郁贤皓	2020 年 12 月
柳宗元集（节选）	尹占华	2020 年 12 月
辛弃疾集（节选）	王兆鹏	2020 年 12 月
本草纲目（节选）	张瑞贤	2020 年 12 月
曲律	叶长海	2020 年 12 月
孝经	汪受宽	2021 年 6 月
淮南子（节选）	陈　静	2021 年 6 月
太平经（节选）	罗　炽	2021 年 6 月
曹操集	刘运好	2021 年 6 月
世说新语（节选）	王能宪	2021 年 6 月
欧阳修集（节选）	洪本健	2021 年 6 月
梦溪笔谈（节选）	张富祥	2021 年 6 月
牡丹亭	周育德	2021 年 6 月
日知录（节选）	黄　坤	2021 年 6 月
儒林外史（节选）	李汉秋	2021 年 6 月
商君书	蒋重跃	2022 年 6 月
新书	方向东	2022 年 6 月
伤寒论	刘力红	2022 年 6 月
水经注（节选）	李晓杰	2022 年 6 月
王维集（节选）	陈铁民	2022 年 6 月
元好问集（节选）	狄宝心	2022 年 6 月
赵氏孤儿	董上德	2022 年 6 月
王祯农书（节选）	孙显斌	2022 年 6 月
三国演义（节选）	关四平	2022 年 6 月
文史通义（节选）	陈其泰	2022 年 6 月

书　名	解读人	出版时间
汉书（节选）	许殿才	2022 年 12 月
周易略例	王锦民	2022 年 12 月
后汉书（节选）	王承略	2022 年 12 月
通典（节选）	杜文玉	2022 年 12 月
资治通鉴（节选）	张国刚	2022 年 12 月
张载集（节选）	林乐昌	2022 年 12 月
苏轼集（节选）	周裕锴	2022 年 12 月
陆游集（节选）	欧明俊	2022 年 12 月
徐霞客游记（节选）	赵伯陶	2022 年 12 月
桃花扇	谢雍君	2022 年 12 月
法言	韩敬、梁涛	2023 年 12 月
颜氏家训	杨世文	2023 年 12 月
大唐西域记（节选）	王邦维	2023 年 12 月
法书要录（节选）　历代名画记	祝　帅	2023 年 12 月
耶律楚材集（节选）	刘　晓	2023 年 12 月
水浒传（节选）	黄　霖	2023 年 12 月
西游记（节选）	刘勇强	2023 年 12 月
乐律全书（节选）	李　玫	2023 年 12 月
读通鉴论（节选）	向燕南	2023 年 12 月
孟子字义疏证	徐道彬	2023 年 12 月
嵇康集	崔富章	2024 年 12 月
白居易集（节选）	陈才智	2024 年 12 月
李清照集（节选）	诸葛忆兵	2024 年 12 月
近思录	查洪德	2024 年 12 月
林则徐集	杨国桢	2024 年 12 月